AR
LWYBR
DIAL

ALUN DAVIES

y Lolfa

Am fwy o wybodaeth am y nofel ewch i
www.arlwybrdial.co.uk

Diolch i'm rhieni am eu cefnogaeth, ac yn arbennig i Mam am
ei chyngor a'i chywiriadau. Diolch i bawb yn Y Lolfa sydd wedi gweithio
ar y llyfr, yn enwedig Meleri, sydd wedi bod yn gefnogol
ac yn amyneddgar tu hwnt. Diolch i Catrin am fod yn hyfryd.

Argraffiad cyntaf: 2020
© Hawlfraint Alun Davies a'r Lolfa Cyf., 2020

*Mae hawlfraint ar gynnwys y llyfr hwn ac mae'n anghyfreithlon
llungopïo neu atgynhyrchu unrhyw ran ohono trwy unrhyw ddull ac
at unrhyw bwrpas (ar wahân i adolygu) heb gytundeb ysgrifenedig y
cyhoeddwyr ymlaen llaw*

Cynllun y clawr: Tanwen Haf

Rhif Llyfr Rhyngwladol: 978 1 78461 869 8

Dymuna'r cyhoeddwyr gydnabod cymorth ariannol
Cyngor Llyfrau Cymru

Cyhoeddwyd ac argraffwyd yng Nghymru
ar bapur o goedwigoedd cynaliadwy gan
Y Lolfa Cyf., Talybont, Ceredigion SY24 5HE
e-bost ylolfa@ylolfa.com
gwefan www.ylolfa.com
ffôn 01970 832 304
ffacs 01970 832 782

Cynan

Dwi'n sylwi ar y tun bisgedi wrth groesi'r gegin at y drws cefn. Pinafal seramig, hen ffasiwn. Mae'n denu'r llygaid. Dwi'n oedi, yn troi ac yn cydio yn nail pigog y caead. Mae yna un custard cream a llond llaw o friwsion ar waelod y tun. Ych. Hen bethe diflas ydy custard creams.

Mae'r tŷ'n dawel oni bai am dipian dwfn, cyson y cloc wyth niwrnod yn y cyntedd. Wrth waelod y cloc mae yna resel i ddal esgidiau, sawl pâr blinedig yr olwg wedi eu pentyrru arno driphlith draphlith a ffon gerdded fetel yn pwyso yn ei erbyn. Mae'r cloc yn rhy fawr i'r cyntedd cyfyng. Dwi'n ailosod y caead ar y tun, y custard cream heb ei gyffwrdd, ac yn cerdded tuag at y cloc gan edrych ar y lluniau wedi'u fframio sy'n gorchuddio'r wal. Amrywiaeth o luniau ysgol yw'r rhan fwyaf; tri – na, pedwar plentyn gwahanol, tair merch ac un bachgen. Yn eu plith mae yna ddau lun priodas mwy o faint, dau gwpwl gwahanol ar eu diwrnod mawr.

Dwi'n teimlo rhywbeth yn crensian o dan draed, ac yn edrych i lawr ar ddarn o wydr. Mae yna ffrâm ar y carped, y gwydr yn deilchion a bwlch ar y wal lle y bu'n hongian ynghynt. Edrychaf arno am eiliad cyn troi a cherdded 'nôl i'r gegin, ac wrth wneud mae fy llygaid yn cael eu denu at yr olygfa yn yr ystafell fwyta gyferbyn.

Gwaed ym mhobman.

Yr hen gwpwl yn eistedd yn eu cadeiriau wrth y bwrdd bwyd fel y gadewais nhw.

Pennau'r ddau yn pwyso am 'nôl, eu llygaid yn syllu lan ar y nenfwd a'u gyddfau led ar agor.

Mae llif y gwaed wedi lleddfu erbyn hyn, a'r hyn sydd ar ôl yn eu cyrff yn diferu'n araf i'r pyllau wrth eu traed, yn cael ei amsugno gan y carped golau. Mae'r stafell fwyta yn lladd-dy heddiw. Dwi'n astudio'r olygfa'n ofalus am amser hir, cyn cerdded yn araf yn ôl i'r gegin.

Dwi'n oedi wrth estyn am y pinafal i gymryd y custard cream olaf, ac yn ei wthio i fy ngheg yn gyfan, cyn cario 'mlaen i symud. Mae angen trwsio'r drws cefn, ac mae'n gwichian yn swnllyd wrth i mi ei agor.

Camaf i'r tywyllwch a chau'r drws gydag un wich hir, boenus.

Taliesin

Dihunaf o'm trwmgwsg mewn fflach, y chwys yn diferu oddi arna i a delweddau'r freuddwyd yn fy meddwl o hyd. Y tŷ unig, y corff, y gwaed tywyll ar draws y llawr. Mae fy nghroen yn wlyb, a rhaid i mi atgoffa fy hun taw chwys, ac nid gwaed, sydd arna i.

Dwi'n gorwedd 'nôl lawr yn y tywyllwch ac yn ymestyn fy llaw am y cwpwrdd wrth ochr y gwely, gan ymbalfalu nes 'mod i'n teimlo oerni trwm y gwydraid o ddŵr. Mae syched arna i sy'n cychwyn ar flaen fy nhafod ac yn ymestyn yr holl ffordd i lawr fy nghorn gwddf – y math o syched poenus, cyfarwydd sydd ond yn dod ar ôl noswaith o yfed trwm. Mae fy mysedd yn cau o gwmpas y gwydr, a dwi ar fin ei godi i'm gwefusau pan dwi'n oedi ac yn gofyn i fy hun – wnes i dywallt y dŵr yma cyn mynd i'r gwely? Neu ai hen wydraid yw hwn, un sydd wedi bod yma ers diwrnodau? Mae digwyddiadau neithiwr yn cuddio tu ôl i gwmwl trwchus yn fy meddwl – gen i gof o agor potel o win ac eistedd ar y soffa i geisio canolbwyntio ar hen raglen dditectif ac yna, ychydig yn hwyrach, yfed trydydd (pedwerydd falle?) rym a blac o flaen y newyddion, y stori dditectif yn angof. Ond does dim cof gen i o dywallt dŵr cyn mynd i'r gwely – nac, o ran hynny, o fynd i'r gwely o gwbl.

Dwi'n gwthio hyn o'm meddwl ac yn codi'r gwydr i leddfu'r syched, ond yn fy nychymyg mae'r dŵr ar y cwpwrdd ger y gwely ers dyddiau, pryfaid yn cachu ynddo a llwch yn casglu

7

ar yr arwyneb, yn suddo i'r hylif, yn gymysg i gyd. Alla i'm diodde'r syniad o yfed hen ddŵr.

Gan ddamio fy hun, a cheisio anwybyddu'r cur yn fy mhen sy'n sgrechian wrth i mi godi o'r gwely, af i'r gegin, estyn gwydr glân a'i lenwi â dŵr oer. Ar ôl llyncu dau wydraid, un ar ôl y llall, dwi'n mynd â'r trydydd yn ôl i'r gwely, gyda'r bwriad o fynd 'nôl i gysgu. Ond, ar ôl gorwedd i lawr a thynnu'r cwrlid amdana i mae'r cur yn fy mhen yn ei gwneud hi'n amhosib setlo, ac ar ôl tipyn o droi a throsi codaf eto, gydag ochenaid flin, i chwilio am y tabledi lladd poen. Dwi'n dod o hyd i becyn â thair tabled ar ôl ynddo yn yr ystafell ymolchi, ac yn eu llyncu nhw i gyd.

Ar ôl dychwelyd i'r gwely am yr eilwaith, estynnaf am fy ffôn symudol i gael syniad o'r amser, cyn sylweddoli 'mod i heb ei blygio i mewn yn y lle arferol dros nos. Wrth boeni bod y batri wedi rhedeg allan, ac na fydd larwm i'm dihuno, codaf am y trydydd tro i chwilio am drowsus ddoe, oedd wedi ei ddiosg mewn pentwr ar lawr. Plygaf y trowsus yn fwy taclus a'i osod ar waelod y gwely, a dihuno sgrin y ffôn – dim ond 5% o fatri sydd ar ôl, a llai na deg munud nes i'r larwm ganu. Gan regi'n dawel, yn flin gyda fy hun unwaith eto am yfed cymaint y noswaith cynt, eisteddaf ar y gwely ac yfed y trydydd gwydraid o ddŵr.

Os ydw i'n onest, nid y syched na'r cur pen yw'r prif resymau pam dwi'n damio'r yfed neithiwr – dwi wedi hen arfer â'r rheini. Ond heddiw o bob diwrnod – mae heddiw yn ddiwrnod pwysig. Heddiw ydy dydd y farn. Erbyn diwedd y dydd mi fydda i wedi clywed a yw fy ngyrfa gyda'r heddlu ar ben neu beidio. A fydda i'n heddwas o hyd heno, neu wedi gadael y ffôrs o dan gwmwl du?

Dwi'n ystyried am y canfed tro a fyddai'n werth i mi fynd

i glywed y ddedfryd. Oni fyddai'n haws dringo'n ôl o dan y cwrlid, diffodd y ffôn ac anghofio popeth am yr heddlu? Anghofio am y siom a'r gwarth fyddai'n dod ar fy enw i, ac yn waeth fyth ar enw teuluol y MacLeavys yn sgil diarddeliad, a chysgu nes fod gen i ryw syniad beth i'w wneud â gweddill fy mywyd? Fedra i ddychmygu'r pwysau fyddai'n codi oddi ar fy ysgwyddau o wybod na fyddwn i'n gorfod delio gyda gwehilion cymdeithas bob dydd, na gwneud y gwaith papur diddiwedd, na chwaith gorfod esgus 'mod i ddim yn gwybod bod pawb yn siarad amdana i tu ôl i fy nghefn.

Ond wedyn, yn absenoldeb hynna i gyd fyddai yna... ddim byd. Dim i lenwi'r oriau maith, dim ond y gwin a'r rym a blac a'r breuddwydion erchyll yn gwmni. Dim ond fi, fi a mwy o fi. A fedra i ddim cwsg-gerdded i mewn i hynny.

Felly, ar ôl plygio'r ffôn yn y wal i'w adfywio rywfaint, agoraf y llenni. Mae'n edrych fel petai hi am fod yn ddiwrnod braf – yr hydref yn araf ildio i'r gaeaf, y dail brown yn drwch ar y palmant. Gobeithio fedra i gael gwared ar y syched yma. Am eiliad dwi'n ystyried cael rym bach i fy helpu i ddechrau'r diwrnod, ond yn gwthio'r syniad o'm meddwl yn syth.

Cerddaf i'r ystafell ymolchi a dechrau'r gawod. Dwi'n aros yno am hanner munud a mwy, yn gwylio'r dŵr yn disgyn a'r stêm yn dechrau cymylu'r drych. Ac yna, ag ochenaid, dwi'n cerdded i'r gegin ac yn estyn y botel rym o'r cwpwrdd.

Siwan

Deg o'r gloch y bore a dwi'n starfo'n barod. Falle fod hanner afocado 'di masho ar ddarn bach o dost yn frecwast iach, ond dyw e ddim yn eich llenwi chi tan amser cinio. Dwi'n chwarae â'r syniad o fynd am dro i ffreutur yr orsaf i bigo rhwbeth lan i gadw fi fynd, ond yn penderfynu peidio. Ddechre'r mis, cytunodd Iolo a fi y bydden ni'n rhoi cynnig ar fwyta'n iach, gan fod y tecawês a'r hanner poteli o win bob nos yn dechre dangos ar y ddau ohonon ni. Er ei fod e'n gwadu'r peth dwi'n meddwl bod Iolo wedi ymweld â McDonald's o leia cwpwl o weithie, ond dwi'n benderfynol o stico ati am sbel fach eto. Codaf y botel blastig oddi ar y ddesg a chymryd llond cegaid o'r dŵr oer, diflas, di-flas cyn gafael yn yr adroddiad nesa o'r pentwr o 'mlân i.

Pan gerddais i mewn i'r orsaf rhyw fis 'nôl, ar ôl pedair blynedd hir yn magu plant, oedd rhaid i fi drio cwato fy nghyffro. Wrth gwrs, fydden i ddim yn newid Nansi a Cadi am y byd, ond o'r diwedd ro'n i ar fin ailafael ar fywyd oedd yn ymestyn y tu hwnt i'r pwll nofio, y parc, y feithrinfa a gwylio cartŵns ar *Cyw*. Ma fe 'di bod yn grêt ac ma lot o hwyl a chwerthin 'di bod, ond fydda i ddim yn gweld eisie'r dadlau, y dagrau a'r blerwch amser bwyd, na'r panic o droi 'nghefn am ddwy funud a sylwi bod Nansi 'di dechre dringo'r stâr a Cadi'n cropian ar ei hôl hi. Ac wrth gwrs, fe fydd e'n nefoedd gallu mynd i'r tŷ bach ar fy mhen fy hun.

Ond ar ôl bod bant mor hir, o'n i wedi anghofio am hyn

i gyd – yr oriau o flaen desg yn gweithio trwy waith papur diddiwedd, yn llenwi adroddiadau a pharatoi am achosion llys. Y noswaith cyn dechre'n ôl yn y gwaith o'n i prin yn gallu cysgu, yn awchu i fod yn rhan o griw'r orsaf, mas bob dydd yn dal dihirod. Ond y gwir yw 'mod i 'di treulio'r rhan fwya o'r amser tu ôl i'r ddesg 'ma, yn darllen adroddiadau di-ben-draw ac yn teimlo'n llwglyd.

Wrth i fi drio canolbwyntio ar y gwaith papur dwi'n gweld Saunders – y prif arolygydd, a fy mòs i – yn cerdded drwy'r stafell *open-plan* tuag at ei swyddfa breifet, yn hebrwng tri dyn. Yn awyddus am ddihangfa o unrhyw fath rhag yr adroddiadau 'ma, dwi'n eu hastudio wrth iddyn nhw fynd heibio. Dim ond un o'r tri dwi'n ei nabod – yr un sy'n llusgo'i draed tua'r cefn, fel fydd Nansi'n ei wneud ar y ffordd i'r ysgol. Taliesin MacLeavy yw e – y ditectif gafodd y clod, (ynghyd â'i bartner ar y pryd, Ben Morgan-Jones), am ddal Geraint Wyn. Fe laddodd hwnnw bedwar o bobol cyn cael ei ddal – ei wraig a'i chariad, ei gariad newydd ac un o'i gyd-weithwyr. Rhaid fod hynny... beth, blwyddyn 'nôl o leia? Agosach at ddeunaw mis erbyn hyn, siŵr o fod. Dwi'n cofio'r stori yn y newyddion am wythnose.

Er 'mod i prin yn nabod Taliesin, fuais i'n gweithio tipyn gyda Ben, neu MJ fel fyddai pawb yn ei alw, cyn i fi adael i gael y merched. Boi neis a ditectif da. Druan â fe – fe ymosodwyd arno pan ddaeth e a Taliesin o hyd i Geraint Wyn, yn cuddio mewn bwthyn unig ochre Llanelli. O beth ddarllenais i ar y pryd, ac o beth fi 'di clywed ers hynny, fe fyddai MJ 'di gwaedu i farwolaeth yn y fan a'r lle petai Taliesin heb fod 'na i ofalu amdano fe nes i'r ambiwlans gyrraedd. Hyd yn oed wedyn, cael a chael oedd hi – llawdriniaeth ddeg awr i drin yr anafiadau ac fe stopiodd ci galon ddwywaith. 'Os fydd e dal gyda ni mewn deuddydd, fydd e'n ddyn lwcus iawn,' meddai'r llawfeddyg wrth Saunders ar ôl iddi fynnu adroddiad onest am ei gyflwr.

Ond ddeuddydd yn ddiweddarach roedd MJ gyda ni o hyd ac o fewn tridiau roedd e 'di dihuno. Yn y diwedd fuodd e yn yr ysbyty am ddeufis ac ma fe wedi bod 'nôl am fwy o lawdriniaethau ers 'nny. Doedd dim amheuaeth y byddai'n rhaid iddo fe ymddeol o'r ffôrs, wrth gwrs. O beth dwi'n deall ma fe'n byw yn ardal Aberystwyth o hyd. Ddylen i wneud yr ymdrech i gael gafael ar ei gyfeiriad a galw heibio, jyst i ddangos wyneb.

Cafodd yr achos dipyn o effaith ar Taliesin hefyd – yn ôl y sôn yn yr orsaf, dyw e ddim yr un peth ers 'nny, er fod sawl un hefyd yn dweud ei fod e'n foi eitha rhyfedd yn y lle cynta. Yn bendant ma fe 'di magu tipyn o bwysau o gymharu â'r lluniau ohono yn y newyddion ar y pryd, ac ma fe'n gyfrinach agored ei fod e'n treulio lot o'i amser tu fas i'r gwaith mewn gwaelod potel. Dywedodd sawl un wrtha i fod gwynt yr alcohol yn gryf arno rhai boreau, er nad oes neb yn teimlo'n ddigon agos ato i grybwyll y peth. Fe wrthododd e bob cynnig am gwnsela, oni bai am fynychu un sesiwn gyda chynghorydd mewnol yr heddlu, a doedd hynny ddim ond achos i Saunders fynnu'r peth.

A dweud y gwir, dwi'n synnu bod Taliesin yn y swyddfa o gwbwl heddiw. Un o'r pethe cynta glywais i ar ôl dod 'nôl i'r gwaith oedd ei fod e bant ers wythnos a mwy, ar orchymyn Saunders.

Ma Anni Fflur yn fam i fachgen sy yn yr un dosbarth â Nansi, a hefyd yn gweithio fel cwnstabl ar y ddesg flaen. Ma Anni'n lico cario clecs, a dyna sut wnes i glywed yr hanes i gyd, dros ddishgled o de gwyrdd yn y ffreutur un bore.

'Wel,' meddai hi, yn amlwg wrth ei bodd yn gallu rhannu'r

stori gyda rhywun newydd, ond yn edrych dros ei hysgwydd bob hyn a hyn. Doedd neb o fewn clyw, ond fe ostyngodd Anni ei llais beth bynnag. 'O'dd Taliesin yn arwain y crwt Kai Freeman 'ma – ti'n gwbod pwy yw e?'

'Perthyn i Jayden Freeman?' gofynnais. Cyn i fi gael y plant, roedd Jayden Freeman yn ddeliwr cyffuriau lled-adnabyddus yn Aberystwyth.

'Ei frawd bach e,' atebodd Anni. 'Ma Jayden yn y carchar ers sbel nawr, ond ma Kai yn yr un busnes â'i frawd. Gwenci o foi – ceg fawr a lico ei defnyddio, yn enwedig 'da'r heddlu, ond ma pawb 'di hen arfer â'i nonsens e erbyn hyn.'

Esboniodd Anni fod Kai Freeman wedi bod yn cael ei gyfweld yn yr orsaf – unwaith eto – ynglŷn â mân-werthu cyffuriau, a bod Taliesin yn ei arwain e'n ôl i'w gell.

'A wedyn, ar y ffordd, dyma Kai yn gweud rhwbeth wrth Taliesin,' meddai Anni. 'Sneb yn gwbod beth, ond peth nesa ma Taliesin 'di gafel yn y crwt gerfydd ei wddf ac yn ei ddala fe yn erbyn y wal – a hyn i gyd tra bo dwylo Kai mewn cyffie tu ôl i'w gefn.'

Stopiodd Anni i gymryd llond ceg o de gwyrdd ac arhosais i'n dawel, yn awyddus iddi gario 'mlân.

'Wel, o'dd hynna yn ddigon gwael,' parhaodd Anni, yn rhoi ei dishgled 'nôl ar y bwrdd. 'Ond wedyn, ar ôl i ddau sarjant o'dd yn digwydd cerdded heibio dynnu Taliesin oddi ar y crwt, dyma Kai yn dechre gweiddi ar dop ei lais, dim jyst fod Taliesin wedi ei dreisio fe, ond bod gwynt diod ar ei anadl. "He's fuckin' pissed, he tried to fuckin' kill me, he's off his nut," o'dd e'n gweud, drosodd a drosodd, wrth unrhyw un o'dd yn fodlon gwrando.'

Aeth Anni 'mlân i esbonio bod Kai Freeman 'di mynnu dod â'r honiadau yma at sylw'i gyfreithiwr, a doedd dim dewis gan Saunders ond awgrymu'n gryf i Taliesin ei fod yn cymryd rhywfaint o wyliau tra bod ymchwiliad mewnol ffurfiol yn cael ei gynnal. Ond, wrth i'r cyfreithiwr ddechre casglu tystiolaeth at yr achos, buan y gwelodd fod pob trywydd yn arwain at wal frics fawr.

Yn gynta, fe ddaeth hi i'r amlwg fod yr ymosodiad 'di digwydd mewn man lle nad oedd y camera CCTV yn gweithio ers sawl diwrnod, yn gyfleus i Taliesin.

Yna, pan ofynnwyd i'r ddau sarjant oedd yn y fan a'r lle beth oedd wedi digwydd, roedd eu hatebion yn union yr un peth, air am air. Ie, amddiffyn ei hun yn rhesymol oedd Taliesin. Na, doedd dim cyffie ar Kai ar y pryd. Nag oedd wir, doedd dim awgrym i Taliesin fod yn yfed o gwbwl.

Wrth gwrs, cafodd hyn ei gadarnhau pan ddaeth canlyniad y prawf alcohol 'nôl yn glir – er fod si ar led bod y sarjant oedd yn gyfrifol am y prawf 'di arogli'r ddiod ar Taliesin ac wedi cymryd y prawf yn ei le.

Glywais i sgwrs am hyn yn y ffreutur cwpwl o ddyddie'n ôl, ac un heddwas yn gofyn i'r llall, 'Beth os fydd Saunders yn ffeindio mas?'. Dyma'r llall yn troi ato gydag ochenaid fach ac yn ateb, 'Pwy wyt ti'n meddwl oedd 'di sortio hyn yn y lle cynta?' Falle nad oes llawer un yn yr orsaf fyddai'n galw Taliesin yn ffrind agos, ond yn amlwg ma 'na barch mawr tuag ato fe am achub bywyd MJ a dim prinder o gyd-weithwyr sy'n ddigon parod i blygu'r rheolau i'w helpu fe mas.

Ma Taliesin yn dilyn Saunders a'r ddau arall i'r swyddfa ac yn cau'r drws tu ôl iddo. Rhaid taw dyma'r cyfarfod i rannu'r ddedfryd ar ddyfodol Taliesin. O edrych ar y ddau ddyn arall aeth mewn i'r swyddfa roedd golwg swyddog o'r adran Cwynion Mewnol ar un – ma golwg amheus, llechwraidd arnyn nhw pob tro. Cynrychiolydd o'r undeb yw'r boi arall fwy na thebyg.

Fydden i'n dychmygu y bydd Taliesin yn OK – cyhyd â bod neb wedi cario clecs, does dim tystiolaeth gadarn yn ei erbyn. Ond sgwn i beth wneith Saunders gyda fe ar ôl i'r cwbwl gael ei roi i'w wely? Bydd rhaid iddi wneud rhywbeth, hyd yn oed yn anffurfiol – os ddigwyddith rhywbeth fel hyn eto, fe fydd hi'n dipyn anoddach i bethe ddiflannu.

Ar ôl i ddrws Saunders gau ma'r swyddfa'n gymharol lonydd unwaith 'to. Dwi'n syllu at y drws, yn ceisio dychmygu'r sgwrs sy'n mynd 'mlân, ond yn y diwedd ma'n rhaid i fi droi'n ôl at y gwaith papur sy'n edrych arna i'n gyhuddgar, yn mynnu'n sylw i. Gydag ochenaid, a llymaid arall o'r botel ddŵr, codaf yr adroddiad a dechre darllen.

Chwarter awr yn hwyrach, dwi'n sylwi o gornel fy llygad ar ddrws swyddfa Saunders yn agor ac ma'r swyddog Cwynion Mewnol a'r cynrychiolydd undeb yn cerdded mas ochr yn ochr, yn anwybyddu ei gilydd yn llwyr. Dwi'n troi'n ôl at y darllen, yn gorfodi fy hun i ganolbwyntio ar y dystiolaeth ddiflas cyn sylweddoli bod rhywun yn galw'n enw i.

'Mathews!' Ma tinc diamynedd yn llais Saunders am iddi orfod fy ngalw i fwy nag unwaith. 'Gair, os gweli di'n dda.'

Yn falch o'r cyfle i ddianc rhag yr adroddiad, ond yn pendroni beth yw pwrpas y gwahoddiad, codaf o'r ddesg a cherdded drwy'r drws agored ac i mewn i'r swyddfa fach.

Taliesin

Mae yna dawelwch lletchwith yn y swyddfa wrth i ni ddisgwyl.

Mathews? Pa un ydy Mathews eto? Fe yw'r dyn cloff yna, yr un sy'n gwisgo siwtiau rhad, lle mae'r trowsus i weld yn rhy fawr a'r siaced yn rhy fach? Emlyn yw enw cyntaf hwnna dwi'n meddwl – ai Emlyn Mathews yw e?

Clywaf sŵn traed yn agosáu. Dydyn nhw ddim yn swnio'n gloff.

Mae'r ddynes dal â chyrls tynn tywyll sy'n cerdded trwy'r drws yn hanner cyfarwydd i mi, ond dwi'n weddol siŵr 'mod i erioed wedi siarad â hi. Hon ydy Mathews felly. Dwi'n ffeindio fy hun yn ceisio cofio beth ddiawl ydy ail enw'r boi Emlyn 'na.

Mae Saunders yn gwahodd y ddynes Mathews yma i eistedd, cyn bachu'r sedd y tu ôl i'w desg hi. Mae'n llygadu'r ddau ohonon ni am eiliad.

'Iawn, 'te, yn gynta – MacLeavy, dyma Siwan Mathews. Mathews, dyma Taliesin MacLeavy. Roedd Mathews yn dditectif gyda ni am sawl blwyddyn cyn i ti ymuno â ni, MacLeavy, ac mae wedi dychwelyd yn ddiweddar ar ôl cyfnod ffwrdd o'r ffôrs… Plant yn iawn, gobeithio, Mathews?' Dydy Saunders ddim yn aros am ateb cyn cario 'mlaen. 'Dwyt ti ddim wedi gweld MacLeavy ers i ti gyrraedd 'nôl am ei fod e'n meddwl ei fod e'n gallu gwneud beth ma fe ishe rownd y lle 'ma a gadel i bawb arall glirio lan ar ei ôl.'

Mae'r frawddeg olaf yn hongian yn yr awyr am dipyn wrth

i Saunders edrych arna i'n gyhuddgar. Edrychaf 'nôl arni, ond edrych trwyddi ydw i go iawn, wedi fy atgoffa o rywbeth ddwedodd Elias Perry, y swyddog Cwynion Mewnol sydd newydd adael yr ystafell. 'Allwn ni ddim cael un rheol i deulu'r MacLeavys, ac un rheol i bawb arall,' meddai. 'Alli di ddim gadel iddo fe ymddwyn fel ma fe ishe jyst am fod ei dad a'i ddat-cu 'di bod yn enwe mawr yn y ffôrs.' Dwi ddim yn cofio unrhyw un yn rhoi pryd o dafod i Saunders o'r blaen, ac yn bendant dwi ddim yn cofio ei gweld hithau'n gwenu'n gyfeillgar wrth ymateb, a'i sicrhau ei bod hi'n cytuno'n llwyr.

Er gwaetha'r sefyllfa dechreuais gynhesu at Elias Perry. Roedd ganddo rywbeth – rhyw ryddid – roeddwn i'n eiddigeddus ohono. Y rhyddid sy'n dod o dderbyn y ffaith fod pawb wedi penderfynu eu bod nhw am gymryd yn eich erbyn cyn cwrdd â chi. Y rhyddid o beidio gorfod poeni am wneud argraff bositif, neu am wneud ymdrech gyda phawb drwy'r amser.

Doedd y cyfarfod ddim yn un hir. Er gwaethaf dadlau Elias Perry, a dim diolch i'r llabwst o gynrychiolydd undeb yr anghofiais ei enw yn syth, buan iawn roedd hi'n amlwg fod dim tystiolaeth i brofi unrhyw gyhuddiad yn fy erbyn i. Unwaith neu ddwy ceisiodd y boi undeb gyfrannu at y sgwrs, a phob tro fe dorrodd Saunders neu Perry ar ei draws, fel rhieni'n anwybyddu llais plentyn bach wrth iddyn nhw ffraeo. Edrychais arno yn ei hen siwt, ôl bwyd o ryw fath ar un lawes, yn eistedd nesaf i Perry yn ei siwt raenus a'i esgidiau sgleiniog. Roedd hi'n amlwg pa un fyddwn i'n ei ddewis i ddadlau dros rywbeth sy'n bwysig i mi. Ceisiais feddwl am rywbeth sy'n bwysig i mi. Meddyliais am dipyn, a rhoi'r gorau iddi yn y diwedd.

Ar ôl ychydig o drafod, yr unig opsiwn oedd gwrthod cwyn Kai Freeman ar sail diffyg tystiolaeth. Fe fyddwn i'n cael ailafael yn fy swydd yn syth. Fedra i ddim dweud 'mod i'n teimlo rhyddhad, na hapusrwydd, na balchder. Fedra i ddim dweud 'mod i'n teimlo unrhyw beth a dweud y gwir.

Wedi i'r cyfarfod ddirwyn i ben, ac i Saunders dywys y ddau ddyn o'r ystafell, codais ar fy nhraed gan fwriadu mynd 'nôl at fy nesg a wynebu'r e-byst fyddai wedi bod yn casglu tra rown i ffwrdd. Ond cyn gynted ag oedd y ddau allan o ystafell Saunders, ac yn rhy bell i'n clywed ni, fe droiodd hi ata i a sibrwd yn fygythiol,

'Eistedd lawr, cau dy geg a phaid â ffycin symud. A jyst i ni fod yn gwbwl, gwbwl glir, os wnei di greu ffwdan fel hyn eto, yn enwedig dros goc oen bach fel Kai Freeman, fe fyddi di mas o 'ma ar dy din, sdim ots 'da fi os ti'n MacLeavy neu beidio.'

Ystyriais i ddweud 'mod i heb ofyn am driniaeth arbennig y tro yma chwaith, ond wrth weld y dicter yn berwi yn ei llygaid a chofio min ei thafod, penderfynais eistedd i lawr yn araf unwaith eto. Wedyn, fe alwodd Saunders ar Mathews i ymuno â ni yn y swyddfa, ac fe ddaeth y ddynes Siwan yma draw ac eistedd nesaf ata i, a finnau'n dal i feddwl beth oedd ail enw y boi Emlyn 'na.

'Beth bynnag am hynny,' meddai Saunders yn ailgychwyn, 'mae'r ddau ohonoch chi'n ôl nawr. A mi fyddwch chi'n gweithio gyda'ch gilydd am y tro. Paid!' Mae'n codi ei llaw i'm cyfeiriad wrth i mi agor fy ngheg i brotestio. 'Mi *fyddwch* chi'n gweithio gyda'ch gilydd,' mae'n ailadrodd, y pwyslais yn amlwg. 'Mathews, beth wyt ti'n gwneud ar hyn o bryd?'

'Ymmm – darllen adroddiade, ma'am – ma 'na leidr yn ardal Borth, yn dwyn o dai pobol hŷn. Dwi yng nghanol darllen y dystiolaeth, a ma 'da fi gyfweliad neu ddau i neud...'

'Ie, ie,' mae Saunders yn torri ar ei thraws, 'MacLeavy, mi fyddi di'n gweithio gyda Mathews ar yr achos yma, iawn?'

Fu erioed gwestiwn oedd yn llai fel cwestiwn.

'Ie, iawn,' atebaf yn swta.

Ond mae yna un cwestiwn sy'n dal i fynnu sylw, fel pryfyn yn taro yn erbyn ffenest drosodd a throsodd – beth ddiawl yw ail enw Emlyn?

Siwan

Ma'r tri o'n ni'n eistedd mewn tawelwch lletchwith am rai eiliadau, sy'n teimlo fel sawl munud hir, cyn i lais Saunders dorri ar bethe.

'Wel, *fuck off*, 'te, allwch chi ddim hongian o gwmpas fan hyn trwy'r bore. Bydda i'n disgwyl ypdêt peth cynta bore fory.'

Ma Taliesin a finne'n codi. Fi sydd gynta at y drws, felly dwi'n ei agor a'i ddal er mwyn iddo fe gael mynd mas o 'mlân i. Does dim gair o ddiolch.

Ma fe'n dechre cerdded tuag at ei ddesg, cyn oedi a throi'n ôl ata i. Dwi'n meddwl am funud ei fod e am gyflwyno ei hun yn iawn, neu hyd yn oed ddweud ei fod e'n edrych 'mlân i gyd-weithio. Ond yn hytrach ma fe'n pwyntio at ddyn sy'n eistedd wrth ddesg ym mhen pella'r swyddfa.

'Beth yw ei enw e?' gofynna.

Dwi'n dilyn ei fys ac yn craffu ar hyd y stafell.

'Ymm... Emlyn, ife?'

'Ie – ond Emlyn beth?'

'Emlyn Marshall? Hei, Taliesin...' galwaf wrth iddo ddechre cerdded bant, wedi'i blesio am ryw reswm 'mod i'n gwbod cyfenw un o'i gyd-weithwyr. 'Dishgwl, gan ein bod ni'n mynd i fod yn gweithio 'da'n gilydd... wel, o'n i jyst ishe gweud 'mod i'n gwbod beth ddigwyddodd i ti ac MJ – o'n i'n arfer gweithio gyda fe, ti'n gweld, a... wel, jyst 'mod i'n flin iawn i glywed am yr holl beth.' Ma Taliesin yn syllu arna i'n ddi-emosiwn am sawl eiliad.

'OK,' meddai'n syml. 'Well i mi fynd i ddarllen fy e-byst nawr.' A dyma fe'n troi ar ei sawdl ac yn cerdded at ei ddesg.

Dyw hyn ddim yn mynd i fod yn rhwydd.

Taliesin

Alla i deimlo'r chwys ar fy nwylo wrth i mi gerdded at fy nesg. Gwthiaf y darlun o waed MJ yn diferu oddi ar fy mysedd o'm meddwl. Mae hyn yn digwydd bob tro fydd rhywun yn dechrau siarad am beth ddigwyddodd. Rhaid i mi gerdded i ffwrdd i gadw fy hun dan reolaeth.

Eisteddaf wrth fy nesg ac anadlu'n ddwfn sawl gwaith i glirio'r meddwl, cyn tanio'r cyfrifiadur gyda bysedd crynedig. Damia, byddai rym bach yn neis nawr.

Mae'n cymryd amser i'r e-byst lwytho – bron i ddau gant o rai newydd y bydd angen eu darllen. Dwi'n cychwyn trwy'r ddileu'r rhai sy'n gofyn am nawdd i redeg ras, neu i fynd ar daith feicio. Mae yna gasgliad eithaf eang o negeseuon yn ymwneud ag iechyd a diogelwch, yn benodol rhyw waith gafodd ei wneud ar y system wresogi. Ambell un hanner cyfeillgar, hanner bygythiol ynglŷn â'r oergell gymunedol – bwyd angen ei daflu, neu fwyd wedi ei gymryd heb ganiatâd. Wedi cael gwared ar y rheini i gyd mae yna rhyw naw deg o negeseuon gwerth eu darllen yn weddill.

A finnau ar fin cychwyn mynd trwyddyn nhw, mae neges newydd yn cyrraedd gan Siwan Mathews. Does dim un o'r negeseuon eraill yn edrych yn arbennig o ddiddorol, felly dwi'n clicio ar yr un newydd yma ac yn dechrau darllen: rhif cofrestru'r achos – SM181120TS.

Fe alla i weld yn syth fod Mathews yn dditectif trwyadl iawn. Mae'r manylion perthnasol wedi eu hysgrifennu mewn iaith blaen, syml ac mae'r dogfennau atodol yn glir ac yn drefnus. Yn anffodus, mae'r achos ei hun yn ymddangos yn ddigon diflas.

Pythefnos 'nôl oedd y lladrad cyntaf – Roddy a Sian Bowen, cwpwl yn eu saith degau hwyr, wedi dychwelyd i'w byngalo yng Nghae Gwylan, Borth, ar ôl treulio'r noson gynt yn yr Amwythig gyda'u mab a'i wraig newydd. Sylwodd mo'r naill na'r llall fod unrhyw beth o'i le yn syth, ond wrth fynd i'r ystafell wely i nôl ei slipers gwelodd Mrs Bowen fod sawl drôr ar agor – droriau roedd hi'n siŵr iddyn nhw eu cau cyn gadael. Wedyn, fe sylwodd fod y blwch gemwaith lle byddai'n cadw ei mwclis, ei breichledau a'i modrwyon yn wag, gan gynnwys y bocs bach ble oedd y fodrwy a roddwyd iddi gan ei mam-gu.

Roedd Mr Bowen newydd sylwi bod y drws cefn yn gilagored, a'r clo wedi ei falu, pan glywodd ei wraig yn ei alw. Aeth yn syth i'r ystafell wely i wneud yn siŵr ei bod hi'n iawn, cyn symud yn ofalus drwy bob ystafell yn y tŷ, er mwyn iddo fod yn siŵr bod unrhyw leidr a fu yno wedi hen ddiflannu. Ffoniwyd yr heddlu, a daeth y ddau iwnifform heibio yn nes ymlaen i holi'r cwpwl a gorffen yr adroddiad, a'r fan fforensig yn hwyrach fyth i orchuddio'r tŷ mewn haen o bowdwr wrth chwilio am olion bysedd. Roedd Mr Bowen yn dawedog ond yn gwrtais, tra bod ei wraig yn gandryll am iddi golli modrwy oedd mor werthfawr iddi, ac yn defnyddio geirfa liwgar iawn wrth ddisgrifio'r lleidr a feiddiodd sentro i'w thŷ hi.

Tebyg iawn oedd yr ail achos – Robert a Maria Stirling, fe yn 80 a hithau'n 78, yn byw mewn byngalo bach, un stryd oddi ar Princess Street, y brif ffordd drwy ganol Borth. O edrych ar y map, roedd cartre'r Stirlings rhyw ganllath o dŷ'r Bowens. Roedd y Stirlings wedi teithio i Aberystwyth ar y trên wythnos ynghynt, i ddathlu pen-blwydd priodas gyda phryd o fwyd, cyn dychwelyd gyda'r nos. Gan eu bod yn tueddu i fynd i'r tŷ drwy'r drws cefn, fe sylwodd y ddau yn syth fod y clo wedi cael ei falu, ac fe ffonion nhw'r heddlu gan boeni fod y lleidr yn y tŷ o hyd. Cyrhaeddodd y car iwnifform o fewn deg munud, ac wedi i'r ddau heddwas sicrhau fod y tŷ yn wag a gadael y perchnogion 'nôl i mewn, daeth yn amlwg fod y tipyn arian fyddai'n cael ei gadw mewn drôr yn y gegin wedi diflannu, yn ogystal â sawl modrwy a mwclis a roddwyd gan Mr Stirling i'w wraig dros y blynyddoedd. Nodwyd y manylion, a gwnaeth un o'r plismyn ei orau i sicrhau fod y drws cefn yn gadarn tan y byddai modd ei drwsio'n iawn. Yn ôl yr adroddiad roedd Mrs Stirling, yn enwedig, yn ofnadwy o ypsét.

Digwyddodd y trydydd lladrad yn nhŷ Rhodri Elfed a'i wraig Non, perchnogion un o'r tai mwyaf ar y ffordd allan o'r pentre i gyfeiriad clwb golff Ynys Las. Roedd y cwpwl i ffwrdd ar eu gwyliau am bythefnos, ac wedi gadael deuddydd cyn y lladrad am faes awyr Birmingham, ar eu ffordd i Rufain cyn cychwyn ar fordaith ar Fôr y Canoldir. Roedd y tŷ yn gwbwl wag, ond roedd cymydog yn galw heibio i fwydo'r cathod yn ddyddiol. Wrth ddod mewn i'r tŷ, fe ddaeth y cymydog, cyn-blismon o Lerpwl â'r enw anarferol Melvyn Love, wyneb yn wyneb â dyn ifanc oedd ar ei ffordd allan yn cario bag trwm yr olwg. Ar ôl eiliad yn syllu ar ei gilydd fe droiodd y sefyllfa'n sgarmes, a Mr Love yn ceisio gafael yn y bag tra bod y lleidr yn gwthio ei ffordd heibio. Dim ond pan ddechreuodd y cymydog weiddi am help y penderfynodd y dyn ifanc adael y bag a rhedeg i ffwrdd, gan sicrhau fod gan Mr Love lond bag o offer electronig a gemwaith, yn ogystal â disgrifiad clir o'r lleidr.

Dwi'n clicio ar ddogfen arall sydd wedi ei hatodi i'r e-bost ac yn edrych ar ddisgrifiad Melvyn Love o'r lleidr sydd wedi ei drawsnewid yn ddarlun o wyneb jig-so du a gwyn. Fel pob llun e-ffit mae'n edrych fel cannoedd o bobl ac fel neb o gwbwl ar yr un pryd.

Siwan

'Ti 'di ca'l cyfle i ga'l pip ar bopeth, Taliesin?'

Ma fe'n neidio wrth glywed fy llais – rhaid ei fod e'n canolbwyntio'n ddwys ar y llun e-ffit ar y sgrin.

'Wyt ti'n nabod e?' gofynnaf yn obeithiol. Dwi'n anghyfarwydd â'r genhedlaeth bresennol o ddihirod yn yr ardal. Ma fe'n troi yn ôl i edrych ar y sgrin, ar y ddelwedd gafodd ei chreu o ddisgrifiad Melvyn Love – maint canolig, gwallt tywyll byr, llygaid brown, ei drwyn yn gam, fel petai 'di ca'l ei dorri rywbryd yn y gorffennol.

'Na. Na, dwi ddim yn meddwl,' ateba. 'A do, dwi bron â gorffen mynd trwy bopeth – dim ond yr adroddiadau fforensig i fynd. Does dim CCTV na llygaid-dystion eraill, dwi'n cymryd?'

'Wna'i safio amser i ti,' meddaf, 'sdim CCTV, dim llygaid-dystion eraill, dim byd o werth yn yr adroddiade fforensig. Rhaid ei fod e'n ofalus ac yn gwisgo menig. Ond sdim lot o ots – ma'r cymydog o'r lladrad diwetha 'di disgrifio fe'n dda, fel weli di. Ma'r Elfeds ar wylie o hyd, ond dwi ar y ffordd i ddangos yr e ffit i'r Bowens a'r Stirlings nawr, rhag ofn ei fod e'n rhywun ma'n nhw'n nabod. Gan ei fod e wedi torri mewn pan fo'r tri cwpwl mas fi'n amau falle'i fod e'n gwbod y byddai'r tai'n wag, sy'n golygu ei fod e'n nabod nhw, a'u bod nhw'n ei nabod e. Dere, ewn ni gyda'n gilydd. T'ishe mynd yn dy gar di neu'n un i?'

Galla i weld Taliesin yn oedi cyn ateb – o'n i 'di clywed ei fod e'n gallu bod yn od am bethe fel hyn. Ac wrth feddwl am

y peth, ma 'nghar i mewn tipyn o stad ac ma 'na arogl chwydu
o hyd, ers i Cadi fod yn sic dros y penwythnos ar y ffordd i dŷ
Mam-gu a Taid.

'O – ti'n gwbod beth,' meddaf, cyn i Taliesin ffurfio ateb i'r
cwestiwn gwreiddiol, 'wedi meddwl, falle fyse dy gar di'n well,
os yw hynny'n OK?'

Taliesin

Damia. Mynd mewn dau gar gwahanol fyddai orau gen i, ond fedrwn i ddim meddwl am reswm dros wneud hynny'n ddigon buan, ac mae Mathews yn nôl ei chot nawr.

Gas gen i unrhyw un yn fy nghar i, yn gadael hen dusws ac olion bysedd a thraed mwdlyd dros y lle. Ond dwi ddim eisiau teithio yn ei char hi chwaith. Ar wahân i'r ffaith fod gen i ddim syniad pa mor gyfrifol ydy hi wrth y llyw, mae'n siŵr fydd ei char yn llawn briwsion a marciau gwyn amheus plant bach ac yn arogli o bethau afiach.

I ddweud y gwir, dwi wedi synnu fy hun faint dwi'n hoffi bod yn berchennog car. Fuais i erioed â diddordeb mewn ceir, na gyrru yn gyffredinol – petai Nhad heb fynnu, fyddwn i ddim wedi trafferthu i basio fy nhest hyd yn oed. Yn ystod achos Geraint Ellis, MJ fyddai'n ein gyrru ni o gwmpas – mae fy stumog yn tynhau wrth i'r atgofion neidio i'm meddwl yn annisgwyl, ond dwi'n eu gwthio nhw o'r neilltu yn gyflym ac ar ôl hynny bu'n rhaid i mi ddioddef sawl mis o orfod cael lifft mewn ceir heddlu fan hyn a fan draw. Yn y diwedd, gorfodais fy hun i brynu VW Golf bach, rhad ac ailafael yn y llyw.

Wna i gyfadde 'mod i'n hiraethu nawr ac yn y man am gerdded i'r gwaith bob bore, a gweld yr un bobol ar y llwybr yn cychwyn eu dyddiau yn yr un ffordd. Roedd hynny bron yn ffordd i mi ailgysylltu â gweddill y ddynolryw ar ddechrau diwrnod newydd, rhywbeth sydd ddim yn digwydd mewn siwrne bum munud. Ond ar y cyfan roedd y golled yna'n well na gorfod dibynnu ar lifft i bob man gan y bois iwnifform, yn enwedig y rhai fyddai'n manteisio ar unrhyw gyfle i ddefnyddio'r seiren ac i yrru fel ffyliaid. A fel bonws bach ychwanegol, mae'r car yn lle bach cyfleus i ddianc iddo i fwyta 'nghinio mewn tawelwch, yn hytrach na gorfod diodde sŵn a blerwch y ffreutur.

'Barod? Lle wyt ti 'di parcio?' mae Siwan wrth fy ochr eto, ei chot amdani a'i bag dros ei hysgwydd.

'O ydw – ym, jyst tu allan,' atebaf, gan ddiffodd sgrin y cyfrifiadur a dal i ymbalfalu am esgus dros beidio â rhannu car.

Dwy funud yn ddiweddarach ac rydyn ni'n eistedd ochr yn ochr yn y Golf. Dwi ddim yn gyfarwydd â gyrru o flaen cynulleidfa, yn enwedig un fedra i ei gweld trwy gornel fy llygad. Dwi'n ystyried gofyn a fyddai ots ganddi symud i'r cefn, allan o'r ffordd. A fyddai hynny'n anghwrtais? Dwi ddim yn gwybod. Byddai, siŵr o fod.

Dwi'n cymryd cipolwg i wneud yn siŵr fod Mathews yn gwisgo ei gwregys, yna'n cychwyn yr injan, gosod y cyfeiriwr fel ei fod yn fflachio ac yn craffu'n ofalus i'r drych car.

Siwan

Dyw hi ddim yn siwrne hir o orsaf heddlu Aberystwyth i Borth. Ond ma hi'n un llawer byrrach os nad yw'r person sydd wrth y llyw ddim yn gyrru fel rhech.

Ar ôl gwneud tipyn o sioe o ddod mas o'r lle parcio, fuon ni'n aros am oesoedd am fwlch digon mawr er mwyn gallu tynnu mas i'r traffig ar y brif ffordd. Dewisodd Taliesin fynd dros Benglais a thrwy Clarach i gyrraedd Borth – fysen i 'di meddwl y byddai mynd y ffordd arall, trwy Bow Street, tamed bach yn gyflymach, ond ddwedes i ddim byd.

Doedd dim lot o sgwrs gan Taliesin yn ystod y siwrne, a finne'n dal 'nôl rhag gofyn ynglŷn â'r ddau beth mawr – beth ddigwyddodd gydag MJ haf diwetha a'r holl helynt gyda Kai Freeman. Felly, yn lle'n bod ni'n gyrru mewn tawelwch, fe rannes i fy hanes i gyda fe – 'mod i'n briod â Iolo, sy'n bensaer, a bod gyda ni ddwy ferch o'r enw Cadi a Nansi. Ein bod ni'n byw ym Mhenrhyncoch a 'mod i wedi bod bant o'r gwaith yn magu'r merched. Ein bod ni wedi penderfynu, nawr fod Cadi wedi dechre yn yr ysgol a Nansi'n hapus yn y feithrinfa, ei bod yn bryd i fi ddychwelyd i'r gwaith. Ches i ddim llawer o ymateb gan Taliesin, felly fe garies i 'mlân, gan ddweud 'mod i'n hoffi sgrifennu ac yn gweithio ar fy nofel gynta – *Gwaed Oer* – yn fy amser sbâr. Fel arfer fydd pobol yn holi beth yw'r stori ac yn synnu taw nofel arswyd, yn hytrach na stori dditectif yw hi, ond dyw Taliesin ddim fel petai ganddo unrhyw ddiddordeb. Dwi'n crynhoi'r plot, beth bynnag.

Ma cwpwl ifanc, Dan a Catherine, yn prynu fferm anghysbell rhywle yng nghefn gwlad Cymru, ar ôl i'r perchnogion cynt ddiflannu. Ma'r fferm wedi bod yn wag ers sawl blwyddyn, ond ma'r cwpwl yn benderfynol o lwyddo ac yn gweithio'n galed drwy'r gwanwyn a'r haf cynta. Ond, wrth i'r gaeaf gau mewn ma 'na bethe rhyfedd yn dechre digwydd – anifeiliaid yn marw, cnydau'n diflannu o'r ysgubor ac yn y blaen. Yn fuan ma'n dod i'r amlwg fod pla o lygod ffyrnig, gwyllt yn ymosod ar y fferm bob gaea, yn edrych am fwyd a lloches, a'u bod nhw'n barod i fwyta popeth yn eu ffordd – gan gynnwys Dan a Catherine.

Dyw Taliesin ddim yn ymateb o gwbwl. Dwi'm yn siŵr os oedd e'n gwrando hyd yn oed. Ond ta waeth – fydda i'n teimlo ei fod e'n beth da i wneud ymdrech i ddod i nabod cyd-weithwyr, yn enwedig rhai fyddwch chi'n treulio tipyn o amser yn eu cwmni. Er, pan gyrhaeddon ni Borth a ddwedes i 'mod i wedi dod â'r merched yma haf diwetha i adeiladu cestyll tywod ar y traeth, dwi'n siŵr bod Taliesin wedi edrych arna i mewn penbleth, fel petai dim syniad 'da fe am ba ferched o'n i'n sôn.

Wrth i ni agosáu at Gae Gwylan dwi'n cyfeirio Taliesin at dŷ Mr a Mrs Bowen, y cwpwl cynta i ddiodde dan law y lleidr. Fe wnaeth Taliesin dipyn o sioe o barcio, yn cynnau a diffodd y cyfeirwyr ar y ddwy ochr, a chanu'r corn ar ddamwain ar un pwynt, wrth symud 'mlân ac yn ôl nes ei fod e'n hapus. O'r diwedd fe ddiffoddodd e'r injan.

Stad o fyngalos syml ac eitha plaen yw Cae Gwylan, gydag un hewl yn mynd trwy'r canol a dwy neu dair arall yn troi oddi arni, fel canghennau ar goeden. Mae tŷ Mr a Mrs Bowen hanner ffordd i lawr un o'r canghennau, a Renault gwyrdd tywyll 'di parcio tu fas gyda dwy olwyn ar y palmant, i adael i geir eraill wasgu heibio ar y ffordd gul. Dyw'r tai ar y stryd ddim i weld yn rhai drud, ond mae golwg gofal ar y rhan fwya, gan gynnwys tŷ'r Bowens. Mae bocsys blodau ar bob sil ffenest a'r rheini'n ffrwydriad o liwie gwahanol – ma'n amlwg bod y naill neu'r llall yn dipyn o arddwr. Wrth i fi agosáu at y drws PVC gwyn, ma Taliesin yn cerdded yn syth i lawr y llwybr wrth ochr y tŷ ac yn diflannu o'r golwg. Dwi'n oedi cyn cnocio ar y drws, yn ystyried mynd ar ei ôl, ond cyn i fi symud ma fe'n ailymddangos yr un ffordd ag y diflannodd ac yn dod i sefyll wrth fy ochr heb ddweud gair.

'Unrhyw beth diddorol?' gofynnaf. Ma Taliesin yn syllu ar y drws yn hytrach nag arna i, fel petai'n ysu iddo agor. Ma'r ddau o'n ni'n aros.

'Na, dim byd yn arbennig,' ateba o'r diwedd. 'Mae'r llwybr yn mynd yn syth i lawr ochr y tŷ ac at y drws cefn. Does dim golau, dim giât a gan fod y tai i gyd yn fyngalos does neb yn edrych i lawr dros yr ardd. Sdim syndod fod neb wedi sylwi ar unrhyw beth.'

Dwi'n ystyried hyn am funud, cyn cnocio. Bron yn syth dwi'n gweld cysgod yn tyfu yng ngwydr cymylog y drws a llais dwfn yn galw, 'Pwy sy 'na?'

'Ditectif Siwan Mathews a Ditectif Taliesin MacLeavy, Heddlu Dyfed-Powys, o'r orsaf yn Aberystwyth. Yma ynglŷn â'r lladrad naethoch chi riportio…'

Ma'r drws yn agor tamaid bach – digon i bâr o lygaid sbecian yn amheus drwy'r bwlch. Ma'n amlwg iddyn nhw benderfynu ein bod ni'n dweud y gwir ac ma'r drws yn agor gweddill y ffordd i ddatgelu perchennog y llygaid – dyn yn ei saith degau, yn gwisgo siwmper las dywyll dros grys a thei. Ma 'da fe wyneb caredig ac ar ôl gwneud yn siŵr fod dim golwg fygythiol arnon ni ma fe'n gwenu'n gynnes.

'Dewch i mewn, plis, dewch i mewn. Sian! Ma'r heddlu yma,' meddai wrth ein gwahodd dros y trothwy. Wrth gamu trwy'r drws ma gwynt melys ffresydd aer cryf yn fy nharo, fel cerdded trwy adran bersawr un o'r siope mawr. Ma Mrs Bowen yn ymddangos yn syth o du hwnt i un o'r dryse sy'n agor i'r cyntedd – dynes fach, gyda llygaid disglair, sy'n edrych dipyn yn iau na saith deg. Dwi'n ei chael hi'n anodd dychmygu hon yn rhegi'r lleidr o flaen yr iwnifforms.

'O, smo chi 'di ffeindio hi, do fe? Smo chi 'di ffeindio modrwy Mam-gu?' ma hi'n gofyn yn obeithiol, wrth i'w gŵr gau'r drws. 'Mi o'dd hi werth y byd i fi, y fodrwy 'na.'

'Naddo, dim eto ma arna i ofn, Mrs Bowen,' atebaf, tra bod hithau'n ceisio cadw'r siom rhag dangos ar ei hwyneb, ond yn methu. Mae ei gŵr yn camu ati ac yn rhoi ei fraich am ei hysgwyddau i'w chysuro. 'Ry'n ni yma am ein bod ni wedi cael disgrifiad o unigolyn ry'n ni'n awyddus i siarad ag ef ynglŷn â'ch lladrad.' Dwi'n tynnu'r darlun e-ffit o 'mag. 'Odi'r person 'ma'n gyfarwydd i chi?' Ma Mrs Bowen yn cymryd y llun o fy llaw ac yn codi'r sbectol, sy'n crogi am ei gwddf, uwch ei thrwyn. Ma hi'n craffu am sawl eiliad cyn ei basio i'w gŵr.

'Na, 'rio'd wedi'i weld e, ma'n ddrwg 'da fi' meddai.

'A chithe, Mr Bowen?' gofynnaf. 'Odych chi'n ei nabod e?' Ma fe'n cymryd ei amser, yn astudio'r llun yn fanwl am sbel.

'Mae yna rywbeth cyfarwydd ynglŷn â fe… neu falle ddim… ond na, alla i ddim meddwl pwy, ma'n ddrwg 'da fi.'

'Rhywun ry'ch chi wedi ei weld yn ddiweddar, falle? Yma yn Borth, neu rywle arall?' dwi'n trio creu cysylltiadau yn ei gof.

'Na, sori – falle'i fod e'n edrych yn debyg i rywun arall.' Ar ôl syllu ar y llun am dipyn ma Mr Bowen yn estyn y papur 'nôl, ond yn annisgwyl, ma Taliesin yn ei gymryd o'i law ac yn ymuno â'r sgwrs.

'Mr Bowen – ga'i ofyn, ydych chi wedi bod yn byw yn Borth yn hir?' Ma'r gŵr yn edrych arno mewn penbleth.

'Yn hir? Wel, do – deg mlynedd ar hugain rhwng popeth, a saith mlynedd yn y tŷ yma.' Ma 'Taliesin yn nodio'i ben. Dyna, ma'n ymddangos, yw diwedd ei gyfraniad.

Dwi'n cael trafodaeth fer gyda'r Bowens ynglŷn â'u trefniade diogelwch, yn ymwybodol iawn fod Taliesin ddim yn talu unrhyw sylw o gwbwl i'r sgwrs.

'Iawn,' meddaf yn y diwedd. 'Wel, os gofiwch chi rywbeth, dyma fy ngherdyn â'r manylion cyswllt. Ffoniwch unrhyw bryd.' Ma Mr Bowen yn cymryd y cerdyn a'i roi yn ei boced. 'Diolch am eich amser, ac fe fyddwn ni mewn cysylltiad.'

'A diolch yn fawr i chi, Ditectif Mathews,' mae Mrs Bowen yn ateb. 'A cyn i chi fynd, ga'i ofyn ffafr fach? Chi'n gweld, mi o'n i'n eitha ypsét pan ddaeth yr heddweision arall yna i'n cyfweld ni, a ma arna i ofn mod i wedi defnyddio geiriau... wel... geiriau annoeth braidd i ddisgrifio'r bast– sori, y lleidr wnaeth ddwyn modrwy Mam-gu. Mae arna i dipyn o gywilydd a dweud y gwir – tybed a fyddech chi'n gallu ymddiheurio i'ch cyd-weithwyr ar fy rhan?'

Dwi'n sylwi ar gysgod gwên ar wefusau ei gŵr, a alla i ddim â helpu ond gwenu'n hun.

'Peidiwch poeni am y peth, Mrs Bowen, maen nhw wedi clywed lot gwaeth. Ond wrth gwrs wna i rannu'ch neges chi. '

Wrth i ni gerdded 'nôl lan y llwybr at yr hewl ma llygaid Taliesin wedi eu hoelio ar y llawr, ar goll yn ei fyd ei hun. Mae fe'n estyn allweddi'r car o'i boced, ond dwi'n awgrymu ein bod ni'n cerdded i dŷ'r Stirlings yn lle gyrru yno – ma'n ddigon agos, ma'r tywydd yn braf ac er 'mod i ddim yn dweud hyn wrth Taliesin, erbyn iddo fe orffen symud a pharcio'r car fydden ni wedi bod yn cerdded yn gynt. Dyw e ddim yn ymateb, dim ond rhoi'r allweddi'n ôl yn ei boced a throi i gyfeiriad Princess Street.

Taliesin

Sut oedd y lleidr yn gwybod y byddai'r tai'n wag? Dyna yw'r darn allweddol o'r pos sydd ar goll. Dwi'n pendroni wrth ddilyn Mathews i'r tŷ nesaf, cartre Mr a Mrs Stirling.

Mae'n bosib ei fod e'n rhywun lleol sy'n adnabod y Bowens, y Stirlings a'r Elfeds, neu efallai ei fod wedi clywed am eu cynlluniau nhw trwy'r gymuned, ond os felly oni fyddai un neu'r llall o'r Bowens yn ei adnabod o'r e-ffit? Pentre bach ydy Borth – mil, mil a hanner o drigolion efallai – a gan fod y Bowens wedi byw yno am dri deg mlynedd oni fyddai disgwyl iddyn nhw adnabod wynebau'r rhan fwyaf o'r gymuned leol? Ac os nad yw'r lleidr yn dod o'r ardal – sut mae'n gwybod pa dai sy'n wag?

Er gwaetha'r teimlad o ddiflastod ddaeth drosta i wrth ddarllen yr adroddiad yn wreiddiol, erbyn hyn dwi'n cael blas ar yr achos, ac yn awyddus i fynd i siarad â Mr a Mrs Stirling. Gyda rhestr o gwestiynau yn tyfu yn fy meddwl, dechreuaf gerdded yn gyflymach, yn dal i fyny â Mathews, ac o fewn munud neu ddwy rydyn ni'n troi oddi ar Princess Street. Mae hi'n tynnu ei llyfr nodiadau o'i bag ac yn edrych ar rifau'r tai, cyn cerdded at fyngalo llai a mwy blinedig yr olwg na chartre'r Bowens. Er ei fod yn wyn yn wreiddiol, mae'r paent yn llwyd erbyn hyn, a bron yn ddu o dan y ffenestri lle y bu dŵr yn diferu dros y blynyddoedd. Mae'r giât ffrynt, sy'n arwain i ardd lawn chwyn a cherrig, wedi rhydu, ac yn gwichian wrth ei hagor.

Mae Mathews yn canu cloch y drws, a rydyn ni'n sefyll mewn

tawelwch am dipyn, yn aros am ateb. Does dim arwydd o fywyd yn y tŷ. Mae Mathews yn canu'r gloch eto, ac yn cnocio'r drws, ond dydy hyn ddim yn esgor ar fwy o ymateb na'r tro cyntaf.

'Rhaid eu bod nhw 'di mynd mas,' meddai yn y diwedd, cyn ochneidio. 'Damo. Wna'i adael nodyn iddyn nhw gysylltu â ni.' Mae'n rhwygo tudalen o'i llyfr nodiadau ac yn estyn beiro o waelod ei bag. Tra'i bod hi'n ysgrifennu dwi'n cerdded i ffwrdd, i lawr ochr y tŷ tua'r cefn – fel yn achos tŷ'r Bowens, mae yna lwybr cyfleus a digon o gysgod. Dwi'n sefyll o flaen y drws cefn ac yn sylwi bod yna ddifrod amlwg o amgylch y ddolen o hyd – yr hen gwpl heb gael cyfle i'w drwsio eto, mae'n rhaid. Gwelaf fod golau'r gegin ymlaen. Efallai fod y Stirlings heb glywed y gloch? Mae'r drws yn agor â gwich wrth i mi gnocio, a galwaf i berfeddion y tŷ. Does dim ateb. Yr unig sŵn ydy'r tipian dwfn o gyfeiriad y cyntedd tywyll tu hwnt i'r gegin – cloc mawr, wyth niwrnod, ddwedwn i.

Dwi'n craffu i mewn i'r tŷ ac mae'n cymryd sawl eiliad i'm llygaid ddechrau arfer â'r tywyllwch. A dyna pryd dwi'n sylwi ar y pryfaid. Ugeiniau ohonyn nhw, yn hedfan o gwmpas y gegin, yn eistedd ar bob arwyneb. Mae fy stumog yn tynhau.

'Mathews!' galwaf unwaith, ac eilwaith, heb roi cyfle iddi ymateb. Mae hithau'n dod i'r golwg ar frys rownd cornel y tŷ.

'Beth sy'n bod?' Mae ei llygaid yn gyfuniad o chwilfrydedd a diffyg amynedd. Dwi ddim yn ateb, dim ond pwyntio drwy'r drws i'r gegin llawn pryfaid, i gyfeiriad yr aroglau afiach sydd erbyn hyn yn llifo tuag aton ni. Mae'n edrych i mewn i'r tŷ ac yna arna i. Mae'n rhegi. Er gwaetha'r gwin a'r gwirodydd o neithiwr sy'n corddi yn fy stumog erbyn hyn, dwi'n tynnu hances o fy mhoced, ei wasgu dros fy ngheg a fy nhrwyn ac yn camu i mewn i'r gegin. Alla i deimlo'r pryfaid yn grwnan heibio wrth i mi gerdded yn araf tuag at y cyntedd. Mae yna dun bisgedi siâp pinafal ar agor ar yr ochr. Mae'n wag. Galwaf eto drwy fasg yr hances, er 'mod i'n gwybod na fydd yna ateb.

Wrth i mi gyrraedd y cyntedd mae rhywbeth yn crensian o dan draed – ffrâm wedi malu'n deilchion ar y llawr. Plygaf i lawr i graffu yn y golau gwael – llun o blentyn mewn cit pêl-droed, gyda phêl wrth ei draed a gwên ar ei wyneb.

'O shit,' clywaf tu ôl i mi. 'O shit. Shit, shit, shit.' Mathews sy'n siarad, yn rhegi drosodd a throsodd. Dwi'n oedi, yn amharod i droi i weld beth sydd yna. Ydw i ar fin dod wyneb yn wyneb â chorff y bachgen yn y cit pêl-droed? Dwi erioed wedi gorfod delio â chorff plentyn, diolch byth – dwi'n gweddïo'n dawel nad yw hynny ar fin newid. Ar ôl rhai eiliadau clywaf Mathews, fel petai ben pellaf i dwnnel hir, yn siarad ar y ffôn yn frysiog, yn galw am iwnifforms i gau'r tŷ, ac am y tîm fforensig.

Rwy'n troi'n araf, aroglau'r gwaed a'r cnawd pydredig yn treiddio trwy fy hances, yn ddwfn i fy ysgyfaint, ac yn edrych ar yr olygfa erchyll yn yr ystafell fwyta.

Siwan

Yn ofalus, gyda'n llawes wedi ei thynnu fel maneg dros fy llaw, a heb fynd mewn i'r stafell fwyta, agoraf y drws ffrynt a phob ffenest alla i eu cyrraedd i drio clirio rhywfaint ar y gwynt a'r pryfaid. Ma Taliesin yn sefyll wrth drothwy'r stafell fwyta, ei hances dros ei geg, yn syllu ar yr olygfa waedlyd.

Gan gymryd anadl ddofn, dwi'n gorfodi fy hun i fod yn broffesiynol ac i astudio'r sefyllfa'n fanwl, gan ddechre creu rhestr o ffeithiau a sylwadau yn fy meddwl.

'Blydi hel,' sibrydaf i'n hun.

Ma 'na ddau gorff, dyn a dynes, yn wynebu ei gilydd bob pen i'r bwrdd bwyd. Er na alla i fod yn bendant, dwi'n amau'n gryf taw dyma Mr a Mrs Stirling. Ma'r cyrff yn cyfateb i oedrannau'r cwpwl yn yr adroddiad am y lladrad, ac ma'n nhw'n gwisgo dillad cyfforddus a sliperi ar eu traed – dillad y byddech chi'n eu gwisgo yn eich cartre eich hun.

Ma briwiau sylweddol yn mynd o un glust i'r llall ac ar hyd eu gyddfau, y briwiau yn lled agored fel gwên afiach gan fod pennau'r ddau yn gorwedd am yn ôl, eu llygaid yn syllu yn syth lan. Ma'r ddau'n anarferol o welw, o ganlyniad i'r diffyg gwaed yn eu systemau ac ma'r cyrff wedi dechrau pydru mewn mannau.

O beth wela i o batrwm llif y gwaed dros y bwrdd a'r llawr ma'n eitha tebygol iddyn nhw gael eu lladd wrth iddyn nhw eistedd. Ma ias yn teithio'n gyflym i lawr fy nghefn. Ma'r ddau'n wynebu ei gilydd dros y bwrdd – allai hynny olygu bod

37

un wedi gorfod gwylio'r llall yn cael ei ladd, wrth ddisgwyl yr un ffawd.

Ar y bwrdd o'u blaenau ma plât o fwyd yr un – selsig, tatws stwnsh a phys, o beth alla i ei weld, a llwydni'n drwch dros y tatws yn enwedig. Ma'r cyfog yn codi yn fy ngwddf wrth weld bod y gwaed 'di chwistrellu o'u gyddfe a chymysgu â'r bwyd ar y platie. Dwi ar fin troi pan welaf rwbeth rhyfedd o gornel fy llygad. Ma 'na drydydd plât, wedi ei osod ben pella'r bwrdd. Ma fe'n wag, ond am gyllell a fforc, ochr yn ochr.

'Hei – ti 'di sylwi fod 'na dri plât?' gofynnaf. Ma fe'n nodio'i ben, heb gymryd ei lygaid oddi ar yr olygfa. 'Ma'r bwyd ar y trydydd 'di mynd i gyd.' Ma fe'n nodio eto.

'Ac mae rhywfaint o ôl bwyta ar y ddau arall hefyd,' ma fe'n ychwanegu, ei lais yn aneglur gan fod hances dros ei geg o hyd.

Dwi'n edrych eto ac er ei fod yn anodd gweld achos y gwaed a'r llwydni, dwi'n amau falle ei fod e'n dweud y gwir. Ma darn o selsig 'di diflannu oddi ar y ddau blât a rhywfaint o'r tatws stwnsh fel petai e ar goll hefyd.

'Iesu Grist.' Dwi'n oedi wrth feddwl. 'Beth ddiawl ti'n meddwl sy 'di digwydd fan hyn, 'te? Fod Mr a Mrs Stirling a'r llofrudd wedi eistedd i lawr am bryd o fwyd a… beth?' Dyw Taliesin ddim wedi cymryd ei lygaid oddi ar yr olygfa o'i flaen – dwi ddim yn siŵr ydy e wedi blincio hyd yn oed.

'Dwi ddim yn meddwl wnaethon nhw eistedd lawr o'u gwirfodd,' meddai. 'Edrych ar eu breichie nhw, a'u traed.'

Wrth graffu'n nes dwi'n gweld beth ma Taliesin yn cyfeirio ato. Ma llaw dde y ddau yn hongian yn llipa wrth eu hochrau, ond ma'r ddwy chwith a'r coesau wedi eu clymu'n dynn i'r cadeiriau, wedi eu lapio â thâp parsel brown, trwchus.

'Mae'r llofrudd wedi gadael un fraich yr un yn rhydd,'

meddai Taliesin yn ddideimlad. 'Er mwyn iddyn nhw allu bwyta.'

Ma'n stumog i'n cywasgu ac am funud dwi'n siŵr 'mod i'n mynd i daflu lan yn y fan a'r lle. Ma 'mhen i'n troi wrth brosesu'r cwbwl.

Oedd y llofrudd wedi clymu'r hen gwpwl i'w cadeirie, gan adael un fraich yn rhydd fel eu bod nhw'n gallu rhannu pryd gyda fe, cyn iddo eu lladd nhw? Dwi'n trio peidio â meddwl mor frawychus oedd munudau ola Mr a Mrs Stirling, druain – prin yn gallu symud, yn gorfodi eu hunain i fwyta er mwyn cadw'r llofrudd yn hapus falle, ac yna un yn cael ei ladd o flaen y llall. Ac yn y diwedd yn cael eu gadael i bydru, fel darnau o offal ar lawr lladd-dy.

Yn sydyn ma Taliesin yn symud wrth fy ochr – yn cerdded yn gyflym 'nôl trwy'r gegin a mas trwy'r drws cefn. Eiliadau wedyn gallaf ei glywed e'n chwydu yn yr ardd. Dwi'n aros nes i'r sŵn orffen yna'n rhoi munud neu ddwy arall iddo cyn ei ddilyn e mas i'r awyr iach.

Taliesin

O fewn chwarter awr mae tri car heddlu wedi parcio tu allan i dŷ'r Stirlings, a'r fan fforensig ar ei ffordd. Cyrhaeddodd Saunders yn y trydydd car, a mynnu cael gair gyda fi a Mathews yn syth.

Ar ôl i ni esbonio amgylchiadau dod o hyd i'r Stirlings yn llawn, mae Saunders yn dechrau rhoi gorchmynion.

'Iawn, cadwch chi lygad ar bopeth fan hyn am y tro, nes i fi ffeindio rhywun i gymryd yr achos. Yr holl stwff arferol – siarad â'r cymdogion, chwilio'r tŷ ar ôl i'r tîm fforensig orffen…'

'Esgusodwch fi, ma'am,' mae Mathews yn torri ar ei thraws, 'ond allwn ni'n dau gymryd yr achos 'ma, sdim ishe i chi ffeindio rhywun arall.'

'Ie, yn bendant,' dwi'n ychwanegu, bron heb feddwl. 'Ni ffeindiodd y cyrff, ni ddylai gymryd yr achos.' Dwi'n synnu faint dwi eisiau hyn.

'Bydda di'n dawel, MacLeavy – dim gêm o *finders keepers* yw hyn. Mathews – fe wnaethoch chi ddod o hyd i'r cyrff *tra eich bod chi'n gweithio ar achos gwahanol,*' mae Saunders yn pwysleisio. 'Mae yna ddigon o waith i chi gyda'r lleidr yma…'

'Ond beth os oes yna gysylltiad rhwng y ddau beth?' torraf ar ei thraws, gan frysio 'mlaen cyn iddi fy nhawelu eto. 'Y lladrad a'r llofruddiaeth…? Beth os ddaeth y lleidr 'nôl, ond y tro yma bod y Stirlings adre? Fydd hi'n gam 'nôl i lusgo rhywun arall i ganol hyn nawr.' Fedra i weld Saunders yn petruso, cyn edrych arna i a Mathews.

'Wyt ti wir yn meddwl bod yna gysylltiad?' gofynna i mi o'r diwedd.

'Mae'n rhy gynnar i fedru dweud "na" yn bendant ar hyn o bryd.'

Mae'n meddwl am dipyn, yna'n ochneidio.

'Iawn, OK – ond ti sy'n gyfrifol am yr achos, Mathews, felly ma hyn ar dy ysgwyddau di. A Taliesin...,' mae'n gostwng ei llais ac yn symud yn agosach, 'cofia dy fod di o fewn trwch blewyn i fod mas o'r ffôrs bore 'ma – paid â neud unrhyw beth gwirion, neu gredi di ddim beth fydda i'n gwneud i ti.' Mae Saunders yn edrych yn ddwfn i'm llygaid am amser hir, a finnau ddim yn gwybod sut i ateb. Mae'r tawelwch yn cael ei dorri gan ganu ei ffôn symudol. Dwi'n dechrau meddwl ei bod hi'n bwriadu ei anwybyddu ond yn y diwedd mae'n tynnu'r ffôn o'i phoced, rhegi wrth weld y rhif yna'n cerdded i ffwrdd i ateb yr alwad.

Pan ei bod hi'n ddigon pell i ffwrdd mae Mathews yn troi ata i.

'Ti wir yn meddwl bod yna gysylltiad rhwng y llofruddiaethau 'ma a'r lladrata? Achos os wyt ti, yna ma'n rhaid i ni rybuddio Mr a Mrs Bowen, a hynny ar –'

'Nag oes, wrth gwrs fod dim cysylltiad,' torraf ar ei thraws.

'Ond ti newydd weud ei bod hi'n rhy gynnar i –'

'Do, ond dim ond fel bod Saunders yn gadael i ni gadw'r achos.'

Mae golwg ansicr ar Mathews o hyd, felly dwi'n troi i'w hwynebu, gan gadw un llygad ar Saunders. 'Iawn, edrych. Mae'r lleidr yma'n ofalus, ac yn dipyn o gachgi. Mae'n dewis tai hen bobol, yn trio gwneud yn siŵr nad oes neb adre cyn torri i mewn, a'r un tro pan gafodd e ci ddal – fe redodd e i ffwrdd yn hytrach nag ymladd.

'Mae'r llofrudd yma, ar y llaw arall, wedi cymryd sawl risg diangen. Mi oedd e yn y tŷ am dipyn o amser mae'n rhaid, er mwyn clymu dau berson i fyny a'u cadw nhw'n fyw am y pryd bwyd. Beth petai rhywun wedi galw, neu petai un o'r Stirlings wedi llwyddo i ddenu sylw'r cymdogion rhywsut? Yna, pan benderfynodd e eu lladd nhw, fe gymrodd e gyllell at eu gyddfau, a lladd un o flaen y llall. Na, unig fwriad y lleidr yw cael ei ddwylo ar stwff gwerthfawr ac osgoi cael ei ddal. Ond hyn...,' gwyraf fy mhen i gyfeiriad y tŷ, 'Wel, mae hyn lot yn fwy... personol.'

'O'dd yr olygfa 'na fel rhywbeth o Gwaed Oer,' mae Mathews yn dweud ar ôl munud o dawelwch. Beth ydy 'Gwaed Oer', tybed?

Mae'n cnoi ei gwefus â'i dannedd blaen, rhywbeth y sylwais arni hi'n ei wneud yn swyddfa Saunders gynne, ac eto wrth i ni holi Mr a Mrs Bowen – arfer bach sy'n dod i'r amlwg wrth iddi feddwl yn ddwys. Dwi'n ei hastudio hi'n ofalus, yn aros am ymateb. Fedra i glywed Saunders yn dadlau gyda rhywun ar y ffôn ym mhen draw'r ardd. Yn y diwedd mae Mathews yn agor ei cheg i ddweud rhywbeth.

'Ditectifs!' daw'r alwad o gyfeiriad y tŷ, cyn iddi yngan gair. Mae aelod o'r tîm fforensig yn sefyll ar bwys y drws cefn – dyn ifanc, croenddu mewn siwt bapur wen. Mae'n dal bag plastig clir yn ei law, ac yn aros i ni ymuno ag e. Wrth i ni agosáu gwelaf gynnwys y bag – cyllell fara â haen o waed sych drosti, wedi ei rhoi mewn tiwb plastig, diogel. Dwi hefyd yn sylweddoli 'mod i'n adnabod y swyddog fforensig, er nad ydw i'n gallu cofio ei enw. Dwi'n gobeithio na fydd e'n fy adnabod i.

'Ditectif MacLeavy,' mae'n fy nghyfarch â gwên.

Damia.

Dwi'n dweud dim ac yn gwenu arno'n fud. Yn ffodus mae'n

troi at Mathews heb ddisgwyl am ymateb. 'Jimi George –
swyddog fforensig,' mae'n cyflwyno ei hun. 'Sori – wna'i ddim
ysgwyd llaw,' mae'n ychwanegu wrth ddangos y menig ar ei
ddwylo.

'Ie wir, Jimi George, swyddog fforensig,' dwi'n cymryd
drosodd, yn awyddus i guddio'r ffaith 'mod i wedi anghofio ei
enw. 'Dyma Ditectif… Siwan Mathews,' dwi'n gorffen ar frys,
gan lwyddo i gofio ei henw cyntaf mewn pryd.

'Braf i gwrdd â ti,' meddai Mathews yn gyfeillgar. 'Beth sy
gyda ti i ni fan hyn, 'te?' mae'n cyfeirio at y bag plastig.

Mae Jimi George yn ei godi i ni allu ei weld yn fwy manwl.

'Ddes i o hyd i hon ar y llawr wrth ochr Mrs Stirling. Dim
ymdrech i'w chuddio hi o gwbwl. Mae'r briwiau ar y gyddfau'n
edrych fel petaen nhw wedi cael eu gwneud â chyllell
ddanheddog, felly mae'n bosib iawn taw dyma'r gyllell a
ddefnyddiwyd. Mae'n debyg iawn i'r set cyllyll sydd yn y gegin,
ac mae'r gyllell fara ar goll o'r set yna. Felly mae'n edrych yn
debyg na ddaeth y llofrudd â'i arf ei hun – neu os oedd e wedi
dod ag arf roedd e wedi penderfynu defnyddio hon yn ei le.'

'Olion bysedd?' gofynna Mathews yn obeithiol.

'O beth wela i, mae yna sawl un posib wedi eu sychu yn y
gwaed, ond bydd yn rhaid aros tan ein bod ni'n ôl yn y labordy
i allu eu casglu nhw. Dyna i gyd sydd gen i i chi am y tro, ond
o'n i'n meddwl y byddech chi eisiau gweld hon yn syth.'

'Ie, diolch i ti,' mae Mathews yn ateb. 'Unrhyw syniad pa
mor hir fydd hi nes fyddwn ni'n gallu dod i'r tŷ?'

'Sbel fach eto, mae arna i ofn.' Mae golwg ymddiheuriol ar
Jimi George ac mae'n troi am y tŷ. 'Ddo'i i ffeindio chi pan
fyddwn ni wedi gorffen.' A gyda hynny mae'n cerdded 'nôl i'r
gegin, y bag plastig â'r gyllell yn ei law.

Siwan

Ma'r swyddog fforensig yn cerdded 'nôl trwy'r drws cefn ac yna dwi'n troi i edrych ar Taliesin, neu yn hytrach, i edrych ar lle oedd Taliesin eiliade'n ôl. Erbyn hyn ma fe 'di dechre cerdded ar hyd y llwybr sy'n arwain 'nôl at ffrynt y tŷ. Dwi'n brysio i ddala lan 'da fe, ond sdim byd yn awgrymu ei fod yn sylweddoli 'mod i yno. Ma fe'n dechre siarad ac am funud dwi ddim yn siŵr ai siarad â fi ma fe neu â'i hunan.

'Beth sy'n mynd trwy ei ben e? Mae e'n mynd i'r holl drafferth o'u gosod nhw o gwmpas y bwrdd bwyd, ond ddim yn ddigon gofalus i wisgo menig wrth eu lladd nhw? Ar un llaw mae ganddo fe...' Ry'n ni 'di cyrraedd y stryd o flaen y tŷ, ac ma Taliesin yn stopio, yn llawn penbleth. 'Lle mae'r car?' gofynna, gan droi ata i.

'Ar bwys tŷ'r Bowens. Ti'n cofio? Cerdded wnaethon ni.'

'O, ie,' ma fe'n ateb, a dechre symud eto.

'Ond drycha,' galwaf ar ei ôl cyn iddo fe fynd yn rhy bell, 'os taw meddwl mynd yn syth yn ôl i'r orsaf wyt ti, na fydde fe'n well i ni aros nes fod y criw fforensig 'di cwpla? Beth tasen ni'n cael dishgled tra bo ni'n aros? Fi'n gwbod bo fi jyst â thagu. A wedyn falle allen ni alw heibio'r Bowens, jyst rhag ofn?' Ma Taliesin yn oedi eto ac yn ystyried am eiliad neu ddwy.

'Beth am y cwpwl arall, y rhai oedd ar eu gwyliau?' gofynna.

'Ma'r Elfeds bant o hyd. Wedodd y cymydog wrth y bois iwnifform na fydden nhw ddim 'nôl tan wythnos i ddydd Iau.'

'Ie, ond pa ffordd mae eu tŷ nhw?'

Dwi ddim yn siŵr fod Taliesin 'di clywed fi'n iawn, ond dwi'n pwyntio i lawr y ffordd, i gyfeiriad clwb golff Borth a thraeth Ynys Las.

'Lawr ffor'na, pum munud. Ond sdim pwynt mynd 'na nawr, wedodd y cymydog na fydden nhw –'

'Ewn ni yna am dro, yn gyflym?' gofynna Taliesin. Alla i ddim diodde pobol sy'n torri ar draws, ond dwi'n brathu 'nhafod y tro 'ma. Ro'n i 'di clywed bod Taliesin yn gallu bod fel hyn.

'Ie, OK, Taliesin,' ochneidiaf. 'Ond dishgled a rhwbeth i fwyta yn syth wedyn.'

Ma Taliesin wedi dechre symud, gan daflu 'Ie, ie, iawn' dros ei ysgwydd.

Ry'n ni'n cerdded i dŷ'r Elfeds heb siarad. Ma Taliesin yn edrych fel ei fod yn meddwl yn ddwys, tra 'mod i'n mwynhau'r tawelwch a'r awyr iach, er gwaetha'r gwynt main yn chwythu o'r môr. Ma gwylan yn cylchu ar yr awel yn uchel uwch ein pennau, a gwelaf ei phig yn agor a chau er fod ei chrawcian aflafar yn cael ei chwipio ffwrdd gan y gwynt. Ma tacsi gwag Borth Cabs yn ein pasio. Dwi'n cofio gyrru ffordd 'ma haf diwetha – cario 'mlân heibio i dŷ'r Elfeds ac i lawr yr hewl sy'n culhau wrth deithio ar hyd y caeau gwyrdd, gwastad cyn troi un cornel ola a gorffen yn sydyn ar draeth mawr, hyfryd Ynys Las. Diwrnod grêt – llun o'r pedwar o'n ni ar y traeth yw'r llun cefndir ar fy ffôn. Roedd y pentre'n llawn ymwelwyr lleol a thwristiaid o'r meysydd carafán cyfagos, ond heddiw dim ond llond llaw o bobol mae Taliesin a finne'n dod ar eu traws, a dwi ddim yn meddwl ei fod e'n sylwi arnyn nhw hyd yn oed. Clywaf y trên yn mynd heibio ar ei ffordd i Aberystwyth. Ma'r tacsi'n gyrru'n ôl heibio, corff yn y cefn erbyn hyn.

Tynnaf y llyfr nodiadau o 'mhoced wrth agosáu, i atgoffa'n

hun o enw'r tŷ – 'Awel Heli'. O fewn munud gwelaf y geiriau ar ochr tŷ mawr, crand yr olwg, ei dalcen mewn siâp hanner cylch yn hytrach na'r onglau sgwâr, traddodiadol. Ma'r ardd flaen wedi ei chadw'n daclus, y lawnt fach wedi ei thorri'n ddiweddar a'r gwelyau blodau wedi cael eu chwynnu. Wrth ochr y tŷ ma dau gar ar y dreif – un Land Rover gwyn ac un BMW glas tywyll. Tŷ i berchnogion digon cefnog yw Awel Heli – yr union fath o berchnogion fyddai'n gallu fforddio pythefnos o fordaith ar Fôr y Canoldir. Dwi'n troi i rannu hyn gyda Taliesin ac yn gweld ei fod e wedi diflannu eto. Wrth edrych o gwmpas sylwaf ei fod e wedi troi'n ôl a dechre cerdded i'r cyfeiriad ddaethon ni, ei gefn ata i.

'Taliesin!' galwaf ar ei ôl, yn dechre mynd yn grac erbyn hyn. Ma fe'n troi i edrych arna i. 'Nawr ein bod ni 'ma, o's well i ni ga'l golwg deidi ar y tŷ o leia?'

'Dwi wedi gweld popeth o'n i eisiau,' mae'n ateb. 'A beth bynnag, o't ti eisiau mynd am baned o de?'

'Wel... o'n, ond...' dechreuaf, ond erbyn hyn ma fe 'di troi bant eto.

Gan regi o dan fy anadl, ac yn benderfynol o beidio â rhedeg ar ei ôl fel rhyw gi bach, cerddaf yn hamddenol i lawr dreif Awel Heli. Dwi'n cymryd fy amser yn edrych o gwmpas tu fas y tŷ, yn edrych drwy bob ffenest a throi dolen pob drws, gan gynnwys drws y sied ar waelod yr ardd. Ar ôl munud neu ddwy dwi'n cyfadde i fy hun bod dim byd diddorol i'w weld, a gyda phaned o de twym ar fy meddwl cerddaf i'r un cyfeiriad ag y diflannodd Taliesin. Yn fuan dwi'n agosáu at gaffi ar ochr y ffordd a thrwy'r ffenestri alla i weld Taliesin yn eistedd wrth un o'r byrddau â photel o Ribena o'i flaen. Gwthiaf y drws ar agor ac ma cloch fach yn canu. Wrth i fi eistedd yn y sedd gyferbyn â Taliesin ma'r gloch yn canu eto ac awel oer yn chwythu drwy'r drws agored. Dwi'n sylweddoli'n flin 'mod i'n eistedd rhwng Taliesin a'r drws, yn ei gysgodi rhag yr oerfel.

Ma'r dyn wrth y bwrdd nesa i ni yn y broses o gladdu brecwast mawr, sy'n cynnwys selsig, bacwn, wy a bîns. Ma gweld y selsig yn fy atgoffa o'r olygfa sy'n cael ei phrosesu yn nhŷ'r Stirlings ac yn codi cyfog arna i, ond dwi'n ymwybodol 'mod i angen bwyta rhwbeth. Pan ddaw'r gweinydd i gymryd fy archeb gofynnaf am frechdan gaws a chwpanaid o de du. Ar ôl iddo ddiflannu dwi'n pwyntio at y botel ar y bwrdd.

'Ribena?'

Ma Taliesin yn edrych ar y botel.

'Ie,' ma fe'n ateb yn syml.

Ry'n ni'n eistedd mewn tawelwch am dipyn wedyn, finne'n aros am fy mwyd a Taliesin yn cymryd llond cegaid o Ribena bob nawr ac yn y man. Ma tyndra yn y tawelwch ond dwi'n benderfynol o orfodi Taliesin i wneud yr ymdrech i sgwrsio y tro 'ma.

Taliesin

Dwi wedi fy siomi o'r ochr orau gan Mathews. Ar ôl yr holl barablu yna yn y car mae'n braf iawn darganfod ei bod hi'n hoffi bwyta bwyd mewn tawelwch, fel y bydda i. Wrth sylweddoli hyn codaf gan fwriadu archebu brechdan, ond mae cipolwg i gyfeiriad yr arwydd ar y drws yn dangos taw dim ond tri allan o bump gafodd y caffi yma ar eu sgôr hylendid. Dwi'n crychu fy nhrwyn ac yn penderfynu ar dri phaced o greision caws a nionod yn lle hynny.

Wrth i mi ddechrau ar yr ail mae brechdan Mathews yn cyrraedd, ac mae'r ddau ohonon ni'n bwyta mewn tawelwch. Mae golwg sych ar y frechdan.

Wedi i mi orffen y pecyn olaf, ei blygu'n daclus a'i osod gyda'r ddau arall, mae Mathews yn gwthio'r darn olaf o grwstyn i'w cheg.

'Dyw'r orsaf drên ddim yn bell o fan hyn, nagyw hi?' gofynnaf. Am ryw reswm mae Mathews yn edrych arna i'n amheus.

'Nagyw... pam?' mae'n ateb.

'Meddwl y bydden ni'n galw, cyn mynd 'nôl i dŷ'r Stirlings.'

'Pam?' daw'r ateb yn syth. Gas gen i pan fydd pobol yn holi fy mherfedd.

'Jyst... 'ran diddordeb.' Dwi ddim yn disgwyl y bydd Mathews yn bodloni ar hyn. A dydy hi ddim. Mae'n ochneidio ac yn edrych arna i fel fyddai Mam yn ei wneud ers talwm.

'Shgwl, Taliesin – ma ishe i ni ddeall 'yn gilydd. Wy'n deall bo ti ddim ishe bod yn bartners. Ond yn anffodus, dyna ni. Falle bo ti wedi arfer gweithio ar ben dy hunan, ond 'nest di golli'r fraint yna pan...' Mae Mathews yn gostwng ei llais a'n pwyso ymlaen. '... pan roiest di glatsien i Kai Freeman.' Mae'n eistedd 'nôl. 'Ond mi wnest ti, a co ni. Nawr, ma'n rhaid i ni weithio fel tîm, sy'n golygu cyfathrebu a thrafod pethe. Os ydy hynny'n mynd i fod yn broblem i ti, yna wna'i i siarad â Saunders a symud ti i achos arall. Ife 'na beth ti moyn?'

Mae hi'n gwneud i mi deimlo fel y byddai Mam yn ei wneud ers talwm.

Dwi'n ysgwyd fy mhen.

'Ife?' gofynna eto, yn fygythiol.

'Nage,' atebaf yn swta.

'Iawn. A gyda llaw, Taliesin, tra bo ni'n siarad yn blaen...' Mae'r min yn diflannu o'i llais. 'Os wyt ti ishe siarad ambytu beth ddigwyddodd i MJ – dim heddi falle, na fory, ond pan ti'n barod, fydda i 'ma i wrando.'

Llyncaf a sychu fy nwylo chwyslyd ar fy nhrowsus o dan y bwrdd.

'Reit te,' mae'n cario 'mlaen, a dwi'n ddiolchgar iddi am beidio ag aros am ymateb y tro yma. 'Gweda wrtha i, pam wyt ti ishe mynd i'r orsaf drene?'

Fy nhro i ydy hi i ochneidio nawr, ond mae'n well i mi ateb.

'Iawn, edrych,' dwi'n cychwyn. 'Gad i ni anghofio'r llofruddiaethau yma am y tro, a gad i ni ganolbwyntio ar y lleidr. Mae'n amlwg ei fod e'n targedu pobol leol hŷn sydd ddim yn mynd i fod adre. Ond eto, dydy e ddim yn lleol – neu, o leia, doedd Mr a Mrs Bowen ddim yn ei adnabod e, na chymydog yr Elfeds, na'r dyn tu ôl i'r cownter fan hyn pan wnes i ddangos y llun iddo fe cyn i ti gyrraedd. Dydy Borth ddim yn lle mawr, felly y cwestiwn yw, sut mae'r lleidr yma'n gwybod symudiadau pawb heb fod neb yn ei nabod e?'

Dwi'n oedi, rhag ofn fod Mathews am gyfrannu, ond y cwbl mae hi'n ei wneud yw eistedd 'nôl yn ei chadair a chodi ei hysgwyddau.

'Wel, yr ateb amlwg yw nad yw e'n eu nabod nhw o gwbwl. Ond sut felly ei fod e'n gwybod na fyddan nhw adre? Wel, beth ydyn ni'n gwybod am symudiadau'r tri cwpwl? Roedd y Bowens i ffwrdd yn yr Amwythig gyda'i mab, yr Elfeds ar wylie yn yr Eidal a Mr a Mrs Stirling yn dathlu yn Aberystwyth.' Dwi'n oedi eto. 'Ti'n gweld?'

Siwan

Ma Taliesin yn edrych arna i, yn disgwyl ateb. Ma'r jig-so yna o 'mlân i, ond ma hanner y darnau wyneb i waered a does dim llun i'w ddilyn. Gan ddechre mynd yn grac gyda'n hunan, codaf fy ysgwyddau eto.

'Petaet ti'n byw yn Borth ac eisiau mynd i'r Amwythig, neu i ddal awyren yn Birmingham, sut fyddet ti'n mynd?' gofynna, ei lais, os rhywbeth, yn rhy amyneddgar.

'Y trên!' Wrth gwrs – un gwasanaeth trên sy'n mynd trwy Borth: un stop i Aberystwyth i un cyfeiriad ac i faes awyr Birmingham, gan basio trwy'r Amwythig, i'r cyfeiriad arall. Dwi'n teimlo'n hun yn cyffroi. 'Dyna pam o't ti ishe mynd i weld tŷ'r Elfeds – i jeco bod yna geir wedi'u parcio tu fas. A ma'r adroddiad yn gweud bod y Stirlings wedi mynd ar y trên i Aber am swper.' Ma Taliesin yn nodio'i ben, ond dwi'n oedi am eiliad, yn cael trafferth gwasgu darn ola'r jig-so i'w le. 'Ond... hyd yn oed os wnath y tri cwpwl ddal y trên, a fod pwy bynnag yn gwbod y bydden nhw bant o gartre am sbel fach, sut fydden nhw'n gwbod pa dai i dorri mewn iddyn nhw? Os nad yw'r lleidr yma'n eu nabod nhw, sut fydde fe'n gwbod lle ma'n nhw'n byw?'

Dyw Taliesin ddim yn oedi o gwbwl.

'Wel, dim ond dyfalu ydw i nawr, ond mae gan bobol hŷn gardiau sy'n caniatáu gostyngiad ar docynnau...'

Dwi'n neidio i mewn cyn diwedd y frawddeg.

'A ma'n rhaid i ti roi dy gyfeiriad pan ti'n neud cais am y cerdyn!'

'Yn union – a bydd y cyfeiriad yna wedi ei nodi ar system yn rhywle. A dyna un rheswm pam o'n i eisiau mynd i'r orsaf drên – i weld os oes swyddfa docynnau yno, neu dim ond peiriant tocynnau.'

'Dim ond peirianne, fues i a'r merched yma ar y trên haf diwetha – ma'r hen swyddfa docynne yn amgueddfa nawr, sdim aelod o staff ar gyfyl y lle. Os nad wyt ti'n defnyddio'r peirianne yr unig opsiwn sy 'da ti yw i brynu tocyn ar y trên.'

Dwi'n falch i allu cyfrannu rhywbeth o'r diwedd.

'A dwi'n eitha siŵr taw dyna'n union wnaeth y Stirlings, y Bowens a'r Elfeds.'

Dwi'n ystyried hyn am dipyn.

'Beth ti'n weud yw fod y boi 'ma'n gweithio ar y trên, yn cerdded lan a lawr yn tsheco tocynne ac yn gofyn am gardiau disgownt pobl hŷn, a phan ma fe'n ffeindio rhywun addas ma fe'n chwilio am eu cyfeiriad nhw ar y system nes 'mlân?'

'Ie, yn union. Petawn i'n fe mi fyddwn i'n canolbwyntio ar bobol â bagiau a chesys ac yn ceisio dechrau sgwrs 'da nhw wrth edrych ar y tocynnau, er mwyn cael syniad pa mor hir fyddan nhw ffwrdd.'

'Hmm. Ond do'dd y Stirlings ddim yn mynd bant. Dim ond ca'l pryd o fwyd yn Aber o'n nhw. A do'dd y Bowens ddim yn nabod ei wyneb pan naethon ni ddangos yr e-ffit iddyn nhw.'

Os dwi'n disgwyl i'r naill neu'r llall o'r pwyntiau 'ma greu amheuaeth ym meddwl Taliesin dwi'n cael fy siomi.

'Na, mae'n rhaid fod y Stirlings wedi rhoi syniad digon manwl o pryd y bydden nhw gartre iddo fe fod yn ddigon hyderus i dorri mewn yr un diwrnod. O ran y Bowens, mi ddywedodd Mr Bowen fod y dyn yn y llun yn edrych yn eitha cyfarwydd. A beth bynnag, faint o sylw wyt ti'n talu i'r bobol sy'n tsheco tocynnau, neu'n gyrru bysus neu'n gweithio mewn caffi? Ti'n eu gweld nhw, wyt, ond does neb wir yn talu lot o sylw iddyn nhw.'

Dwi'n sylweddoli 'mod i'n cnoi fy ngwefus wrth ystyried theori Taliesin, a hyd yn oed yn dal fy hun yn cymryd cipolwg ar y boi tu ôl y cownter, i atgoffa'n hun o'i wyneb. Yn bendant dim ond theori oedd hyn am y tro – yn seiliedig ar syniadau, ar ddyfalu yn hytrach na thystiolaeth. Ond roedd e'n ffitio ac yn gwneud sens. Crychaf fy nhalcen wrth gofio rhywbeth.

'Dal 'mlân – wedes ti gynne taw gweld y swyddfa docynne oedd *un* o'r rhesyme dros fynd i'r orsaf drenau. Beth o'dd y rheswm arall?'

Ma Taliesin wedi dechre chwarae â'r botel Ribena wag, yn rhwygo'r label bant fesul pishyn.

'Wel, o beth dwi'n 'i ddeall, does dim adroddiadau o ladradau tebyg yn unman arall. Dim yn Aberystwyth, nac un o'r stopiau ymhellach i lawr y lein – Machynlleth, Drenewydd, Caersws.' Ma'n oedi i edrych, a dwi'n ysgwyd fy mhen. 'Dim ond yn Borth mae hyn yn digwydd ac mae hynny'n golygu,' ma Taliesin yn cario 'mlân, 'fod yna rywbeth arbennig am Borth. Efallai ei fod e ddim yn byw yma, gan fod neb yn ei adnabod e, ond beth os taw dyma lle mae e'n dechre ei waith bob dydd? Fe fyddai hynny'n gwneud synnwyr – gorffen ei shifft, torri mewn i dŷ lleol a wedyn dianc 'nôl i le bynnag mae'n byw. Ac os felly, meddwl o'n i fod gwerth cael golwg ar y ceir sydd wedi cael eu parcio'r tu fas i'r orsaf. Yn enwedig y rhai â bathodynnau staff yn y ffenest flaen.'

Wel myn yffach i. Ma'r sgwrs yma 'da Talicsin fel gwylio un o'r rhaglenni teledu 'na lle ma'r consuriwr yn gwneud tric hud, ac yna'n ei ailddangos yn ara bach tra ei fod yn esbonio'r gyfrinach fawr.

Ma syniad yn neidio i 'mhen i – sgwn i a fydden i'n gallu

defnyddio elfennau o Taliesin ar gyfer cymeriad Dan yn *Gwaed Oer*? Ma 'na gymeriad 'di'i seilio ar Saunders yn barod – hen fenyw sy'n byw ar fferm gyfagos – ond wrth gwrs fysen i byth yn cyfadde hynny iddi. Fydd rhaid i fi ystyried hyn y tro nesa fydda i'n cael cyfle i sgrifennu.

Taliesin

Mae Mathews yn syllu arna i am eiliad neu ddwy. Dwi'n cael fflach o atgof, fel agor ffenest i fywyd gwahanol... MJ yn fy atgoffa taw gwaith caled a chasglu tystiolaeth ydy'r rhan fwyaf pwysig o waith heddwas, dim rhyw syniadau di-sail.

Ond yna mae Mathews yn ysgwyd ei phen rhyw ychydig, ac yn gwenu.

'Ma hynna yn... jyst... wel, blydi hel, da iawn ti, Taliesin. Falle taw nonsens yw hyn i gyd wrth gwrs, ond o leia ti'n barod i feddwl yn greadigol. Shgwl...' Mae Mathews yn edrych ar ei horiawr. '... well i ni fynd 'nôl i dŷ'r Stirlings nawr, i weld os o's unrhyw beth arall 'da'r criw fforensig i ni, ond newn ni alw heibo'r orsaf drene cyn mynd 'nôl i Aberystwyth, iawn?'

Mae'r clod yn annisgwyl, a dwi'n cochi, gan fwmian rhywbeth sy'n swnio fel 'Ie, OK'. Heb i mi sylwi dwi wedi rhwygo'r label plastig oddi ar y botel Ribena, ac erbyn hyn mae'r darnau bach, sgwâr yn bentwr taclus ar y bwrdd.

Cynan

Dwi'n gwylio'r ddau dditectif yn codi o'r bwrdd, yn gwisgo'u cotiau ac yn cerdded allan. Mae curiad fy nghalon yn dechrau arafu eto, a dwi'n sylweddoli i mi fod yn dal fy anadl wrth iddyn nhw gerdded heibio.

Roedd yn risg, ei dilyn hi i mewn. Ond fedrwn i ddim peidio â manteisio ar y cyfle, gan ei fod wedi syrthio mor daclus i fy nghôl. Fe wna i gyfaddef i mi ddechrau colli amynedd yn ystod y dyddiau diwethaf am nad oedd neb wedi dod o hyd i'r cyrff. Dyna pam dwi wedi bod yn gyrru trwy Borth unwaith neu ddwywaith bob dydd, yn cadw llygad am bresenoldeb heddlu ychwanegol. Efallai fod fy niffyg amynedd wedi fy arwain i fod yn fyrbwyll, ond fedrwn i ddim peidio â'u dilyn nhw, a wedyn pan welais i'r ddau yn eistedd yn y caffi a bwrdd gwag y tu ôl iddyn nhw... wel, roedd y demtasiwn yn ormod.

Dim ond pytiau o sgwrs y ddau fedrwn i ei glywed, er i mi wrando'n astud, gyda chwpanaid o goffi yn oeri ar y bwrdd o 'mlaen a fy llaw ar ddolen y gyllell oedd wedi ei chuddio o dan fy nghot, jyst rhag ofn. Rhaid i mi gyfaddef 'mod i ychydig yn siomedig taw trafod rhyw leidr oedden nhw, a bod bron dim sôn am fy ngwaith i, ond ar yr un pryd cefais fy hun yn edmygu rhesymeg yr un lletchwith wrth iddo rannu ei syniadau gyda'i bartner. 'Taliesin' oedd hi'n ei alw fe – dwi'n siŵr fod yr enw yna'n canu cloch, yn nwfn yng nghysgodion fy meddwl.

Nawr fod yr adrenalin yn dechrau cilio, a 'nghorff i'n ymlacio rhyw ychydig, dwi'n ymwybodol o'r cur pen sy'n dechrau yng nghrombil fy ymennydd ac yn llifo allan nes 'mod i'n teimlo fel petai rhywbeth yn ceisio hollti fy mhenglog. Yn sigledig braidd, codaf a chamu allan o'r caffi, troi'r cornel a chwydu yn erbyn wal yr adeilad. Ar ôl aros am gwpwl o eiliadau dwi'n chwerthin, cyn sychu'r chŵd oddi ar fy ngwefusau a cherdded 'nôl i'r fan yn bwyllog.

Siwan

Ry'n ni'n cerdded i gyfeiriad tŷ'r Stirlings mewn tawelwch, ond ma'n teimlo'n llai lletchwith na'r tro dwetha. Ma'r heddwas sy'n cadw'r cyhoedd rhag busnesa ar y tŷ yn ein nabod ac yn codi'r rhuban glas a gwyn er mwyn i ni gamu heibio. Ma fan ddu y patholegydd wedi'i pharcio yn agos i giât y tŷ – rhaid ei fod e 'di cyrraedd pan oedden ni'n cael cinio. Wrth i ni ddilyn y llwybr bach i gefn y tŷ ma Jimi George, y swyddog fforensig, yn camu mas trwy'r drws.

'A, grêt – chi'n ôl,' ma fe'n ein cyfarch. 'Ro'n i ar fin mynd 'nôl i'r lab i ddechre prosesu beth sy gyda ni hyd yn hyn. Dy'n ni ddim wedi cwpla eto – ma cwpwl o'r bois wrthi o hyd yn y stafelloedd gwely – ond fe allwch chi fynd mewn i'r gegin a'r stafell fwyta nawr os y'ch chi'n ofalus. Ma'r patholegydd yn paratoi i symud y cyrff.'

'OK, diolch,' atebaf. 'Ddaethoch chi o hyd i unrhyw beth arall?'

Ma'r swyddog fforensig yn anadlu mas trwy ei ddannedd.

'Wel, does dim prinder tystiolaeth,' meddai. 'Ma gyda ni'r gyllell ry'n ni'n ei hamau o neud y difrod weloch chi gynne a digon o olion bysedd, gan gynnwys ar y trydydd cyllell a fforc, a hefyd sawl ôl troed mewn gwaed. Os oes gan y llofrudd unrhyw fath o record yna mi fysen i'n gobeithio y bydd hi'n weddol hawdd dod o hyd i bwy yw e – neu hi, wrth gwrs.'

Gwelaf Taliesin yn crychu ei dalcen.

'Oes posibilrwydd taw dynes nath hyn?' gofynna. Ma Jimi yn pwyso a mesur cyn ateb.

'Does dim rheswm pam na fyddai menyw wedi gallu neud hyn. Mae'r olion traed tua maint esgid 9, ond dydy hynny ddim o reidrwydd yn arwyddocaol. Does dim angen bod yn arbennig o fawr na'n gorfforol gryf i dorri gwddf dau hen berson sydd wedi'u clymu i'w cadeiriau, yn enwedig os y'ch chi'n ymddwyn yn ddigon bygythiol i'w gorfodi nhw i ufuddhau yn y lle cynta. Ar sail y maint traed yn unig fe fydden i'n dweud taw dyn yw e fwy na thebyg, ond dim o reidrwydd.'

'OK, diolch yn fawr i ti, Jimi,' atebaf. Ma fe'n fflachio gwên ac yn ffarwelio gyda Taliesin wrth gerdded bant, gan dynnu'r siwt fforensig wen oddi ar ei ysgwyddau wrth fynd. Dwi'n troi at Taliesin ac yn anadlu'n ddwfn. 'Reit te – mewn â ni.'

Wrth gerdded 'nôl i'r gegin fach dywyll dwi'n falch i weld bod y pryfaid wedi diflannu o leia – wedi dianc mas o'r ffenestri agored. Ma'r gwaetha o'r aroglau pydru a marwolaeth wedi clirio 'fyd. Yn anffodus ma hwnnw yn y cefndir o hyd – ddim mor wael ag o'r blaen, ond yn ddigon cryf i ni fethu ei anwybyddu. Cofiaf fod gen i hanner paced o fints yn y bag, a dwi'n eu hela nhw mas. Gan stwffio dau i 'ngheg, cynigiaf y paced i Taliesin. Ma fe'n edrych yn amheus ac yn ysgwyd ei ben.

Gan drio paratoi'n hun yn feddyliol am yr olygfa, dwi'n troi o'r cyntedd i'r stafell fyta. Ma Mr Stirling yn eistedd yn ei sedd o hyd, ond ma'i wraig yn gorwedd ar y llawr, y patholegydd yn plygu drosti, yn paratoi i'w gosod hi mewn bag plastig tywyll, trwchus. Ma 'na ddyn ifanc, eiddil gyda chroen gwael a golwg 'di diflasu arno yn sefyll yng nghornel y stafell yn sgrifennu nodiadau – cynorthwyydd y patholegydd ma'n rhaid.

'Shw ma'i, Jon?' dwi'n cyfarch y patholegydd, yn falch o weld wyneb cyfarwydd. Ma'n troi i weld pwy sy'n galw, yn sythu gyda chryn ymdrech ac yn gwenu arna i.

'Siwan! Wel, jiw jiw! Ers pryd wyt ti'n ôl yn y job? A shwd ma'r plant 'na gyda ti?'

'Sdim sbel fawr. A ma'n nhw'n grêt, diolch i ti.'

Ma siwt fforensig las Jon Patmore yn anghyfforddus o dynn amdano – roedd e'n dew pen welais i e ddiwetha, ond ma'n rhaid ei fod e wedi rhoi dwy stôn 'mlân ers hynny. Ma'i weld e a'i gynorthwyydd yn f'atgoffa i o Laurel a Hardy. Ma'r patholegydd yn gwyro ei ben am y llawr, y croen o dan ei ên yn symud fel tonnau'n torri ar y traeth.

'Rhein yw'r cyrff cynta ers i ti ddod 'nôl?' gofynna.

'Ie.'

'Diawl o groeso'n ôl i ti, 'te… Jiw, shwd wyt ti, Taliesin?' Ma sylw'r patholegydd yn symud tu hwnt i fy ysgwydd a thrwy'r drws i'r cyntedd.

'Iawn diolch, Dr Patmore,' ma hwnnw'n ateb yn dawel. Camaf i'r ochr i'w adael e mewn i'r stafell ond ma fe'n aros ar y trothwy.

'Reit… wel, 'te, sdim lot i ddweud, a dweud y gwir. Ma'r bois fforensics wedi dod o hyd i gyllell fara…'

'Do, welon ni gynne. Honna o'dd y gyllell ddefnyddiodd e?' gofynnaf.

'Alla i ddim fod yn siŵr cyn ei cha'l hi'n ôl o'r lab, ond fydden i'n dweud taw honna yw hi, neu un debyg iawn iddi.'

'Pa mor…?' ma llais Taliesin yn gwichian, fel petai'n fachgen bach a'i lais ar fin torri, ac ma'n clirio ei wddf cyn dechre eto. 'Pryd gafon nhw eu lladd?'

Ma Jon Patmore yn syllu ar y cyrff ac yn ochneidio fel petai'n meddwl am hyn am y tro cynta.

'Tridiau'n ôl? Pedwar diwrnod falle. Dim mwy,' ma'n

amcangyfri. Ma hynna'n ffitio gyda'n hamserlen ni, dwi'n meddwl – wythnos 'nôl fuodd y lleidr yn y tŷ, ac fe fyddai'r bois iwnifform wedi galw o fewn diwrnod neu ddau wrth wneud eu hadroddiad. 'Fel arfer,' ma'r patholegydd yn mynd yn ei flaen, 'y cwestiwn nesa fydde a ydw i'n meddwl taw fan hyn gafon nhw eu lladd, neu a wnaeth y llofrudd symud y cyrff ar ôl hynny, ond o ystyried bod y ddau wedi'u clymu i'w cadeiriau a bod y lle ma'n edrych fel lladd-dy, dwi'n siŵr allwch chi weithio hynny allan eich hunen.'

Clywaf leisiau o'r cyntedd. Ma dau swyddog fforensig yn cario eu hoffer i gyfeiriad y drws ffrynt.

'Wedi gorffen, bois?' gofynnaf. Ma un yn cadarnhau eu bod nhw wedi cwpla yn y tŷ ac ar y ffordd 'nôl i'r lab a'r llall yn ychwanegu eu bod nhw wedi methu dod o hyd i unrhyw beth arall o ddiddordeb mawr.

'OK, diolch bois. Reit te,' meddaf, wrth droi'n ôl i'r stafell fyta, yn awyddus i fwrw 'mlân. 'Newn ni adael llonydd i ti, 'te, Jon – neis i weld ti eto, er gwaetha'r amgylchiade.'

'Ie, hwyl fawr i ti, 'te, Siwan – a ti, Taliesin.' Gyda hynny ma'n troi at ei gynorthwyydd, sy'n syllu ar y llawr erbyn hyn. 'Dere, 'te, Stanli, helpa fi i gau'r bag 'ma, a wedyn fydd ishe i ni gario Mrs Stirling mas i'r fan.'

Cerddaf mas i'r cyntedd at Taliesin.

'Af i i'r stafelloedd ar y dde i'r cyntedd, cer di i'r chwith?' cynigiaf. Ma Taliesin yn nodio ac yn gwisgo pâr o fenig rwber, fforensig cyn cerdded i'r stafell agosa.

Taliesin

Mae'n cymryd awr i ni fynd drwy weddill y tŷ yn drylwyr, a'r unig beth defnyddiol rydyn ni'n dod o hyd iddo ydy llyfr cysylltiadau Mrs Stirling, yn llawn enwau, cyfeiriadau a rhifau ffôn.

'Reit,' meddai Mathews, gan sefyll yn y gegin, ei breichiau wedi plygu. 'Well i ni fynd 'nôl i Aberystwyth, ond *via* yr orsaf drene, i weld am dy theori bod y lleidr yn gweithio ar drên. Ti ishe mynd draw i weld pa geir sy wedi parcio 'na, a ddo'i i bigo ti lan yn dy gar?'

Dwi'n syllu arni'n syn. Ydy hi o ddifri?

'Ti? Yn mynd i nôl fy nghar i?'

'Ie. Odi hynna'n OK? Fi'n gallu dreifo, ti'n gwbod.'

Arglwydd mawr – does neb ar wahân i fi yn dreifio 'nghar i! Edrychaf arni'n ofalus eto. Dwi'n go siŵr ei bod hi o ddifri.

'Beth am i fi fynd i nôl y car, a wela i ti draw yn yr orsaf?' awgrymaf, gan geisio swnio'n ddi-hid. Mae Mathews yn ochneidio.

'Ie, iawn, os o's well 'da ti.' Dwi'n amau i mi ei dal hi'n rowlio ei llygaid wrth iddi droi i gyfeiriad y drws cefn.

Erbyn i mi nôl y car a gyrru i'r orsaf mae Mathews yn aros amdana i, ac yn neidio'n syth i mewn.

'Ble fuest ti mor hir?' yw ei chwestiwn cyntaf.

Codaf fy ysgwyddau. Mae rhai pobol yn ddiawledig o ddiamynedd. Mae Mathews yn ochneidio, ac yn ysgwyd ei phen.

'OK,' meddai o'r diwedd. 'Wel, beth bynnag, dim ond un car gyda bathodyn staff sy 'na. Sdim manylion am y perchennog arno fe, ond ma 'da fi rif y car. Wna'i gysylltu 'da'r DVLA pan y'n ni'n ôl yn Aber.' Mae'n gwisgo ei gwregys, yna'n eistedd yn ddisgwylgar am eiliad neu ddwy. 'Ewn ni, 'te?'

Dwi'n oedi cyn dechrau'r car, yn ystyried dweud rhywbeth. Mae Mathews yn ochneidio eto. Mae'n ochneidio lot.

'Dere 'mlân, Taliesin, heddi ife? Ti ishe i fi ddreifo?'

Mae gan Mathews obsesiwn gyda dreifio fy nghar i.

'Nagw, diolch. Ond edrych… pan gei di fanylion perchennog y car, beth wnei di wedyn?'

Mae'n edrych arna i mewn penbleth.

'Yr un peth ag y byddet ti'n neud, siŵr o fod. Os yw'r manylion yn cyfateb yn fras â'r e-ffit o ran oed, rhyw ac yn y blaen, yna mynd i siarad 'da fe. Pam?'

Gofynnaf innau gwestiwn yn ateb.

''A'i roi mewn adroddiad i Saunders?'

'Wel… ie, yn amlwg. Pam, Taliesin?'

Fy nhro i yw hi i ochneidio.

'Meddwl o'n i, os ydy Saunders yn amau ein bod ni ar fin dal y lleidr, a bod y lleidr dim byd i wneud â'r llofruddiaethau…' Dwi'n oedi, gan edrych arni.

'Y bydd hi'n rhoi rhywun arall ar lofruddiaethe'r Stirlings,' mae Mathews yn gorffen fy mrawddeg.

'Tra fod Saunders yn meddwl bod yna bosibilrwydd fod cysylltiad rhwng y lleidr a'r llofruddiaethau yma mae yna reswm i ni aros ar y ddau achos,' meddaf.

Mae Mathews yn dawel am dipyn, yn cnoi ei gwefus.

'Ti o ddifri? Ti ishe cadw'n dawel am y lleidr? Ei adael e a'i draed yn rhydd, i dorri mewn i dŷ rhyw hen gwpwl arall falle?'

'Dim ond am dipyn bach,' ceisiaf swnio'n rhesymol. 'Dim

ond nes i ni gael gafael ar y llofruddiaethau yma'n iawn. Fyddet ti wir yn hapus i golli'r achos i rywun arall?'

Mae Mathews yn edrych yn ansicr, ac yn cnoi ei gwefus am bron i funud gyfan cyn ildio.

'Ie, OK, Taliesin. Ond allen i lando yn y shit am hyn, so dim ond am ddiwrnod neu ddau, ti'n deall? A os o's lladrad arall ni'n mynd ar ei ôl e'n syth. Iawn?'

'Iawn.' Gyda hynny, ac ar ôl gwneud yn siŵr fod Mathews yn dal i wisgo ei gwregys, dwi'n tanio'r injan, edrych yn ofalus i bob drych a dros fy ysgwydd, ac yn anelu'r car am y ffordd fawr.

Siwan

Dwi'n anghyfforddus iawn am y busnes cadw cyfrinache 'ma, ond ma'r syniad o gael achos y Stirlings wedi ei gipio oddi arna i, a finne dim ond yn dechre dod i afael gyda fe, yn annioddefol. Dyma'n union pam ddes i'n ôl i'r gwaith – i weithio ar achosion fel hyn, i deimlo'r hen gynnwrf ac i wneud gwahaniaeth. Ac ar ben 'nny, ma 'da fi awydd i weithio mwy 'da Taliesin, i weld sut ma'r meddwl rhyfedd 'na'n ymdopi 'da achos mwy heriol... mwy difrifol.

Dwi'n gwneud ymdrech i wthio fy ngofidiau i gefn fy meddwl ac yn canolbwyntio ar y camau nesa. Fydd adroddiade'r patholegydd a'r tîm fforensig ddim yn barod tan fory ar y cynhara. Fi ddim yn disgwyl llawer o wybodaeth newydd o adroddiad Jon Patmore, ond ma 'da fi ddiddordeb mawr i weld beth ma Jimi George a'i dîm 'di llwyddo i'w dynnu o'r annibendod 'na yn nhŷ'r Stirlings.

Yn y cyfamser, y peth pwysica i'w wneud yw casglu a dadansoddi gwybodaeth. Dwi'n gobeithio fydd Saunders 'di gofyn i rywun ymchwilio i gefndir y Stirlings – cofnodion heddlu, adroddiadau gwasanaethau cymdeithasol, gwybodaeth deuluol ac ariannol – unrhyw beth fydd yn ein helpu ni i greu darlun cyflawn o gefndir y ddau. Fel ddwedodd Taliesin, ma rhwbeth personol yn hyn i gyd, ac ma'n siŵr bod y llofrudd yn llechu rhywle yn y cefndir, dim ond i ni edrych yn ddigon gofalus.

Edrychaf ar fy oriawr – ychydig wedi dau o'r gloch y prynhawn. Fyddwn ni'n ôl yn yr orsaf mewn llai nag ugain munud, hyd yn oed gyda Taliesin yn gyrru fel hen falwen.

Taliesin

Hanner awr yn hwyrach, a dwi'n parcio'n ofalus tu allan i'r orsaf heddlu. Wrth i Mathews wthio'r drws ar agor a dringo allan dwi'n siŵr i mi ei chlywed hi'n mwmian rhywbeth o dan ei hanadl sy'n swnio fel 'O'r blydi diwedd'. Rhyfedd.

Wrth i mi gerdded mewn i'r swyddfa a chroesi'r ystafell at fy nesg dwi'n clywed Mathews yn galw fy enw, a dwi'n troi tuag ati. Mae'n eistedd gyda sawl dogfen drwchus o'i blaen, ar ddesg oedd eisoes o dan ei sang.

'Cwpwl o bethe i ni ddechre arnyn nhw,' meddai. 'Adroddiadau gwasanaethau cymdeithasol y Stirlings – ma hwnna'n ffoldyr eitha mawr. A chopi o gofnod heddlu'r ddau – hwnnw dipyn yn llai. Ry'n ni'n dal i aros am yr adroddiade ariannol, ond alla i ddim gweld bod arian yn ffactor perthnasol iawn, alli di? Beth bynnag, alli di ddechre mynd trwy'r ddau 'ma? Ma ishe i fi drefnu i gwpwl o fois iwnifform fynd o ddrws i ddrws ar hyd tai eraill Princess Street, a hefyd bydd angen i fi ffeindio mas os o'dd mwy o deulu 'da Mr a Mrs Stirling, a thorri'r newyddion drwg iddyn nhw.'

Dwi'n estyn i gasglu'r dogfennau oddi ar ddesg Mathews.

'Mi oedd 'na luniau ar y wal yn y cyntedd,' cynigiaf. 'Roedd e'n edrych i mi fel petai plant, ac wyrion, gan y Stirlings. Ond wedi meddwl… dwi ddim yn cofio sylwi ar luniau ohonyn nhw gyda'u teuluoedd estynedig.'

Mae Mathews yn codi ei hysgwyddau.

'Falle bo nhw'n byw'n bell wrth ei gilydd. Neu falle bo nhw

ddim yn deulu agos. Beth bynnag, bydd rhaid iddyn nhw gael gwbod. O, a Taliesin...' mae Mathews yn gostwng ei llais. 'Rhag ofn – jyst rhag ofn – dy fod di'n anghywir am ein ffrind ni ar y trên, well i fi gysylltu â'r Bowens...'

Agoraf fy ngheg i brotestio, ond mae Mathews yn fy nhawelu.

'Jyst i wneud yn siŵr eu bod nhw 'di mendio'r drws cefn yn iawn, ac i adael iddyn nhw wbod y dylen nhw ein ffonio ni'n syth os o's unrhyw awgrym bod rhywun yn hongian o gwmpas, dyna i gyd.'

Does dim pwrpas dadlau â hi.

'Ie, iawn,' meddaf, wrth gario'r pecynnau o ddogfennau yn ôl i'm desg i, ac eistedd lawr i ddarllen.

Siwan

Ma'r alwad i dŷ'r Bowens yn cael ei hateb yn syth gan Mr Bowen. Ma fe'n cadarnhau eu bod nhw 'di mendio'r drws cefn ers y lladrad, ac wedi cael cloeon newydd ar bob drws. Dwi'n gwneud yn siŵr fod fy rhif ffôn ganddo rhag ofn i rywbeth godi ac yn gwneud fy ngorau i'w sicrhau fod dim i'w boeni yn ei gylch. Wrth ddweud hyn ma delwedd o stafell fwyta'r Stirlings yn fflachio mewn i 'meddwl i, ond dwi'n llwyddo i gadw'n llais yn ysgafn wrth ffarwelio.

Yna, wedi gorffen yr alwad, eisteddaf am dipyn yn meddwl beth fyddai'r ffordd orau o gysylltu â theulu'r Stirlings.

'Taliesin,' galwaf ar draws y stafell. Dim ymateb. 'Taliesin!' Tro yma ma'n troi i 'ngwynebu i. 'Yn yr adroddiadau 'na o'r gwasanaethau cymdeithasol – o's unrhyw beth ynddyn nhw am blant Mr a Mrs Stirling?'

'Oes – mae tri o blant i gyd.' Ma'n troi tudalenne'r adroddiad. 'Jac, Eluned a Gwyndaf.'

'OK. A ddaethon ni ddim o hyd i ffone symudol yn y tŷ, naddo fe?'

'Naddo – ond falle fydde'u rhife nhw yn y llyfr cysylltiade yna, un Mrs Stirling?'

Edrychaf yn fy mag ac estyn yr hen lyfr mewn bag fforensig. Ma 'na lun o gae gwenith ar y clawr caled. Does dim fel petai unrhyw fath o drefn ar y cofnodion, felly dwi'n dechre yn y dechre ac yn gweithio'n ffordd trwyddo, yn chwilio am enwau Jac, Eluned neu Gwyndaf. Tua hanner ffordd dwi'n stopio –

mae yna gofnod gyda'r pennawd 'Jac' – dim ail enw. Addawol. Ma sawl rhif ffôn o dan yr enw a llinell trwy bob un ond am yr un gwaelod. Dwi'n anadlu'n ddwfn, yn codi'r ffôn ac yn deialu'r rhif.

Dwi ar fin rhoi lan pan ma'r alwad yn cael ei hateb. Mae llais dyn yn dweud 'Helô?'

'Helô – odw i'n siarad gyda Jac Stirling?'

'Ydych – pwy sy 'na?'

'Ditectif Siwan Mathews, Heddlu Dyfed-Powys. Ma'n ddrwg 'da fi darfu arnoch chi – alla i gadarnhau taw chi yw mab Robert a Maria Stirling o Borth?'

Oedi.

'Ie. Pam? Beth sy wedi digwydd?'

'Mr Stirling, ma arna i ofn fod gen i newyddion drwg i chi. Cafwyd o hyd i'ch mam a'ch tad bore 'ma, yn eu cartre. Ma'r ddau wedi marw. Ma'n ddrwg iawn 'da fi.'

Ma tawelwch ben arall y lein eto, ac yna un gair bach.

'O.'

Dwi'n aros am ymateb pellach, ond does dim yn dod.

'Mr Stirling? Odych chi'n deall beth fi newydd weud wrthoch chi?'

'Eu bod nhw wedi marw. Ydw, dwi'n deall. Sori. Mae hyn yn... wel, do'n i ddim yn disgwyl...' Clywaf Jac Stirling yn anadlu i lawr y lein. 'Sut ddigwyddodd e?' gofynna ar ôl tipyn. 'Damwain neu rwbeth?'

'Na, dim damwain. Ma arna i ofn fod eich rhieni wedi ca'l eu llofruddio.'

'Be... beth ddwedoch chi?'

'Cafodd eich rhieni eu llofruddio, Mr Stirling,' dwi'n ailadrodd yn bwyllog. 'Ma'n wir ddrwg 'da fi. Fi'n siŵr fod lot o gwestiynau 'da chi ond falle fydde'n well...'

'Eu llofruddio? Ond…'

Tawelwch eto.

'Ie, Mr Stirling,' meddaf ar ôl sawl eiliad. 'Fi'n deall bod hyn yn sioc fawr i chi ond falle fydde'n well siarad wyneb yn wyneb os yn bosib. Fydde modd i chi ddod i'r orsaf heddlu yn Aberystwyth –?' Dwi ddim yn cael dweud gair pellach cyn i Jac Stirling dorri ar fy nhraws i eto.

'Na, na, dwi ddim yn meddwl. Alla i ddim, dwi'n byw yn Glasgow, a dwi ddim…' Ma'n ochneidio. 'Edrychwch, gadewch i fi fod yn onest. Dw i a'n rhieni heb siarad ers blynyddoedd, a heb gael unrhyw fath o berthynas iach ers degawdau. Mae hyn yn sioc enfawr, ac wrth gwrs mae'n ofnadwy fod rhywun wedi eu lladd nhw ond, a dweud y gwir, ro'n i'n meddwl falle eu bod nhw wedi marw. Dwi ddim eisie cael fy nhynnu i mewn i hyn. Eluned, fy chwaer – hi yw'r un fydd yn gallu'ch helpu chi. Gadewch i fi siarad â hi, trio esbonio beth sy wedi digwydd a fe wneith hi ffonio chi.'

Dwi ar fin rhesymu â Jac Stirling, ond cyn cael cyfle ma fe'n ffarwelio'n gwta. Eisteddaf yn dawel am dipyn. Ma pobl yn ymdopi â galar mewn ffyrdd gwahanol, yn enwedig galar sy'n neidio o'r cysgodion, yn hytrach nag yn agosáu yn raddol o bell. Ond roedd ymateb Jac yn anarferol a dweud y lleia – bron fel petai wedi dileu ei rieni o'i fywyd, a bod dim diddordeb 'da fe yn eu hatgyfodi nhw nawr eu bod nhw wedi marw. Sgwn i beth oedd e'n ei wneud nawr? Eistedd wrth y ffôn yn meddwl am ei rieni, neu'n siarad â'i chwaer cyn gwthio'r cwbwl o'i feddwl a symud 'mlân â'i fywyd?

Galwaf ar Taliesin a chrynhoi fy sgwrs gyda Jac Stirling. Ma fe'n gwrando, heb fawr o syndod ar ei wyneb. Ma fe'n aros i fi orffen cyn ateb.

'A dweud y gwir, wedi sganio trwy adroddiadau'r

gwasanaethau cymdeithasol, dwi'n synnu ei fod e wedi aros ar y ffôn cyhyd. Dwi'n dechrau cael argraff o sut bobol oedden nhw, ac o beth dwi'n ddeall, doedd y Stirlings ddim yn bobol dda o gwbwl.'

Taliesin

Byddai'n well gen i ddarllen drwy'r adroddiadau yn fwy manwl, ond mae Mathews yn awyddus i wybod y cefndir cyn siarad ag Eluned Stirling.

'Iawn, yn fras,' dwi'n cychwyn, 'roedd gan y Stirlings dri plentyn, fel rydyn ni'n gwybod yn barod – Jac, Eluned a Gwyndaf. Mae'n ymddangos eu bod nhw'n rhieni llym tu hwnt, yn enwedig gyda'u meibion. Mae un o'r adroddiadau'n awgrymu bod gan Mr Stirling yn benodol ryw fath o obsesiwn â'r syniad y dylai ei feibion dyfu fyny i fod yn "ddynion go iawn". Mae'r dyn yn swnio fel tipyn o *sadist* i ddweud y gwir. Fyddai unrhyw ymddygiad yr oedd e'n ei ystyried yn wan yn cael ei gosbi'n llym. Doedd triniaeth Eluned gan ei rhieni ddim yn grêt chwaith, ond fyddai hi ddim yn diodde eu sylw cymaint ag y byddai ei brodyr.'

'Pa fath o beth wyt ti'n meddwl?' gofynna Mathews, a golwg ddifrifol ar ei hwyneb.

'Doedd dim tystiolaeth bendant gyda'r gwasanaethu cymdeithasol, dim ond amheuon cryf. Yn un adroddiad, er enghraifft, awgrymir fod Mr Stirling wedi gorfodi'r ddau frawd i ymladd ei gilydd droeon, er mwyn eu caledu nhw.'

Mae Mathews yn gollwng yr anadl yn ei hysgyfaint drwy ei ddannedd.

'Yr hen fastard. Dim rhyfedd bod Jac ddim ishe unrhyw beth i neud â nhw.'

'Na. Ond mae un adroddiad hir fan hyn, dwi ar ganol ei

ddarllen nawr. Mae'n debyg taw gwraidd y peth oedd bod Gwyndaf, y mab ieuenga, wedi dechrau cael ei fwlio yn yr ysgol achos ei bwysau. Fe glywodd ei dad rhywsut, naill ai drwy'r ysgol neu oddi wrth Gwyndaf ei hun. Roedd e'n gandryll gyda'i fab am beidio sefyll fyny drosto'i hun, ond hefyd roedd yn ochri gyda'r bwlis, yn cyhuddo'i fab o fod yn dew, yn ddiog ac yn afiach. Fel cosb wyrdroëdig, byddai'n gorfodi Gwyndaf i fwyta prydau bwyd anferth bob nos, yn ei gosbi os oedd yn meiddio stopio, yn mynnu ei fod yn bwyta mwy, hyd yn oed ar ôl iddo fe fod yn sâl, a fe a'i wraig yn ei alw'n enwau a gwneud hwyl am ei ben.

'Yn ôl yr adroddiad fe aeth hyn 'mlaen am dipyn – wythnosau, os nad misoedd. Yna, un diwrnod, fe ddaeth Jac Stirling o hyd i gorff ei frawd yn crogi oddi ar ddrws ei stafell wely, yn hongian wrth ei dei ysgol. Roedd nodyn ar bwys y corff yn dweud nad oedd e'n haeddu byw, ei fod e'n dew ac yn afiach, yn ailadrodd lot o'r pethau fyddai ei rieni'n ei ddweud wrth y bwrdd bwyd. Dim awgrym ei fod yn unrhyw beth ond hunanladdiad, ond roedd yr adroddiad yn glir ac yn rhoi'r bai ar y rhieni.'

'Aeth hyn ddim i'r llys?' gofynna Mathews, gyda chryndod yn ei lais.

'Do. Ond doedd dim digon o dystiolaeth i gosbi'r rhieni, o beth dwi wedi ei ddarllen. Gair Jac yn erbyn eu gair nhw, a mi oedd hyn flynyddoedd yn ôl – amser gwahanol, cofia.'

Mae Mathews yn dawel am eiliad, yna'n codi ei law a bwrw ei desg yn galed ddwy waith. Mae sawl un yn y swyddfa'n troi i edrych. Dwi'n aros yn dawel am dipyn, yn meddwl.

'Oes unrhyw beth yn arbennig yn dy daro am yr adroddiad?' gofynnaf o'r diwedd.

'Oes, lot fawr o ffycin bethe, Taliesin,' mae'n brathu, cyn oedi a thynnu'r min o'i llais. 'Sori, sori. Pa ddarn wyt ti'n meddwl?'

'Y rhan am orfodi'r bachgen i fwyta. Dyna gafodd ei wneud i'r Stirlings, os wyt ti'n meddwl am y peth. Mr a Mrs Stirling yn eistedd wrth yr un bwrdd bwyd lle wnaethon nhw arteithio eu mab, y llofrudd wedi eu clymu i'w cadeiriau ac yn eu gorfodi nhw i fwyta, cyn torri eu gyddfau.'

Mae Mathews yn dawel am dipyn.

'Falle,' mae'n ateb o'r diwedd. 'Dim cysylltiad pendant, ond werth ei gofio. Caria di 'mlân gyda'r adroddiadau yna, a gwna'n siŵr bo ti'n nodi unrhyw gyd-ddigwyddiadau fel'na.' Mae'n oedi, yna'n dweud, 'A fydd ishe i ni jeco le ma Jac Stirling wedi bod dros y dyddiau diwetha 'ma hefyd, ddweden i.'

Cynan

Dwi'n agor y porwr ar y gliniadur ac yn teipio 'Taliesin Heddlu Aberystwyth' yn y blwch chwilio. Dwi'n siŵr fod yr enw yna'n canu cloch.

Mae'r dudalen newyddion yn llenwi'r dudalen, pob un yn ymwneud â'r un stori – sut wnaeth Taliesin Macleavy a Ben Morgan-Jones ddal y llofrudd Geraint Wyn. Mae yna lun o Taliesin wedi ei dynnu o bell, a dwi'n adnabod y ditectif o'r caffi yn syth.

MacLeavy. Wrth gwrs.

Siwan

Ar ôl paned o de – fydda i'n teimlo bod y broses o wneud dishgled yn fy nhawelu rhywfaint – eisteddaf a dechre gweithio'n ffordd trwy'r rhestr o bethe i'w gwneud. Y tro nesa i fi edrych ar yr amser ma hi bron yn bump o'r gloch – awr a hanner 'di diflannu mewn dim.

Fe ffoniodd Eluned Stirling, neu Eluned Cooper i roi ei henw priod iddi. Roedd hi dipyn mwy ypsét na'i brawd ac er ei bod hi'n byw mewn pentre bach tu fas i Norwich, fe addawodd y byddai'n gadael am Aberystwyth cyn gynted ag y byddai'n gallu trefnu gofal plant, ac yn dod i'r orsaf, er y byddai o leia'n fory ar hynny'n digwydd.

Y peth nesa ar y rhestr oedd trefnu i fois iwnifform fynd o ddrws i ddrws ar hyd Princess Street yn gofyn a oedd unrhyw un 'di sylwi ar unrhyw beth anghyffredin, neu oedd ganddyn nhw unrhyw wybodaeth fyddai'n gallu bod o ddefnydd, yn ogystal â gweld a oedd camerâu CCTV gan fusnesau neu dai yn yr ardal. Wedi siarad â'r sarjant a chael gafael ar bedwar cwnstabl, fe wnes i eu briffio nhw am yr achos a'u rhybuddio i gadw'r manylion gwaedlyd yn dawel am y tro. Yna anfones i nhw bant gyda rhestr o gwestiynau a chopi yr un o e-ffit y lleidr jyst rhag ofn.

Wedi ffonio'r labordy fforensig a llwyddo i gael gafael ar Jimi George, fe wnaeth e gadarnhau bod tair set o olion bysedd clir wedi eu darganfod yn y tŷ a bod dwy o'r setiau yn cyfateb ag olion Mr a Mrs Stirling. Roedd y drydedd set yn cael ei phrosesu a'i chymharu â bas data fforensig yr heddlu, ond dwi'n gwbod mai go brin y daw dim byd o hynny – os nag yw'r llofrudd wedi cael ei arestio o'r blaen, neu wedi bod yn aelod o'r fyddin neu'r gwasanaethau brys, fydd dim cofnod ohono yn y system. Yn ôl Jimi, fe ddylen ni wbod un ffordd neu'r llall erbyn bore fory.

Nawr, wrth i fi bwyso ar allweddfwrdd y cyfrifiadur, yn gwneud y newidiadau ola i'r datganiad i'r wasg fydd yn cael ei rannu unwaith fydd Saunders wedi rhoi sêl ei bendith, sylwaf fod Taliesin yn eistedd wrth ei ddesg o hyd. Dwi'n siŵr nad yw e 'di symud ers i fi siarad â fe ddiwetha, ar wahân i droi tudalennau ac i sgrifennu ambell beth yn y llyfr nodiadau sy'n gorwedd ar agor yn gyfleus o dan ei law dde. Ma fe'n edrych fel petai e'n agosáu at waelod y pentwr adroddiadau erbyn hyn o leia.

Ar ôl tamed bach o newid, ail newid ac ailstrwythuro ar y datganiad dwi'n ei e-bostio at Saunders ac yn pwyso'n ôl yn fy nghadair. Ar yr un pryd ma Taliesin yn sythu wrth ei ddesg, gan droi'r dudalen ola o'i flaen. Ma fe'n rwbio ei lygaid yn boenus o galed ac yn anadlu mas yn hir.

'Unrhyw beth arall o ddiddordeb?' gofynnaf. Ma'n codi ei olygon ac yn estyn ei lyfr nodiadau.

Taliesin

'Yn gryno, dyma hanes y Stirlings,' dwi'n cychwyn. 'Fe briododd Robert a Maria yn 1976, a symud i fyw i'r tŷ ar bwys Princess Street. Mi oedd e'n adeiladwr, a hithau'n wraig tŷ, ac yn gwneud tipyn bach o waith glanhau yn ardal Borth a Clarach o bryd i'w gilydd. Mae yna un neu ddau gyfweliad gyda'r cymdogion, a phob un yn dweud bod y teulu yn cadw iddyn nhw'u hunain. Mae un yn dweud ei fod yn cael y teimlad bod Maria Stirling yn ystyried ei hun yn well na'i chymdogion, a phrin byth yn cymdeithasu gyda nhw. Beth bynnag, ganwyd Jac yn 1979, Eluned yn 1981 a Gwyndaf yn 1983. Dros y blynyddoedd daeth y Stirlings o fewn trwch blewyn i golli'r plant, a hyd yn oed o fynd i'r carchar, sawl gwaith, ond rhwng bod y plant yn ofn siarad yn erbyn eu rhieni a bod y Stirlings yn ofalus i beidio â gadael unrhyw fath o dystiolaeth gorfforol o gam-drin ar y plant, roedd yn anodd profi beth oedd yn mynd 'mlaen. Ond mae'r adroddiadau i gyd yn awgrymu bod y tŷ yna wedi bod yn lle uffernol i dyfu fyny, yn enwedig i'r bechgyn. Rhywfaint o gam-drin corfforol, ond cam-drin meddyliol sylweddol. Fe adawodd Jac yn bymtheg oed a mynd i fyw gyda pherthynas yn yr Alban, ac fe symudodd Eluned i fyw yng Nghaerdydd yn ddwy ar bymtheg oed.'

'Oes unrhyw awgrym i'r cam-drin ymestyn y tu hwnt i'r teulu? I blant eraill yn yr ardal?' gofynna Mathews.

'Na, dim o beth dwi wedi weld.'

'OK, wel ma hynna'n rhywbeth. Ond ma fe hefyd yn rhoi

motif diawledig o gryf i Jac ac Eluned Stirling i ladd eu rhieni. Fydd ishe i ni edrych ar hynna, unwaith i ni glywed 'nôl am y drydedd set o olion bysedd 'na.' Mae Mathews yn troi'n ôl at ei sgrin, ei sylw wedi ei ddal gan rywbeth. 'Reit, ma Saunders wedi rhoi'r OK i'r datganiad i'r wasg. Dyw e ddim yn cynnwys y manylion gwaedlyd i gyd ond ma llofruddiaeth ddwbwl yn siŵr o ddenu sylw beth bynnag yw'r amgylchiade, felly dwi'n siŵr fydd 'na sawl un o'n nhw 'ma fory. Ma rhai o gymdogion y Stirlings 'di rhoi cwpwl o luniе о'r fans heddlu lan ar Facebook 'fyd, ond sdim byd allwn ni neud am hynna.' Mae'n oedi, yn amlwg yn ceisio dod o hyd i'r geiriau iawn. 'Tria… ti'n gwbod, tria… gadw mas o ffordd y wasg fory. Paid â siarad 'da nhw o gwbwl, iawn?'

Dwi'n amau bod Mathews yn meddwl am beth ddigwyddodd gyda Kai Freeman, ac yn poeni y gallai'r un peth ddigwydd eto, a ffeindio'i ffordd ar y tudalennau blaen. Am y tro cyntaf ers i hynny ddigwydd, dwi'n teimlo bach o gywilydd.

'Ie, iawn. Paid poeni,' atebaf yn swta.

'OK. Wel…' mae'n edrych ar ei horiawr. 'Fi'n mynd gartre. Gobeithio fydd adroddiade drws i ddrws y bois iwnifform gyda ni bore fory, yn ogystal ag adroddiade y lab fforensics a Jon Patmore. Croesi bysedd fydd rhywbeth defnyddiol ynddyn nhw. Ti'n mynd gartre nawr 'fyd?'

'Na, mae 'na un neu ddau o bethau yn yr adroddiadau yma yr hoffen i ailedrych arnyn nhw,' meddaf.

'OK – wel, paid gweithio'n rhy hwyr. Welai di fory, 'te,' meddai Mathews a rhoi ei bag dros ei hysgwydd. Mae'n ffarwelio â'r sawl sydd yn y swyddfa wrth gerdded am y drws, ond llai na munud yn ddiweddarach mae hi'n ôl eto, allweddi'r car mewn un llaw a'i ffôn symudol yn y llall.

'Newydd feddwl – o's well i ni rannu rhife ffôn? Jyst rhag ofn, ti'n gwbod?'

Darllenaf fy rhif er mwyn iddi ei deipio mewn i'w ffôn. Wrth iddi ffarwelio mae'n galw fy ffôn yn sydyn, a finnau'n storio'r rhif o dan 'Ditectif Siwan Mathews'.

Dwi'n tacluso'r pentwr gwaith papur o'm blaen ac yn dechrau o'r dechrau eto. Gen i deimlad 'mod i'n methu rhywbeth pwysig ar y tudalennau yma. A beth bynnag, does gen i ddim byd gwell i'w wneud. Yr unig beth sy'n aros amdana i adre yw'r botel rym.

Gyda hynny, mae'r syniad o ddal gwydraid o'r hylif melys, tywyll yn fy llaw, yna'i deimlo'n llosgi ei ffordd i lawr fy ngwddf wrth i mi ailestyn am y botel yn llenwi fy meddwl ac yn anfon ias i lawr fy asgwrn cefn. Dwi'n ceisio gwrthsefyll y demtasiwn, gan wybod yn iawn y bydda i'n ildio nes 'mlaen, ac yn gorfodi'n hun i ganolbwyntio ar y papurau.

Siwan

A'r merched yn eu gwelyau, dwi'n cwympo'n flinedig ar y soffa ac ma Iolo'n estyn gwydraid o win gwyn i fi. Dwi'n yfed llond cegaid – ma fe'n gynnes, ond fe 'neith y tro. Fydda i ddim yn yfed yn yr wythnos fel arfer, ond ar ôl heddi ma eisie rhwbeth arna i.

'O's unrhyw beth 'mlân?' gofynnaf, wrth i opera sebon gwpla.

'Dim lot. Rhaglen am drene. Ma *C'mon Midffîld* ar S4C yn y munud. Ond gwranda, Siw...' Mae Iolo yn troi i 'ngwynebu. 'Ti'n OK? Gyda'r achos newydd 'ma fi'n meddwl. Ti'n cofio fel o't ti ar ôl... ti'n gwbod... beth ddigwyddodd o'r bla'n, gorfod gwylio'r plant 'na yn marw fel'na. Dim ond pum munud ti 'di bod 'nôl yn y gwaith, so hyn 'di dod yn rhy gloi i ti, odi fe?' Ma'i lygaid e'n llawn gofid. Dwi'n gafael yn ei law.

'Na, fi'n iawn. Wir i ti. Paid poeni.' Ond ma sôn am 'beth ddigwyddodd' wedi clymu fy stumog. Dwi'n cusanu Iolo ac yn gorfodi'n hun i wisgo gwên, cyn troi at y teledu. '*C'mon Midffîld*, 'te, ife?' Dwi'n yfed cegaid fawr arall o'r gwin

Taliesin

Dwi'n yfed cegaid fawr o rym. Mae'r cyntaf bob nos yn fendigedig, ac yn gwneud i mi gredu y bydda i'n gallu stopio ar ôl un. Rhoi'r caead 'nôl ar y botel, a rhoi'r botel 'nôl yn y cwpwrdd. Yn lle hynny, dwi'n gafael yn y botel mewn un llaw a fy ngwydr yn y llall ac yn mynd i eistedd ar y soffa o flaen y teledu. Mae dewis rhwng rhyw raglen am drenau a *C'mon Midffîld*. Dwi'n dewis y trenau, ac yn rhoi clec i rym arall.

Siwan

Fydden i wedi lico bod wrth fy nesg yn gynnar bore 'ma, ond ddwedodd Iolo'i fod e 'di dweud ers sbel bod 'da fe gyfarfod pwysig heddi, a'i fod e angen mynd mewn yn gynt i baratoi. Aethon ni'n ôl a 'mlân, 'da fi'n trio esbonio 'mod i'n gweithio ar lofruddiaeth ddwbwl, a fe'n dweud taw fe sy'n dod â'r arian mwya i'r tŷ, ac yn y diwedd aeth hi'n gwmpo mas.

Beth bynnag, fi a'th â Nansi i'r ysgol a Cadi i'r feithrinfa, gan gyrraedd yr orsaf munud neu ddwy wedi naw o'r gloch. Dwi'n sylwi bod desg Taliesin yn daclus tu hwnt, a'i gadair yn wag.

Yn gorwedd ar fy nesg ma ffolder cardfwrdd, tenau, yn cynnwys tri darn o bapur 'di stapelu at ei gilydd. Dyma adroddiad yr ymholiadau drws-i-ddrws yn ardal cartre'r Stirlings neithiwr. Ma rhywun yn yr adran iwnifform wedi bod yn drylwyr iawn, a 'di nodi cofnod ar gyfer pob tŷ gafodd ymweliad, a oedd unrhyw un adre ac a oedd unrhyw beth o ddiddordeb i'w ddweud. Ar ddiwedd pob cofnod ma'r geiriau 'Dim CCTV'. Dyw hi ddim yn cymryd yn hir i ddarllen trwy bob un a gweld nad oedd unrhyw un yn y stryd wedi sylwi ar unrhyw beth anarferol dros yr wythnos ddiwetha. Roedd bron pawb yn awyddus i gael gwbod manylion beth oedd wedi digwydd, a sawl un wedi bod yn trafod y cwbwl ar y rhwydweithiau cymdeithasol. Roedd merch ifanc wedi trio cael *selfie* gydag un o'r bois iwnifform i'w roi ar Facebook hyd yn oed. Does dim awgrym fod unrhyw un o'r cymdogion yn agos at y Stirlings, nac yn gwbod rhyw lawer am eu bywydau o ddydd i ddydd. Roedd un neu ddau'n cofio marwolaeth Gwyndaf, ond doedd dim byd mwy 'da nhw i'w ddweud ynglŷn â hynny na'i fod e'n drist gweld mwy yn marw yn yr un tŷ.

Dyna ddiwedd ar hynna, 'te. Dwi'n atgoffa'n hun fod yn rhaid i mi ddiolch i sarjant yr adran iwnifform am y gwaith trylwyr.

Gan osod y ffolder naill ochr dwi'n tanio 'nghyfrifiadur ac yn edrych pa e-byst sy 'di cyrraedd dros nos.

Mae un neges yn neidio mas yn syth – neges gan Jimi George. Dwi'n ei hagor ac yn ei darllen ar frys. Dim ond un frawddeg – 'Ffonia fi cyn gynted ag y galli di.' Codaf y ffôn a deialu'r rhif ar waelod yr e-bost.

'Jimi George,' ma fe'n ateb ar y trydydd caniad.

'Hei Jimi, Siwan Mathews – Ditectif Mathews – sy 'ma.'

'A, Siwan, bore da. Diolch am ffonio. Reit, wna'i ddim dy gadw di – dydy'r adroddiad fforensig cyfan ddim cweit yn barod eto, ond ti'n cofio'r drydedd set o olion bysedd? Wel, gen i newyddion da i ti – ma'u perchennog nhw yn y system. O'n i'n meddwl y byddet ti ishe gwbod yn syth.' Dwi'n cynhyrfu. Does bosib y bydd dal y llofrudd mor hawdd â hyn?

'Ti'n jocan! Blydi hel – pwy yw e?' gofynnaf. Ma sŵn sortio papur o ben arall y lein.

'Ei enw e yw… Cynan Bould, gwryw, 55 mlwydd oed. Wedi ei arestio bymtheg mlynedd 'nôl am ddinistrio eiddo, yn rhan o brotest Cymdeithas yr Iaith yn Aberystwyth. Dyna'i unig drosedd, o beth wela i.' Dwi'n nodi hyn i gyd.

'Cyfeiriad?'

'66 Dolhelyg, Penrhyncoch,' ma Jimi'n ateb. 'Dyna oedd ei gyfeiriad e bymtheg mlynedd yn ôl beth bynnag, ond falle'i fod e wedi symud ers hynny cofia.'

'Diolch i ti, Jimi, ti werth y byd.' Dwi'n meddwl pob gair.

'Dim problem – wna'i anfon y manylion yma draw atat ti nawr, a gweddill yr adroddiad pan fydd e'n barod. Pob lwc!'

Dwi'n rhoi'r ffôn i lawr ac yn tapio rhythm cyflym ar y ddesg â beiro. Yna, codaf y ffôn eto a ffonio swyddfa'r DVLA. Ar ôl esbonio pwy ydw i a beth dwi eisie, dwi'n adrodd yr enw a'r cyfeiriad ges i gan Jimi ac yn cael cadarnhad bod yna drwydded gyrru wedi ei chofrestru i'r cyfeiriad yna yn enw Cynan Bould. Dwi'n diolch i'r ferch ar y ffôn ac yn llamu ar fy nhraed.

Fe ddylen i aros am ateb ar ôl cnocio ar ddrws Saunders, ond dwi wedi 'nghyffroi ac yn cerdded yn syth mewn i esbonio'r datblygiad newydd. Ma hithau'n gwrando ac yn sgrifennu sawl nodyn.

'OK – ma'n debygol iawn mai fe yw'n boi ni,' meddai ar ôl i fi orffen. 'Ond ma'r dyn 'ma'n beryglus. Fydd ishe i'r uned arfog fynd gyda chi.' Ma hi'n codi'r ffôn. 'Wna i sortio hynna nawr, a gweud fod ishe nhw yma ar frys, a fe drefna i'r warant i'w arestio fe ac i chwilio'r tŷ hefyd. Cer di mas i esbonio'r sefyllfa i MacLeavy...' Ma hi'n edrych dros fy ysgwydd, mas i'r brif swyddfa. 'Lle ma MacLeavy, beth bynnag?'

Gan fwmian ei fod e ar ei ffordd, dwi'n esgusodi fy hun ac yn mynd 'nôl i eistedd i lawr o flaen y cyfrifiadur, yn ansicr sut i lenwi'r amser wrth aros am yr uned arfog. Dwi ar fin ffonio Taliesin pan ma'r dyn ei hun yn cerdded drwy'r drws. Ma fe'n edrych yn anniben ac yn flinedig, ond yn bwrpasol.

'Taliesin!' galwaf. 'Ma enw 'da ni – o'r drydedd set o olion bysedd. Ni'n aros i'r uned arfog gyrraedd, wedyn ewn ni ar ei ôl e.'

'Pwy yw e?' gofynna Taliesin, yn llai cyffrous na fydden i'n ddisgwyl. Ma'i lygaid e'n goch – tan pryd oedd e 'ma neithiwr sgwn i?

'Dyn 55 mlwydd oed, o Benrhyncoch. Cynan Bould.' Gyda hynny, ma fe'n sythu ac yn edrych arna i.

'Cynan Bould? Ti'n siŵr?' gofynna.

'Odw. Pam?'

Ma Taliesin yn estyn am bentwr o adroddiadau'r gwasanaethau cymdeithasol ar ei ddesg ac yn dechre troi'r tudalennau'n frysiog. Ma fe'n stopio ar dudalen benodol ac yn ei throi i ddangos i fi.

'Dyma'r adroddiad am farwolaeth Gwyndaf Stirling,' meddai.

Ar dop y dudalen ma enw awdur yr adroddiad:

Cynan Bould.

Taliesin

Mae Mathews yn syllu ar y papur am dipyn, ac yna arna i.

'Yr un boi yw e, ti'n meddwl?' mae'n gofyn.

'Dyw Cynan Bould ddim yn enw cyffredin,' atebaf. 'Mi fydde fe'n gyd-ddigwyddiad anferth petai yna ddau berson â'r enw yna ynghlwm â'r achos.' Dwi'n weddol siŵr fod Mathews yn cytuno – does dim amheuaeth taw awdur yr adroddiad yw'n llofrudd ni, ond mae hi eisiau bod yn hollol siŵr.

'Aros funud,' meddai, gan eistedd 'nôl o flaen ei chyfrifiadur. 'Ma Jimi George 'di rhannu ei adroddiad am y drosedd wreiddiol... Ie, dyma ni – yn y bocs "swydd" ma'n dweud "gweithiwr cymunedol". Dyna ni, 'te. Yr un boi yw e.'

Dwi'n byseddu'r pentwr adroddiadau.

'Nid dyna'r unig un sgrifennodd e,' meddaf wrth osod yr adroddiadau mewn dau bentwr. 'Mae yna dri arall dros gyfnod o... bedair blynedd. Ond mae yna lond llaw o adroddiadau arall gan wahanol gyd-weithwyr hefyd. Dim fe oedd yr unig un oedd yn gyfarwydd â'r Stirlings.'

Mae Mathews yn dechrau siarad ond dwi ddim yn gwrando.

Y cwestiwn amlwg i ofyn yw pam? Pam fod gweithiwr cymdeithasol – ac mae'n edrych yn hynod o debygol taw fe sy'n gyfrifol – yn penderfynu lladd dau berson? A dim jyst eu lladd nhw, ond eu lladd nhw mewn ffordd erchyll, sy'n adleisio'r ffordd y gwnaethon nhw gam-drin eu plant eu hunain?

Yr unig ateb credadwy yw ei fod e am dalu'r pwyth 'nôl

ar ran Gwyndaf Stirling, y plentyn fethodd Cynan Bould ei warchod flynyddoedd 'nôl. Ond os felly, pam nawr?

Sylwaf fod Mathews yn edrych arna i'n ddisgwylgar. Mae wedi bod yn siarad a finnau wedi methu pob gair.

'Sori, beth?' gofynnaf.

'Beth wedes i o'dd...' Mae ei rhwystredigaeth o orfod ailadrodd yn amlwg, 'Ma'n rhaid fod achos Gwyndaf Stirling wedi cael effaith arbennig ar y boi 'ma, wedi bod yn madru yn ei feddwl e am flynyddoedd, hynny yw, er mwyn iddo fe neud rhwbeth fel hyn ar ôl yr holl amser 'ma.'

'Ie, mae'n rhaid,' atebaf, ac ar hynny mae Mathews yn ateb y ffôn ar ei desg. Gobeithio wir, meddyliaf i'n hun. Gobeithio mai achos oedd wedi mynd o dan groen person ansefydlog oedd hwn, a dim dechrau ar rywbeth llawer mwy.

Siwan

Codaf y ffôn.

'Mathews.'

'Y ddesg flaen sy 'ma – ma 'na Sarjant Pritchard... sori, Pritchett, o'r adran arfog yma i'ch gweld chi.'

'Iawn, fydda i mas nawr.' Codaf fy mag a 'nghot. 'Dere, Taliesin, ni'n mynd.' Brysiaf draw i swyddfa Saunders a rhoi fy mhen rownd y drws.

'Ma'r uned arfog yma, ma'am. Odi popeth yn iawn o ran y warants?'

'Gwaith papur yn cael ei orffen, fyddan nhw'n barod cyn hir iawn. Ond ewch chi, wna i drefnu popeth y pen yma. Adroddiadau cyson, os gwelwch yn dda, a byddwch yn ofalus.' Fi ar fin gadael pan ma Saunders yn ychwanegu, 'A chofia – cadwa lygad ar MacLeavy.'

Ma Taliesin yn barod i fynd, a 'mlân â ni at y ddesg flaen a mas i'r maes parcio lle ma Sarjant Pritchett yn aros amdanon ni erbyn hyn. Ma fe'n ddyn lot llai na fydden i'n ei ddisgwyl am heddwas arfog ac ma'i wallt du tenau, seimllyd, 'di'i gribo'n ofalus dros dop ei benglog. Ma hyn i gyd yn gwneud y llais cryf, awdurdodol sy'n dod o'i geg yn dipyn o syndod. Dwi'n cyflwyno fy hun a Taliesin.

Ma Pritchett yn amlinellu'r hyn fydd yn digwydd. Fe a'i dîm fydd yn rhedeg y sioe nes eu bod nhw'n penderfynu ei bod hi'n ddiogel i ni wneud ein rhan – tan hynny, ry'n ni i fod i gadw mas o'r ffordd, ar bellter diogel. Dwi'n cytuno'n syth ac yn rhoi cyfeiriad Cynan Bould i'r sarjant, yn awyddus i ddechre ar ein ffordd. Ma fe'n ei astudio'n ofalus yna'n cerdded bant heb air ac yn dringo i mewn i 4x4 du gerllaw. Mae'n arwain y ffordd o'r maes parcio ac ma car arall, yn gwmws yr un peth, yn ei ddilyn.

Dwi'n troi at Taliesin ac ma fe'n agor ei geg, ond cyn iddo ddweud gair dwi'n torri ar ei draws.

'Fi sy'n gyrru. Dere.'

Brysiaf am y Volvo a neidio i mewn tu ôl i'r llyw. Ma'r ddau 4x4 yn diflannu i lawr yr hewl, ond ma'n rhaid i fi symud y gadair plentyn i'r cefn cyn bod Taliesin yn gallu dringo i mewn. Ma hynny'n dod â haen o friwsion ac ambell switsen i'r golwg a dwi'n trio fy ngorau i'w brwsio nhw o'r ffordd. Ma Taliesin yn oedi wrth y drws, ond dwi'n dweud wrtho am siapo hi i ni gael trio dal lan â'r ddau gerbyd arall. Yn araf bach, ma fe'n eistedd yn y sedd flaen ac yn gwisgo'i wregys. Ma'n edrych fel petai e'n dal ei anadl.

Dwi'n tanio'r injan ac ma'r peiriant yn dechre chwarae hoff CD Cadi, 'Cwm-Rhyd-Y-Rhosyn' – y gân am y gainc ar y pren a'r pren ar y llawr. Dwi'n diffodd y gerddoriaeth, yn anelu trwyn y car i gyfeiriad Penrhyncoch ac yn rhoi 'nhroed i lawr.

Does fawr o draffig ar y siwrne ac ma Taliesin yn dawel tra 'mod i'n canolbwyntio ar y gyrru. Dwi'n arafu wrth agosáu at Ddolhelyg, y stryd lle ma cartre Cynan. Ma'r ddau 4x4 wedi eu parcio yng nghysgod clawdd mawr ar dro yn y ffordd a'r uned arfog wrthi'n gwisgo'u hoffer ac yn paratoi'u gynnau. Ma Sarjant Pritchett yn ein gweld yn agosáu ac yn pwyntio at le gwag wrth ochr yr hewl ryw ugain llath 'nôl. Dwi'n parcio ac yn diffodd yr injan. Ar ôl eiliad neu ddwy dwi'n sylweddoli 'mod i'n dal fy anadl hefyd.

O fewn munud ma'r uned fel petaen nhw'n barod i fynd ac

yn sefyll mewn cylch tynn, pawb â'u llygaid ar Pritchett. Ma hwnnw'n siarad yn gloi, yn pwyntio at bob aelod o'r tîm yn ei dro. O fewn munud arall ma'r criw cyfan yn symud fel bwystfil i gyfeiriad y tŷ, cyn rhannu'n ddau grŵp llai, un yn mynd i flaen y tŷ a'r llall i'r cefn. Dwi ddim yn gallu gweld mwy na 'nny, gan fod pawb wedi diflannu tu ôl i'r clawdd mawr.

Ar ôl deg munud o aros dwi'n dechrau colli amynedd ac ar fin dringo mas o'r car i weld beth sy'n mynd 'mlân, ond gyda hynny ma Sarjant Pritchett yn dod i'r golwg eto, wedi diosg ei helmed, ei wallt seimllyd yn anniben erbyn hyn. Ma fe'n agosáu at y car a dwi'n agor y ffenest.

'Neb yna,' meddai. 'Wedi bod trwy'r tŷ i gyd. Dim bwyd ffres yn yr oergell a phentwr o bost yn y cyntedd, felly dim i awgrymu bod rhywun yn byw yna ar hyn o bryd. Ond roedd un peth...' Gyda hynny ma'n troi i edrych ar Taliesin. 'Beth wedest ti oedd dy enw di?'

Ma Taliesin yn edrych arno ac yn anadlu mas. Does bosib iddo fod yn ei ddal yr holl amser hyn?

'MacLeavy. Taliesin MacLeavy. Pam?'

Ma Pritchett yn estyn amlen wen drwy'r ffenest.

'Roedd hwn ar y bwrdd yn y cyntedd, yn wynebu'r drws. Y peth cynta welon ni wrth fynd mewn.'

Ma Taliesin yn cymryd yr amlen. Ma un gair wedi'i ysgrifennu arno mewn llythrennau coch, bras:

Taliesin.

Taliesin

Dwi'n syllu ar yr amlen. Mae popeth o 'nghwmpas yn llithro i ffwrdd – Sarjant Pritchett, Mathews, y drewdod yn y car, y stryd o'n cwmpas – mae popeth yn diflannu ac yn fy ngadael i, a'r llythyr, a dim byd arall. Gyda dwylo sigledig a bysedd lletchwith dwi'n rhwygo ceg yr amlen ac yn tynnu'r papur plyg a'i agor yn ofalus.

Annwyl Taliesin,

Mae'n ddrwg gen i nad oeddwn i gartre pan alwaist ti. Dwi'n siŵr fedri di ddeall pam.

Os wyt ti'n darllen hwn mae'n golygu dy fod ti wedi fy nghysylltu i â llofruddiaeth Robert a Maria Stirling. Falle fod gyda ti syniad pam hefyd. Os felly, da iawn.

Er mwyn osgoi ansicrwydd – fi laddodd nhw. Ar ôl beth wnaethon nhw i'w mab eu hunain, doedden nhw'n haeddu dim byd gwell, a doedd neb arall yn mynd i sicrhau cyfiawnder i Gwyndaf.

Nid nhw oedd y cyntaf, ac nid nhw fydd yr olaf.

Fydda i mewn cysylltiad eto.

Cynan

O.N. Cofia fi at dy dad.

Duw a ŵyr sawl gwaith dwi'n darllen y llythyr, drosodd a throsodd, cyn i mi sylweddoli bod Mathews yn ceisio ei dynnu o'm dwylo i'n araf bach.

'Nid nhw fydd yr olaf' – dyna'n union beth oeddwn i'n ofni. Yr un gofid yn atseinio yng nghefn fy meddwl ers gadael yr orsaf – beth os nad hwn oedd yr unig achos i gael effaith ar y llofrudd? Beth os oedd hwn yn un ymhlith sawl achos arall ble na fu cyfiawnder? Mae'n rhaid fod gweithiwr cymdeithasol yn gweld sawl un o'r rheini yn ystod ei yrfa. Ac os felly, pam stopio nawr? Oedd Cynan Bould yn mynd i dalu'r pris 'nôl mewn ffordd mor waedlyd i bob un?

Mae un peth yn amlwg. Mae'r llythyr yn siarad â fi'n uniongyrchol, yn fy nghyfarch fel hen ffrind. Mae'r llofrudd yn gwybod fy enw ac yn ymddangos fel petai'n nabod fy nhad. Fy nghyfrifoldeb i yw hyn nawr.

Siwan

Shit. Reit. Shit. Iawn. Shit.

'OK, Taliesin – ma ishe i ni gasglu cymaint o wybodaeth ag y gallwn ni am Cynan Bould, gan ddechre trwy chwilio'i dŷ e. Ma hi'n ddiogel i fynd mewn nawr, odi hi?' gofynnaf, gan droi at Sarjant Pritchett, sy'n sefyll wrth ochr y car o hyd.

'Ydy, dim golwg o unrhyw un nac unrhyw beth anarferol. Oes ishe i ni aros gyda chi?'

'Na, ewch chi. Wna'i ffonio am gwpwl o iwnifforms i gadw'r cyhoedd draw. Diolch, a sori am eich llusgo chi mas fel hyn.'

Ma pennaeth yr adran arfog yn rhoi cnoc ddynol ar do'r car ac yn cerdded bant. Dwi'n estyn fy ffôn i alw'r orsaf.

'Gofynna iddyn nhw am gofnodion pob un o achosion Cynan Bould. Fydd angen i ni fynd trwyddyn nhw i gyd,' meddai Taliesin, yn dal i syllu trwy winsgrin y car.

'Ti'n meddwl taw dyna beth ma fe'n neud? Mynd trwy hen achosion? Pa mor hen yw e – 55? Fe fydde fe yn y job ers tri deg mlynedd a mwy. Alle ni fod yn sôn am ganno'dd – milo'dd – o adroddiade.'

Ma Taliesin yn dawel am funud.

'Fydd ishe i ni ganolbwyntio ar achosion lle gafodd neb eu cosbi. Mae'r geiriau "doedd neb arall yn mynd i sicrhau cyfiawnder i Gwyndaf" yn awgrymu ei fod e'n mynd ar ôl rheini sy heb dalu'r pris am beth wnaethon nhw.' Ma fe'n oedi. 'A falle'i bod hi werth dechrau gydag achosion yn ymwneud â phlant, fel un y Stirlings.'

'OK,' atebaf. 'Ond ni'n dal i sôn am dipyn o waith papur. Ofynna i os allwn ni ga'l mwy o bobol i'n helpu ni.'

Codaf y ffôn a deialu rhif uniongyrchol Saunders. Ar ôl esbonio bod y tŷ yn wag, ond bod yna lythyr gan Cynan Bould, dwi'n amlinellu'n camau nesa.

'Iawn,' ma Saunders yn ateb yn syth. 'Wna'i anfon dau iwnifform i'ch helpu chi i gadw trefn ar y cyhoedd, a chysylltu â'r gwasanaethau cymdeithasol i ofyn am set gyfan o adroddiadau Cynan Bould. Bydd y rhai hynaf yn gopïau papur, felly fe gymrith e dipyn o amser i'w cael nhw at ei gilydd, ond fydd y rhai mwy diweddar yn ddigidol – dylen ni allu cael y rheini'n ddigon hawdd. O ran ditectifs, allwn ni sbario...' Clywaf ei bysedd yn drymio ar y ddesg wrth iddi feddwl. '...Pete Greening ac Emlyn Marshall i'ch helpu chi, gallan nhw ddechrau'n syth. Fe ddylen nhw edrych yn benodol ar achosion yn ymwneud â phlant lle gafodd neb eu cosbi, ydy hynna'n gywir?'

'Ie, yn gwmws,' atebaf. 'Y bwriad yw trio dod o hyd i unrhyw un alle fod mewn perygl. Ma'r llythyr yn gweud taw nid y Stirlings oedd y cynta – gobeithio y gwnaiff yr adroddiade ein helpu ni ddod o hyd i unrhyw gorff – neu gyrff – ma Cynan Bould yn cyfeirio atyn nhw. Diolch, ma'am.'

'Dwi'n cymryd bod hyn yn golygu bod eich theori mai'r lleidr yn Borth sy'n gyfrifol am y llofruddiaethau wedi ei phrofi yn anghywir?' gofynna Saunders.

'O, ymmm ody, ma'am,' atebaf, wedi anghofio popeth am y lleidr yng nghanol y cynnwrf. 'Ond ma 'da ni gwpwl o syniadau ynglŷn â hynny,' ychwanegaf yn frysiog, yn awyddus i beidio â gorfod manylu am y tro. 'Diolch, ma'am – wela i chi'n ôl yn yr orsaf.' A gyda hynny dwi'n gorffen yr alwad.

'Reit, ti'n barod?' gofynnaf i Taliesin. Ma fe'n dal i syllu mas drwy ffenest y car. Ma sawl eiliad yn mynd hebio cyn iddo ateb.

'Ydw, barod,' meddai o'r diwedd, gan agor drws y car a chamu mas.

Taliesin

Mae 66 Dolhelyg yn dŷ digon cyffredin yr olwg, oni bai am y drws ffrynt agored sydd bellach yn hongian ar un golfach. Ond yn y tŷ yma, am wn i, gafodd Cynan Bould y syniad ei fod am ladd pobol. Y syniad o lofruddio'r rheini oedd yn haeddu cael eu cosbi i'r eithaf, yn ei dyb ef. Yn y tŷ yma, yn eistedd wrth fwrdd y gegin, efallai, neu ar y soffa yn yr ystafell fyw, y buodd yn meddwl am glymu'r Stirlings i'w cadeiriau a thorri eu gyddfau. Wnes i ddarllen rhywle bod bron hanner y bobol sy'n ceisio cyflawni hunanladdiad dim ond yn dechrau ystyried y peth deg munud cyn y weithred – pa mor hir fuodd Cynan Bould yn meddwl am y llofruddiaethau hyn tybed? Edrychaf yn betrusgar ar y tai eraill ar y stryd, yn ceisio peidio â dychmygu angenfilod tebyg yn cuddio tu ôl i'w drysau nhw, neu'n sbecian arna i o'r tu ôl i'r llenni.

Camaf dros y trothwy i gyntedd di-drefn. Mae yna bentwr o lythyron a phamffledi hysbysebu wedi eu pentyrru ar lawr, a bwrdd bach â lamp arno – rhaid taw dyna lle oedd y llythyr yn aros amdana i. Dwi'n sefyll i'r ochr i adael i Mathews gerdded heibio, yna'n mynd ar fy nghwrcwd i edrych trwy'r pentwr llythyron.

Ymysg y pamffledi pitsa a'r taflenni yn hysbysebu garddwyr ac adeiladwyr mae yna gyfriflen banc yn enw Cynan Bould, yn dangos ei fod fil a hanner o bunnoedd yn y du. Mae yna hefyd sawl llythyr oddi wrth gwmnïau credyd gyda chynigion am gardiau newydd, ond dim awgrym ei fod wedi manteisio ar y ffynhonnell ariannol yma.

Bu bron i mi fethu'r amlen fach, frown ar waelod y pentwr. Dwi'n ei rhwygo ar agor ac yn tynnu'r cerdyn, yn enw Cynan Bould, ar gyfer apwyntiad yn yr adran oncoleg yn Ysbyty Bronglais. Mae'r dyddiad wythnos i heddiw.

'Unrhyw beth?' gofynna Mathews, wrth ddod allan o'r ystafell fyw a cherdded am y gegin. Dwi'n estyn y cerdyn apwyntiad iddi.

'Oncoleg? Cancr, ife?' gofynna. 'Fydd ishe i ni ga'l gair 'da'r ysbyty – falle gawn ni syniad am ei gyflwr meddyliol e ar hyn o bryd.'

'Ie, yn bendant. Unrhyw beth o ddiddordeb mewn fyn'na?' pwyntiaf at yr ystafell fyw.

'Na – do'n i ddim yn gweld cyfrifiadur na ffôn symudol yn unman. Casgliad mawr o DVDs – ma'n edrych fel petai e'n dipyn o ffan o gyfresi Americanaidd. Ma gyda fe bob pennod o *Breaking Bad* a *The Wire*.'

'Rhaglenni teledu?' gofynnaf. Mae Mathews yn syllu arna i fel petasai cyrn wedi dechrau tyfu o 'mhen i.

'Wel, ie, wrth gwrs – ma Iolo a fi 'di gwylio pob pennod o'r cyfresi 'nny. So ti erioed 'di clywed am *Breaking Bad*? O ddifri? Iesu, Taliesin, beth ti'n neud gyda'r nos?'

Mae potel o rym yn fflachio i'm meddwl i.

'Wna i edrych fyny grisiau, 'te, ac edrycha di lawr fan hyn, OK?' Dwi'n awyddus i newid y pwnc trafod.

Ar ôl edrych i bob twll a chornel dwy ystafell wely ac un ystafell ymolchi, dwi'n dychwelyd 'nôl lawr grisiau ugain munud yn ddiweddarach ac yn clywed Mathews yn y cyntedd, yn esbonio beth yw eu dyletswyddau i'r ddau iwnifform sydd newydd gyrraedd.

'Gest ti rwbeth?' gofynna wrth i mi gamu i'r cyntedd.

'Dim yw dim,' atebaf. 'Mae yna silff ar bwys y gwely yn llawn llyfrau *true crime*, ond dwi ddim yn meddwl bod hynna'n addawol – maen nhw'n boblogaidd iawn dyddie 'ma.'

'Ti'n iawn,' meddai Mathews. 'Ma Iolo wrth ei fodd 'da stwff fel'na, ma'n gwrando ar bodlediade pan ma fe mas ar ei feic. Ma 'na un newydd Cymraeg, ma fe'n gweud ei fod e'n –'

'Wnest di ddod o hyd i unrhyw beth?' gofynnaf, yn awyddus i beidio â gwastraffu amser yn siarad am ryw bodlediadau. Mae Mathews yn edrych arna i'n flin.

'Gwaith papur mewn drôr yn y gegin – pasbort, tystysgrif geni, y math yna o beth. Ond na, dim byd arbennig o ddiddorol.'

'Ond mae hynny yn ei hun yn dweud rhywbeth wrthon ni, ti'm yn meddwl? Doedd dim laptop nag unrhyw fath o gyfrifiadur lan staer chwaith. Dwi'n cymryd dy fod tithau heb ddod o hyd i un chwaith?' Mae Mathews yn ysgwyd ei phen. 'Oes 'na gysylltiad gwe yn rhywle?'

'O's, siŵr i fi weld y bocs nesa i'r teledu yn y stafell fyw,' meddai, gan bwyntio drwy'r drws agored.

'Cysylltiad gwe ond dim cyfrifiadur? Na, ry'n ni'n rhy hwyr, mae Cynan Bould wedi clirio mas a mynd â'r pethe pwysig gyda te. Fydd e ddim 'nôl fan hyn eto.' Dwi'n oedi. 'Ond mae un peth yn fy mhoeni i.'

'Beth?' gofynna Mathews.

'Oedd datganiad i'r wasg ddoe yn dweud 'mod i'n gweithio ar yr achos yma?'

'Nag o'dd, wrth gwrs ddim.'

'Sut felly fod Cynan Bould yn gwybod y dylai gyfeirio'r llythyr yna ata i? Dim i'r heddlu yn gyffredinol, a ddim i ti hyd yn oed, fel prif dditectif yr achos. Ond fi yn benodol. Dim ond ddoe ddaethon ni i wybod am y llofruddiaeth gynta.'

Fedra i weld talcen Mathews yn crychu mewn penbleth.

'Dim ond un ateb sydd yna,' meddaf. 'Ma fe wedi bod yn ein gwylio ni.'

Siwan

Hanner awr wedyn a ry'n ni newydd gyrraedd maes parcio gorsaf y dre, ond yn hytrach na pharcio dwi'n gadael yr injan i redeg wrth i Taliesin ryddhau'r gwregys ac agor y drws.

'Wela i di mewn awr neu ddwy, 'te – ffona os o's unrhyw beth yn codi,' ffarweliaf. Ma fe'n gollwng llond ysgyfaint o awyr wrth iddo fe gamu mas.

'Ie, iawn,' ma fe'n ateb, gan gau'r drws yn glep.

Ar y ffordd 'nôl o Benrhyncoch fe ffoniais i'r swyddfa i siarad â Pete Greening. Er eu bod nhw ond yn canolbwyntio ar yr achosion yn ymwneud â phlant lle gafodd neb eu cosbi, ma nifer fawr o adroddiadau tebyg. Dwi'n dweud wrtho fe ac Emlyn i drio'u gorau ac i gysylltu 'da fi os oes unrhyw beth diddorol.

Yn y cyfamser, dwi 'di awgrymu i Taliesin ein bod ni'n gwneud yr ymholiade nesa ar wahân. Geith e fynd i siarad â'r gwasanaethau cymdeithasol i drio dod o hyd i ffrindiau neu gyd-weithwyr Cynan Bould, tra 'mod i'n mynd i'r ysbyty i ddod o hyd i beth alla i ynglŷn â'r cerdyn apwyntiad oedd yn y tŷ.

Ma hi'n cymryd llai o amser i ddreifio i Ysbyty Bronglais nag i ddod o hyd i le parcio unwaith mod i yna. Yn y diwedd, dwi'n colli amynedd ac yn gadael y car ar linellau melyn dwbwl ar gornel stryd o dai Fictorianaidd ac yn cerdded y pum munud i'r dderbynfa.

Cyflwynaf fy hun a holi am Arjun Bhatt, y person fyddai Cynan Bould wedi dod i gwrdd ag e yn ôl y cerdyn apwyntiad.

Fe wnes i ofyn i Pete gysylltu â'r adran oncoleg fel eu bod yn gwybod mod i ar y ffordd ac i bwysleisio ei fod yn fater hynod o bwysig heb roi gormod o fanylion. Ma'r ferch yn y dderbynfa yn egluro sut i gyrraedd stafell aros yr adran, ac yn dweud y bydd yr arbenigwr yn dod i gwrdd â fi cyn gynted â phosib.

Dwi'n mynd i'r ail lawr yn y lifft, ac yn dilyn canllawiau'r dderbynfa. Ma coridorau'r ysbyty'n teimlo'n hir ac yn oeraidd ond ma'r stafell aros yn annisgwyl o gyfforddus a golau. Ma hi'n dawel oni bai am y teledu yn y cornel sy'n dangos rhaglen am bobol yn chwilio am gartre newydd yn Sbaen. Ma'r rhai sy'n aros yn gwenu'n garedig arna i wrth i fi gerdded i mewn. Yn yr ysbyty yma cafodd Nansi a Cadi eu geni ond ma'r adran famolaeth fel ffair o gymharu â hyn.

Ar ôl aros am ugain munud ma dyn mewn siwt drwsiadus a sgidiau sgleiniog yn camu trwy'r drws ac yn cerdded ata i gan ymestyn ei law.

'Ditectif Mathews?' gofynna, y wên gyfeillgar yn amlwg yn ei lygaid er bod barf du, trwchus yn cuddio'i geg.

'Ie – diolch am weld fi, Dr Bhatt.' Ysgydwaf ei law a chael y teimlad bod y dyn yma'n belen o egni.

'Wrth gwrs, wrth gwrs,' ateba'n syth. 'Gyda llaw, ymgynghorydd ydw i, felly Mr, nid Dr, ond galwch fi be licwch chi. Beth bynnag, ewn ni lan i fy swyddfa, i ni gael gair yn breifet?' Ma'r Cymraeg perffaith wedi'i gyfuno ag acen Indiaidd yn hyfryd i'r glust. Dwi'n ei ddilyn i lawr y cyntedd ac yn brasgamu i gadw lan wrth i ni ddringo'r staer.

Mae ei swyddfa'n fach, silffoedd yn gorchuddio un wal gyfan a phob modfedd ohonyn nhw'n llawn llyfrau a nifer sylweddol o gardiau diolch. Ma fe'n codi pentwr o bapurau oddi ar gadair ac yn fy ngwahodd i eistedd.

'Felly, sut fedra i helpu?' gofynna.

'Mr Bhatt, wna'i ddim gwastraffu'ch amser chi. Dwi'n deall eich bod chi'n trin claf o'r enw Cynan Bould. Gobeithio o'n i y byddech chi'n gallu rhannu rhywfaint o wybodaeth am natur ei salwch a'i driniaeth?'

Ma'r arbenigwr yn edrych yn lletchwith.

'Ditectif Mathews, fe fydden i'n hoffi, wir i chi. Ond dwi'n siŵr eich bod chi'n deall bod gen i gyfrifoldeb tuag at fy nghleifion. Alla i ddim trafod achosion preifet gyda'r heddlu oni bai fod yna...'

'Fi'n gwerthfawrogi hynny i gyd, allai'ch sicrhau chi. Ond – a fi'n gobeithio y byddwch chi'n deall bod hyn yn wybodaeth sensitif iawn y bydd yn rhaid i chi ei chadw i chi'ch hun – rydyn ni'n amau'n gryf bod Mr Bould wedi lladd o leia dau berson a'i fod wedi bygwth lladd mwy. Wrth gwrs, os o's raid, fe allwn ni neud cais i'r llys am ei gofnodion meddygol, ond fi'n gobeithio na fydd rhaid gwastraffu amser ar hynny. Trio cael llun clir ohono fe fel person y'n ni nawr, felly os o's unrhyw beth allwch chi ei rannu 'da ni fe fydden ni'n gwerthfawrogi hynna'n fawr.'

Mae Arjun Bhatt yn gwelwi wrth glywed am y llofruddiaethau ac yn cymryd cegaid o'r gwydr ar y ddesg. Ma fe'n dawel am funud a dwi'n tynnu'r llyfr nodiadau o fy mag i rôl llonydd iddo. Ma fe'n teipio ar ei gyfrifiadur yna'n stopio fel petai'n aros i rywbeth lwytho ar y sgrin. Ma fe'n darllen am dipyn.

'Cafodd Mr Bould ei gyfeirio ata i bron i chwech mis yn ôl,' meddai. 'Roedd e wedi bod yn cael pennau tost cyson ac fe gyfeiriodd ei feddyg ef am sgan yn yr ysbyty. Fe ddaeth yn amlwg o'r sgan hwnnw fod gan Mr Bould diwmor, tua maint marblen, yn tyfu yn ei ymennydd.'

'Pa mor beryglus yw'r tiwmor yma?' gofynnaf, gan nodi'r manylion. Ma'r arbenigwr yn pwyso a mesur ei ateb.

'Yn achos tiwmor o'r maint yna, yn y rhan honno o'r ymennydd, mae llawdriniaeth yn amhosib. Ond gyda'r driniaeth iawn – cemotherapi yn yr achos hwn – ac ychydig o lwc efallai byddai siawns gweddol ganddo o wella,' meddai o'r diwedd.

'O'dd Mr Bould yn barod i drio'r driniaeth?'

'Ar y cychwyn oedd, ond ar ôl rhyw chwe wythnos fe benderfynodd stopio'r cemo. Roedd hynny yn erbyn fy nghyngor i ond... Edrychwch, falle fydd hyn yn helpu,' meddai gan dorri ar draws ei hun. Ma fe'n estyn ymennydd plastig amryliw o'r silff tu ôl iddo. 'Mae yna ran ar waelod yr ymennydd o'r enw llabaid yr arlais.' Mae Mr Bhatt yn troi'r model wyneb i waered.

'Y darn glas gole 'na?' gofynnaf, gan gyfeirio at ddarn yng nghanol rhan waelod y model.

'Ie, dyna chi. Dyma lle mae'r tiwmor yn ymennydd Cynan Bould. A fan hyn,' ma fe'n symud ei fys y mymryn lleia i fyny, 'enw'r darn yma yw'r *amygdala*. Yr *amygdala* yw'r rhan o'r ymennydd sy'n gyfrifol am reoli emosiwn ac ymddygiad. Os yw'r tiwmor yn tyfu ac yn pwyso ar yr *amygdala* yna mae'n bosib y bydd ymddygiad y claf yn newid. Ymysg pethau eraill, mae'n bosib y bydd yn dechrau ymddwyn yn eithafol, neu'n ei chael hi'n anodd i feddwl yn rhesymol. Dwi'n amau taw dyna pam wnaeth Mr Bould stopio'r driniaeth, ac mae'n anodd rhesymu â rhywun sy'n methu bod yn rhesymol.'

'Beth o'dd pwrpas anfon apwyntiad ato, 'te, os o'dd Cynan Bould 'di penderfynu stopio'r driniaeth?' gofynnaf. Ma Arjun Bhatt yn codi ei ysgwyddau.

'Fe drefnais i apwyntiad yn y gobaith y byddai modd ei berswadio i ailystyried.'

Dwi'n rhoi'r gore i sgrifennu ac yn edrych ar yr arbenigwr.

'Yn eich barn chi, Mr Bhatt, fyddai'r tiwmor 'ma'n gallu effeithio ar feddwl rhywun? Fydde fe'n gallu newid person sy fel arfer yn rhesymol a chall yn rhywun fyddai'n ystyried lladd, er enghraifft?'

Ma Arjun Bhatt yn eistedd 'nôl yn ei gadair.

'Mae pob achos yn wahanol,' ateba ar ôl ystyried am dipyn. 'Ond mae pethau tebyg wedi digwydd o'r blaen.'

Dwi'n aros yn y swyddfa gyfyng am sbel, yn mynd trwy atgofion yr arbenigwr o'i sgyrsiau â Cynan Bould, yn ceisio rhoi mwy o gig ar esgyrn y claf peryglus, ond cyn hir ma'r arbenigwr yn edrych ar ei wats.

'Mae'n ddrwg gen i, Ditectif Mathews, ond mae gen i...' ma fe'n ymddiheuro.

'Dim o gwbwl, Mr Bhatt, chi 'di bod yn help mawr iawn. Fe wna i gysylltu os o's unrhyw beth pellach.'

Wrth godi i adael dwi'n pwyntio at y cardiau diolch.

'Rhaid ei fod e'n deimlad da ca'l eich atgoffa am y rhai naethoch chi eu helpu gwella,' meddaf. Ma'r arbenigwr yn gwenu'n drist.

'Fel arfer, teuluoedd y rhai wnaeth ddim gwella sy'n anfon cardiau,' ateba.

Gan fethu meddwl am unrhyw beth i'w ddweud i hynny, ysgydwaf ei law unwaith eto ac agor y drws i'r cyntedd. Yn aros yn amyneddgar mae merch ifanc tua deg oed, ei llaw eiddil yn llaw ei mam. Ma'r ferch yn gwenu arna i'n wan. Fi'n teimlo fel crio.

Ma gwên y ferch, a'r cardiau diolch truenus, ar fy meddwl wrth i fi gerdded 'nôl i'r car. Sylwaf fod tocyn dirwy ar y ffenest flaen.

Sdim ots.

Cynan

Mae'r cur yn fy mhen yn gwneud i mi deimlo fel sgrechian. Ond os wna i sgrechian fydd e'n waeth fyth. Mae'r boen reit tu ôl i fy llygaid. Mae'r boen yn fy llygaid. Fy llygaid yw'r boen. Dwi'n estyn am y tabledi, y rhai cryf. Does dim llawer ar ôl nawr. Rhaid i fi fod yn ofalus â nhw.

Ar ôl llyncu tabled dwi'n agor y drws ac yn camu allan i gael ychydig o awyr iach. Mae cath mewn coler las yn eistedd ar y gwair ac yn edrych arna i, a dwi'n mynd ar fy nghwrcwd ac yn estyn fy llaw i'w denu'n agosach.

Pam nad ydyn nhw wedi ffeindio Beryl eto? Pam nad ydyn nhw'n chwilio amdani?

Dwi'n mwytho'r gath, ac mae honno'n dechrau canu grwndi.

Wna i aros tan fory a wedyn fydd rhaid rhoi help llaw iddyn nhw.

Mae'r gath yn mentro'n agosach, yn rhwbio ei chorff yn erbyn fy nghoes.

Dwi'n gafael yn ei choler, ac yn teimlo yn fy mhoced am y gyllell.

Taliesin

Dwi'n rhoi'r ffôn 'nôl yn ei grud, yn cau'r adroddiad ar y ddesg ac yn ei osod lawr ar y pentwr 'Dim Eto'. Dyna'r pentwr achosion lle gafodd neb eu cosbi, rhai sy'n ymwneud â phlant mewn rhyw ffordd, ond yr ydym ni wedi llwyddo i gysylltu â'r rheini a enwir yn yr adroddiad a sicrhau eu bod yn fyw ac yn iach. Rhein yw'r rhai sydd heb gael eu hel gan Cynan Bould. Dim Eto.

Mae yna dri pentwr arall o adroddiadau ar y llawr. Pentwr 'Amherthnasol' – dyma'r adroddiadau sydd ddim yn ffitio'r paramedrau. Mae yna bentwr 'Rhy Hwyr', sef yr achosion lle mae'r bobol berthnasol eisoes wedi marw o henaint, salwch, mewn damwain, neu eu bod nhw yn y carchar. Ac mae yna bentwr 'Falle', yr adroddiadau sy'n ffitio ond nad ydyn ni wedi llwyddo i gael gafael ar y bobol berthnasol. Mi allai unrhyw un ohonyn nhw fod yn gorwedd yn gelain yn rhywle, ac mae'r pentwr yn tyfu o hyd. Wrth i mi barhau i edrych mae Pete Greening yn gollwng adroddiad arall yno, wrth i Emlyn Marshall ychwanegu un i'r pentwr 'Dim Eto'.

Dwi'n estyn am y nesaf, ac ar yr un pryd mae Mathews yn cerdded i mewn i'r swyddfa a draw at ei ddesg, gan gamu'n ofalus o gwmpas y pentyrrau ar lawr.

'Ers pryd ti'n ôl?' gofynna, gan daflu ei chot dros gefn y gadair ac eistedd i lawr. 'O'n i'n meddwl fyddet ti gyda'r gwasanaethe cymdeithasol o hyd.'

''Nes i ffonio i adael iddyn nhw wybod 'mod i ar y ffordd,' atebaf, 'ond roedd bron pawb oedd arfer gweithio gyda Cynan Bould allan ar ymweliadau, o'n nhw mewn ac allan drwy'r dydd. Yn hytrach na siwrne wast ges i restr o enwau a rhifau symudol, a siarad gyda nhw ar y ffôn.'

'A, reit. Unrhyw beth diddorol?'

'Wel, roedd Cynan Bould yn weithiwr cymdeithasol ers bron i ddeng mlynedd ar hugain. Tua chwe mis yn ôl fe ddechreuodd e gymryd mwy a mwy o amser ffwrdd o'r gwaith ac yna'n sydyn un diwrnod, tua tri mis yn ôl, fe ymddiswyddodd e'n ddirybudd a heb unrhyw esboniad. Does neb wedi ei weld ers hynny.'

'Ma fe 'di bod mas o waith ers tri mis? O ble ma fe'n ca'l arian sgwn i?'

Codaf fy ysgwyddau.

'Dim teulu, ac wedi gweithio am ddeg mlynedd ar hugain – mae'n rhesymol i feddwl bod ganddo fe rywfaint o arian wrth gefn. Oedd y gyfriflen banc yn ei dŷ yn dangos bod ganddo fe fil a hanner o leia.'

'Ie, sbo. Wnest ti ofyn sut berson o'dd e? Cyn hyn i gyd, fi'n meddwl?' gofynna Mathews.

Wel, wrth gwrs 'nny.

'Do, siarades i gyda sawl cyd-weithiwr. Roedd pob un yn disgrifio Cynan Bould fel boi cyfeillgar, eitha tawel –'

'Pawb yn rhy boleit i weud "boring"?' mae Mathews yn torri ar fy nhraws.

'Mwy neu lai. Neb i weld yn arbennig o agos ato fe, a neb yn gwybod llawer am ei fywyd tu allan i'r gwaith. Fel ddwedes i, sengl, dim plant. Roedd un neu ddau yn meddwl ei fod e'n byw gyda'i fam tan iddi farw o strôc rhyw bum mlynedd 'nôl. Roedd e'n weithiwr trylwyr iawn, yn aml yn mynd â'i waith adre gyda fe, ac yn gweithio penwythnose... sy'n gwneud i rywun feddwl sut mae person fel'na'n newid cymaint mewn cyfnod mor fyr.'

'Ma 'da fi syniad – ond caria 'mlân,' meddai Mathews.

'Wnes i ofyn a oedd e wedi dangos unrhyw ddiddordeb arbennig yn achos y Stirlings, neu unrhyw achos arall dros y blynyddoedd, ond doedd neb yn cofio achosion penodol, nac unrhyw fath o achosion oedd wedi dal sylw Cynan Bould. Fe fyddai e'n ei chael hi'n anodd i ddelio â'r rhai lle doedd yr euog ddim yn cael eu cosbi, ond roedd pawb yn teimlo'r un peth. Dim byd i'w wneud ond gwthio'r achos naill ochr a symud 'mlaen i'r nesa, medden nhw. Rhan o'r swydd.'

Mae Mathews yn chwilota am rywbeth ar waelod ei bag, yna'n rhoi ei llaw yn ei phoced ac estyn ei ffôn symudol. Mae'n edrych ar y sgrin cyn ei roi ar ei desg, a phwyntio at y pentyrrau o adroddiadau ar lawr.

'Unrhyw beth perthnasol eto?' gofynna'n obeithiol.

'Gormod,' atebaf, ac mae hithau'n ochneidio.

'Wel, ges i sgwrs ddiddorol gyda Mr Bhatt yn yr ysbyty,' mae Mathews yn mynd 'mlaen. Mae'n crynhoi ei chyfarfod gyda'r arbenigwr, ac wedi iddi orffen dwi'n ystyried y wybodaeth yn dawel. Mae Mathews yn cnoi ei gwefus eto.

'Mae hynna'n gwneud synnwyr,' meddaf yn y diwedd. 'Dyn sydd heb ryw lawer yn ei fywyd, yn delio ag annhegwch ac achosion o gam-drin bob dydd. Yna mae tiwmor yn ei ymennydd yn ei newid, yn gwneud iddo sylweddoli bod dim llawer o amser ar ôl, yn gwyrdroi ei ffordd o feddwl yn sylweddol, yn amharu ar ei allu i resymu ac i reoli ei hun. Ac yna...' Dwi'n clapio fy nwylo. Mae Emlyn yn neidio ar y ddesg gyferbyn, yna'n gwgu arna i. Mae Mathews yn edrych fel petai'n ceisio peidio gwenu.

'Odi, mae'n neud sens,' mae'n ateb. 'Y cwestiwn yw, sut ddiawl y'n ni'n mynd i'w ddal e?'

Ar hyn o bryd, does gen i ddim ateb i hynny.

Siwan

Gan adael i Taliesin a'r ddau arall gario 'mlân i weithio trwy'r adroddiadau dwi'n mynd ati i drio creu llun cliriach o fywyd Cynan Bould. Ond, ar ôl dwy awr o ffonio, chwilio a darllen dogfennau, dwi fawr callach.

Fe gyrhaeddodd yr adroddiadau llawn gan dîm fforensig Jimi George ac o swyddfa Jon Patmore, y patholegydd, a'r ddau'n cadarnhau'r hyn o'n ni'n ei amau'n barod ac yn cynnig dim byd newydd. Gan gofio bod y cofnod oedd yn gysylltiedig â'r olion bysedd yn ymwneud â dinistrio eiddo fel rhan o brotest Cymdeithas yr Iaith, ffoniais i'r brif swyddfa yn Aberystwyth i ofyn os oedd 'da nhw unrhyw wybodaeth ychwanegol i'w chynnig. Ar ôl sgwrs anodd gyda dyn arbennig o bigog fe ddaeth yn glir bod Cynan Bould, er yn aelod ffyddlon o'r Gymdeithas ers blynyddoedd, ddim yn un gweithredol iawn. Yn ei farn e roedd yn eitha annhebygol ei fod yn gyfrifol am unrhyw ddinistr eiddo a ddigwyddodd yn y brotest yna bymtheg mlynedd yn ôl.

Heb lawer o obaith dwi'n mynd ati i chwilio'r cyfryngau cymdeithasol am bresenoldeb Cynan Bould, ond does dim i awgrymu ei fod e erioed 'di cofrestru heb sôn am gyfrannu.

Ag ochenaid sy'n troi'n rheg, codaf fy nghwpan coffi a'i wagio. Ma Pete Greening 'di diflannu – o'n i'n meddwl ei fod e wedi mynd mas i bwffio ar ei sigarét drydanol yn y maes parcio, ond ddaeth e ddim 'nôl y tro 'ma, felly ma'n rhaid ei fod e wedi mynd adre. Dwi'n edrych ar fy oriawr – *shit*, o'n i 'di bwriadu gadael hanner awr 'nôl.

'Taliesin,' galwaf, wrth sefyll yn frysiog a gwisgo fy nghot. Ma fe'n dal i fod yn chwilio trwy'r pentwr. 'Unrhyw beth?' Ma fe'n troi ata i a galla i weld o'r pellter yma hyd yn oed bod ei lygaid yn goch ac yn boenus.

'Dim eto,' ma fe'n ateb. Ma tôn ei lais yn awgrymu ei fod am gario 'mlân drwy'r nos os oes angen.

'OK – wel, shgwl, paid gweithio lot hirach. Fydd hyn i gyd yma yn y bore – well i ni neud rhwbeth am dy theori di am y lleidr sy'n gweithio ar y trenau fory. Fydd eisie meddwl ffres ar gyfer hynna.' Ond ma fe wedi troi at yr adroddiadau cyn i fi orffen.

Ma fy ffôn i'n gwneud sŵn – neges destun wrth Iolo. '*Ti ar y ffordd? Alli di nôl llaeth a reis?*' Dwi'n teipio 'OK' yn frysiog, a'n ychwanegu Emoji cusan. Yna dwi'n meddwl am y ffrae bore 'ma, a'n dileu'r Emoji cyn anfon y neges.

Taliesin

Beth ddiawl?

Dwi'n dihuno'n sydyn ac yn edrych o 'nghwmpas. Rhaid mod i wedi syrthio i gysgu ar y soffa bron yn syth ar ôl cyrraedd adre, yn fy nillad a'r golau ymlaen. Ond mae yna rywbeth yn wahanol. Mae'n cymryd eiliad neu ddwy i mi sylweddoli – dwi'n teimlo'n iawn. Dim pen tost. Dim ceg sych. Dim stumog yn troi. Mae'r gwydr gwin cyntaf ar y bwrdd wrth fy ymyl, ac mae bron yn llawn. Chefais i ddim cyfle i'w yfed cyn syrthio i gysgu.

Mae'r ffôn symudol yn canu eto – dyna wnaeth fy nihuno. Dwi'n ei godi ac yn craffu ar y sgrin, fy llygaid yn llawn cwsg o hyd. Rhif ffôn yr orsaf. Mae hi ychydig wedi pedwar y bore.

'MacLeavy,' atebaf yn gryg.

'Syr – mae'n ddrwg 'da fi ffonio. Ni 'di cael galwad ffôn.' Mae'n dawel am dipyn bach. 'Helô?'

'Ie, dwi yma. Pa alwad? Gan bwy?'

'Dyn, ges i ddim enw. Sori, syr. Wnes i nodi ei neges i gyd. "Neges i Ditectif MacLeavy. Fydd e'n gwybod pwy sydd yma. Siomedig 'mod i angen dy helpu di, ond does dim amser i aros. Ro'n i'n meddwl y byddet ti'n well na fe. Beryl Hopkyn ddaeth cyn Robert a Maria Stirling. Beryl Hopkyn. Mae'n disgwyl amdanat ti." Roedd e'n swnio o ddifri, syr, dwi'n gwybod eich bod chi'n ymchwilio i achos Mr a Mrs Stirling, neu fyddwn i ddim wedi eich poeni chi. Ydy'r neges yn golygu unrhyw beth i chi?'

Beryl Hopkyn. Hopkyn. Mae'r enw'n canu un gloch fechan, dawel o ddyfnderoedd y pentyrrau papur.

'Helô?' daw'r llais dros y ffôn eto.

'Ie, dwi yma,' dwi'n cyfarth. 'Darllena'r neges yna eto.' Estynnaf y beiro a'r pad papur o'r bwrdd ac ysgrifennu'r neges air am air. 'Dyna ei union eiriau? Ti'n siŵr?' Wedi cael cadarnhad, dwi'n rhwygo'r papur o'r pad a'i roi yn fy mhoced. 'Fydda i yna cyn gynted â phosib,' meddaf. 'Ffonia Ditectif Siwan Mathews a dweda wrthi am ddod mewn yn syth.'

'Iawn, fe wna i…' mae'r llais yn ateb, cyn i mi dorri ar ei draws.

'A wedyn, ffeindia allan o le roedd e'n ffonio.' Gyda hynny, gorffennaf yr alwad a neidio ar fy nhraed. Am eiliad fach dwi'n ymhyfrydu yn y ffaith bod yr ystafell ddim yn nofio o 'nghwmpas fel y bydd fel arfer yn y bore. Dwi'n dal i wisgo fy esgidiau gwaith. Codaf fy nghot o gefn y soffa a brysio allan drwy'r drws.

Mae'r strydoedd yn dawel amser yma a llwyddaf i gyrraedd yr orsaf o fewn pum munud. Wrth frysio drwy'r brif fynedfa mae llais yn galw arna i o'r ddesg flaen – yr un llais oedd ar ben y ffôn gynne.

'Ditectif MacLeavy – mae'n ddrwg gen i eto am eich ffonio chi. Ond fe ofynnoch chi o le ddaeth yr alwad…?'

'Do – a?' atebaf yn fyrbwyll.

'Bocs ffôn yn Llanilar,' meddai'n frysiog.

'OK – anfona criw fforensig draw yna,' meddaf, gan gerdded i ffwrdd. Yna, dwi'n oedi am eiliad. Fe ddylwn i ddweud rhywbeth cadarnhaol. 'A… diolch, job da.'

Mae'r plismon ifanc yn gwenu'n falch a dwi'n brysio i'r brif swyddfa.

Mae Mathews yn cyrraedd rhyw ddeg munud yn hwyrach, ei gwallt wedi'i glymu mewn *ponytail* tyn.

'Beth ddiawl, Taliesin?' mae'n gofyn yn syth.

'Edrych trwy'r rhein… Beryl Hopkyn,' atebaf, gan bwyntio at yr adroddiadau. 'Hi yw'r corff cynta.'

Siwan

Ma'n cymryd ugain munud i ni ddod o hyd i'r adroddiad ar achos Beryl Hopkyn – neu, i fod yn gywir, achos Emyr Hopkyn. Ma fe yn y pentwr 'Amherthnasol' – Taliesin wedi ei roi yna am fod Emyr Hopkyn eisoes wedi cael ei gosbi – 'di cael pymtheg mlynedd am gam-drin ei blant. Ma nodyn yn y ffeil yn dweud iddo gael trawiad angheuol ar ôl pedair blynedd o garchar.

'Ti'n siŵr mai 'na beth o'dd y neges yn weud? Beryl Hopkyn?' gofynnaf.

'Odw, yn siŵr,' ateba Taliesin. 'Hon yw hi.'

'Ond... pam? Ei gŵr hi o'dd yn gyfrifol, a ma fe wedi ca'l ei gosbi'n barod. Dyw hyn ddim yn ffito.'

'Do, mi gafodd e ei gosbi. Ond darllena hwn,' meddai gan estyn yr adroddiad i fi. 'Mae'n awgrymu'n gryf bod Beryl Hopkyn wedi hwyluso'r cam-drin, ei bod hi'n gwylio'i gŵr wrth iddo weithredu hyd yn oed.'

Darllenaf yr adroddiad yn gyflym, yn canolbwyntio ar dystiolaeth druenus y plant wrth iddyn nhw ddisgrifio'r hyn fyddai eu tad yn ei wneud tra bod eu mam yn eistedd ar y staer yn gwylio.

'Fe gafodd Emyr Hopkyn ei gosbi, ond mae Cynan yn teimlo bod Beryl yn gyfrifol hefyd,' meddai Taliesin gan godi ar ei draed. 'Beth yw'r cyfeiriad yn y ffeil?'

'Fferm Bwlchgafr – ochre Tregaron. Ti wir yn meddwl taw hon yw'r un ma fe wedi ei dewis?'

Ma fe'n edrych arna i'n ddifrifol.

'Mae'n ffitio.'

Dwi'n sgrifennu'r cyfeiriad yn frysiog yn fy llyfr.

'OK – hanner awr, deugain munud i Dregaron?' gofynnaf, gyda'r cynnig i yrru ar fy ngwefusau'n barod.

'Ga i ddreifio?' gofynna. Ma fe'n syllu ar yr adroddiad yn gyhuddgar, fel petai'n methu credu'r peth. Dwi'n sylweddoli ei fod e'n beio'i hun am roi'r adroddiad yn y pentwr 'Amherthnasol'. Falle fyddai e'n beth da iddo allu canolbwyntio ei feddwl ar rywbeth yn ystod y siwrne. Gwell nag eistedd yna'n hel meddylie.

'Ie, wrth gwrs,' atebaf.

A beth bynnag, os yw Taliesin yn iawn, does dim brys gwyllt arnon ni.

Taliesin

Fydda i ddim fel arfer yn gwrando ar y radio yn y car, ond y tro yma dwi'n ei droi yn syth ar Radio 4. Dwi ddim am i Mathews ddechrau siarad, gan 'mod i'n gwybod beth fydd hi'n ei ddweud – taw nid fy mai i yw e, bod dim ffordd y gallwn i wybod taw achos Beryl Hopkyn oedd yr un oedden ni'n chwilio amdano. Mae hi'n gywir, wrth gwrs. Doedd hyn ddim fel chwilio am nodwydd mewn tas wair – roedd yn debycach i edrych am un nodwydd arbennig mewn tas o nodwyddau eraill.

Ond eto... hawdd iawn i Mathews ddweud hynny. Nid gyda hi mae Cynan yn siarad. Mae'r negeseuon wedi eu cyfeirio ata i, a fi yw'r un sy'n gorfod ceisio bod ar yr un donfedd ag e, i feddwl fel fe, i ni allu dyfalu beth fydd ei gam nesaf. Mae'n rhaid i mi fynd o dan ei groen, i mewn i'w ymennydd sâl, gweld y byd trwy ei lygaid. Pwy ydw i'n meddwl fydd yn haeddu marw nesaf?

'Beth yw ystyr yr enwe, ti'n meddwl?' torra llais Mathews ar y synfyfyrio. Dwi'n ceisio ei hanwybyddu hi. 'Taliesin? Gweud o'n i, beth yw ystyr yr enwe?'

'Pa enwau?' gofynnaf, yn cael fy nhynnu yn anfodlon i'r sgwrs.

'Yr enwe ma'n nhw'n darllen mas nawr – Dogger, Fastnet, Viking...'

Dwi ar goll yn gyfan gwbwl am dipyn, cyn sylweddoli bod y *Shipping Forecast* ar y radio yn rhannu rhagolygon y tywydd gyda morwyr. Fedra i ddim meddwl am ddim byd gwaeth na bod allan ar y môr mewn storm. Dwi'n cofio mynd ar y fferi i Iwerddon gyda Nhad a 'mrawd Gwion yn blentyn. Mynd i wylio Cymru'n chwarae rygbi, dwi'n meddwl, a Mam wedi aros adre. Fyddai'n well gen i fod wedi aros adre hefyd ond chefais i ddim dewis. Mi fues i'n sâl yr holl ffordd ar y fferi, fy nhad yn chwerthin a fy ngalw i'n fabi mawr, a finnau'n gorfod newid ar ôl cyrraedd pen draw, gan fod y crys ro'n i'n ei wisgo yn chwd drosto fe i gyd. Mae cofio'r arogl yna'n codi cyfog arna i nawr.

'Enwau rhannau gwahanol o'r môr o gwmpas Prydain,' atebaf gwestiwn Mathews.

'Ie, ie, wy'n deall 'nny – ond pam yr enwe yna? Pam galw darn o'r môr yn Fastnet?' mae'r holi'n parhau.

'Dim syniad.'

Mae Mathews yn estyn ei ffôn o'i bag wrth i'r Shipping Forecast orffen ac i'r newyddion ddechrau. O gornel fy llygad gwelaf hi'n teipio ac yn craffu ar y sgrin.

'Hmm,' meddai ar ôl tipyn. 'Ynys fach yw Fastnet, a bancie tywod yw Dogger a Viking.' Mae'n swnio'n siomedig. 'Ti'n teimlo ambell waith fod yr atebion i gwestiynau yn fwy diflas nag o't ti'n ddisgwyl? Falle'i fod e'n well cynnal y dirgelwch.' Mae'n dawel eto. 'Ond os nag wyt ti'n gwrando ar hwn, gâi ei newid e i rwbeth arall?' Heb aros am ateb mae'n chwarae â'r radio ac yn llwyddo i ddod o hyd i signal cryf. Mae'r car yn llenwi â jingl Radio Cymru.

Gas gen i Radio Cymru.

Siwan

Ma'r siwrne'n pasio'n araf bach, a dwi'n teimlo'n rhwystredig ond yn rhyfedd o ddiolchgar ar yr un pryd. Ar un llaw fi eisie cyrraedd, i ni gael bwrw 'mlân – casglu tystiolaeth, hel atebion ac agosáu at gael ein dwylo ar Cynan Bould. Ond ar y llaw arall, ma'r olygfa waedlyd yn stafell fyta'r Stirlings yn fyw yn fy meddwl i o hyd, a dwi ddim yn gwbod os ydw i'n barod am erchyll+ra tebyg i hynna eto.

O'r diwedd ma llais y Sat Nav yn ein gorchymyn yn gwrtais i droi oddi ar y brif ffordd ac i ddechre dilyn yr hen drac ffarm. Gwelaf arwydd am Fferm Bwlchgafr yn pwyso yn erbyn postyn. Yn wreiddiol ma'n siŵr fod yr arwydd 'di'i hoelio i'r postyn, ond ar ryw bryd fe wnaeth e ddisgyn a does neb 'di trafferthu i'w ail-osod. Yr eiliad honno ma diferion bach o law yn dechre disgyn ar ffenest flaen y car, ac ma Taliesin yn troi'r weipyrs 'mlân.

O fewn dau gan llath ma'r trac yn lledaenu yn fuarth gyda hen ysgubor ar un ochr a ffermdy truenus yr olwg ar y llall. Yn y golau llwm gwelaf y paent gwyrdd tywyll yn plicio o'r drws a fframiau'r ffenestri, y pren gwlyb wedi dechre pydru. Ma nets wedi llwydo ar y ffenestri lawr staer. Does dim byd yn symud. Edrychaf o 'nghwmpas. Ma drysau'r sgubor ar agor ac fe alla i weld hen dractor yn rhydu yn y cysgodion. Tu hwnt i'r buarth ma tir y ffarm yn agor mas, yn wag ac yn llonydd. Ma cymyle llwyd y bore yn drwm dros y tir.

'O's unrhyw un yn byw 'ma, ti'n meddwl?' gofynnaf wrth

ddringo o'r car, i dorri'r tawelwch yn fwy na dim. Dyw Taliesin ddim yn ateb, dim ond yn codi ei goler yn erbyn y glaw sy'n disgyn yn drymach bob munud ac yn pwyntio ei fys tuag at hen Land Rover sy 'di'i barcio tu draw i'r tŷ, fel petai hynny'n profi bod rhywun yn byw yma.

Ma fe'n croesi'r buarth ac yn oedi wrth y ffermdy, cyn rhoi cnoc galed i'r drws a galw enw Beryl Hopkyn. Ma fe'n aros, yn gwrando'n astud. Ar ôl cnocio a galw eto, ac aros am ateb sy ddim yn dod, ma Taliesin yn troi dolen y drws a'i agor. Dwi'n sylwi ei fod yn dal macyn dros ei geg wrth iddo gamu dros y trothwy. Syniad da – dwi'n chwilio yn fy mag ac yn tynnu sgarff denau mas – anrheg pen-blwydd gan Iolo cwpwl o flynyddoedd 'nôl. Wrth edrych lan eto dwi'n gweld bod Taliesin yn sefyll yn yr un man, ar y trothwy.

'Unrhyw beth?' gofynnaf, fy llais ychydig yn aneglur drwy'r sgarff. Dwi'n awyddus i fynd mewn i'r tŷ a mas o'r glaw. Dyw Taliesin ddim yn ateb, ond dwi'n ei weld e'n estyn llaw grynedig ac yn dal ffrâm y drws. Ma drws yr hen adeilad yn fach, ac er bo Taliesin ddim yn foi mawr, ma fe'n llanw digon o'r gofod i'w gwneud hi'n anodd i weld heibio iddo. Dwi'n agosáu ac yn edrych dros ei ysgwydd i'r cyntedd llwm.

Ar y dechre dyw'r hyn dwi'n ei weld ddim yn gwneud llawer o sens. Y ddwy goes ar y llawr wrth ochr y staer, un wedi plygu dros y llall yn anniben, fel petaen nhw 'di cael eu taflu yno. Y corff – corff menyw yn ei phum degau yn crogi o'r nenfwd gyda rhaff am ei gwddf. Dau gorff felly – Beryl Hopkyn a phwy arall?

Ond yna, ma'n llygaid i'n dod i arfer â'r golau gwan sy'n treiddio i'r cyntedd. Dim dau gorff, ond un.

Dim wedi'u taflu ar y llawr ma'r coesau, ond wedi disgyn yno. Ma'r corff wedi bod yn hongian ac yn pydru cyhyd nes iddo fe wahanu'n ddwy ran – yr hanner top yn dal i grogi a'r coesau 'di cwympo i'r llawr.

Dwi'n troi bant oddi wrth yr olygfa, gan rwygo'r sgarff o 'ngwyneb, ac yn llyncu awyr oer. Ar ôl eiliad neu ddwy dwi'n sylweddoli bod Taliesin yn y drws o hyd a dwi'n amau bod ei goesau fe'n dechre gwegian. Rhoddaf fy llaw yn ofalus ar ei ysgwydd a'i droi i wynebu'r buarth.

Taliesin

Y peth cyntaf sy'n mynd trwy fy meddwl wrth edrych ar yr olygfa yng nghyntedd fferm Bwlchgafr yw 'mod i ddim yn teimlo'n sâl. Rhyfedd a dweud y gwir – dwi erioed wedi bod yn un da yn delio â chyrff a gwaed. Dwi'n teimlo'n sâl yn hawdd.

Ond dydy hyn ddim fel y gweddill. Hanner corff yn crogi o'r nenfwd a'r hanner arall yn gorwedd ar y llawr. Mae mor swreal, bron yn ddoniol. Yn sydyn mae arna i awydd chwerthin.

Mae llaw Mathews ar fy ysgwydd, a dwi'n troi i wynebu'r ffordd arall, fy nghefn at yr olygfa yn y cyntedd. Mae'r glaw ar fy ngwyneb yn fy sobri, a theimlaf yn oer yn sydyn, yn uffernol o oer wrth i'r sioc olchi drosta i mewn tonnau. Fydden i'n gwneud unrhyw beth am rym mawr y funud yma.

Gan anadlu'n ddwfn, dwi'n troi unwaith eto ac yn camu dros y trothwy.

'Taliesin!' mae Mathews yn galw tu ôl i mi. 'Dere o'na – sdim byd alli di neud iddi, a ma'n well i ni gadw'r lle fel ma fe i'r criw fforensig.'

Dwi ddim yn ei hateb, na chwaith yn cerdded ymhellach i mewn i'r tŷ. Yn hytrach, dwi'n craffu ar yr hanner corff sy'n hongian o hyd, ac yna'n edrych o gwmpas y cyntedd yn nodi lleoliad y drysau sy'n arwain i'r ystafelloedd ar y llawr gwaelod.

'Yn ôl yr adroddiad,' meddaf, gan gymryd bod Mathews yn gwrando, 'roedd amheuaeth i Beryl Hopkyn fod yn hwyluso'r ffordd roedd ei gŵr yn cam-drin y plant.'

'O'dd,' meddai Mathews ar ôl eiliad o dawelwch. 'Ond, Taliesin…'

'A'i bod hi'n bosib iddi eistedd ar y grisiau yn eu gwylio nhw'n cael eu cam-drin,' torraf ar ei thraws. Mae'n ochneidio cyn ateb.

'Ie, dyna sy'n ca'l 'i weud fi'n meddwl.'

'Dwyt ti ddim yn gweld mewn i unrhyw un o'r ystafelloedd o waelod y grisiau, felly mae'n rhaid ei bod hi wedi eistedd yn uwch fyny. A petaet ti'n eistedd yn agos at dop y grisiau, fydde'r hyn fyddet ti'n ei weld yn yr ystafell yna…' cyfeiriaf at ddrws gyferbyn â'r grisiau, '…yn debyg iawn i'r hyn fyddet ti'n ei weld…'

'Petaet ti'n hongian o'r to gerfydd dy wddf,' mae Mathews yn gorffen. 'Iesu Grist. Defnyddio beth wnath hi yn ei herbyn hi. Yr un peth ag yn achos y Stirlings.'

'Ac os oedd unrhyw amheuaeth taw nid hunanladdiad oedd hyn,' ychwanegaf, 'edrych – mae Cynan wedi clymu ei dwylo hi.'

Mae Mathews yn pwyso heibio i mi, cyn ysgwyd ei phen ac ochneidio eto.

'Ma'n galed teimlo trueni drosti os oedd hi'n chware rhan yn y cam-drin, ond o's unrhyw un yn haeddu hyn?' Dwi ddim yn ateb, ac mae Mathews yn dawel am eiliad. 'Dere,' meddai o'r diwedd, 'der i ni fynd i ishte yn y car, sdim pwynt sefyll yn y gwlybaniaeth yn dal annwyd. Well i ni ga'l y patholegydd a'r criw fforensig draw cyn gynted gallan nhw.'

Caeaf ddrws y tŷ ac mae'r ddau ohonon ni'n cerdded ar hyd y buarth at y car, y pridd gwlyb dan draed yn brysur droi'n fwd.

Wedi dringo i'r car dwi'n cynnau'r injan gyda'r bwriad o droi'r gwresogydd 'mlaen. Mae'r radio yn dechrau chwarae ar ei ben ei hun – cân Gymraeg dwi erioed wedi ei chlywed o'r blaen. Mae Mathews yn diffodd y radio, ac yna'n tynnu ei ffôn o'i bag i alw Aberystwyth. Mae'n esbonio'r sefyllfa ac wrth iddi ddisgrifio beth sydd wedi digwydd i gorff Beryl Hopkyn clywaf lais Saunders yn rhegi'n uchel ben arall. Mae Mathews yn gadael iddi orffen, yna'n ateb gyda 'Ie, ma'am', cyn gofyn am y tîm fforensig a'r patholegydd. Mae ateb Saunders yn fyr iawn, ac yna mae'r alwad yn dod i ben.

'Fydda nhw 'ma mewn rhyw awr,' meddai.

Dwi ddim yn siŵr am faint rydyn ni'n eistedd mewn tawelwch. Deg munud o leiaf. Dwi'n cymryd bod yr un peth yn mynd trwy meddwl Mathews ag sy'n mynd trwy fy meddwl i – y ddelwedd o'r corff yn crogi o'r nenfwd a'r coesau'n gorwedd yn ddi-drefn ar y llawr oddi tano.

Siwan

'Taliesin,' meddaf, ar ôl i ni fod yn eistedd mewn tawelwch am bum munud. Dwi'n ofn gofyn y cwestiwn ac ma hynny i'w glywed yn fy llais. 'Taliesin, wyt ti… ti'n OK?'

Ma'i dalcen e'n crychu a dwi'n sylweddoli peth mor hurt oedd gofyn cwestiwn fel hwnna ar ôl yr hyn ry'n ni newydd ei weld.

'Yn gyffredinol,' ychwanegaf yn frysiog. 'Ti'n gwbod – dim jyst bore 'ma, ond gyda'r achos 'ma i gyd. Ma hyn yn stwff anodd uffernol, a ti 'di bod yn gweithio orie hir, a… wel… falle'i fod e'n dod 'nôl â rhyw atgofion o'r achos 'na gyda MJ?' Sylwaf fod ei ddwylo, sy eisoes yn dal yr olwyn, yn tynhau nes fod ei fysedd e'n troi'n wyn.

'Os ti ishe siarad ambytu fe,' meddaf, 'Neu ambytu unrhyw beth o gwbwl, fel beth ddigwyddodd 'da Kai Freeman, yna… ti'n gwbod… fi'n hapus i wrando.'

Ma Taliesin yn dawel, yn gafael yn y olwyn ac yn edrych yn syth o'i flaen. Dwi'n aros dwy funud iddo fe gael meddwl.

'Dwy neu dair blynedd cyn i fi adel i ga'l y merched,' dwi'n ailgychwyn, gan sylweddoli nad yw Taliesin yn mynd i siarad, ond yn gobeithio wneith e wrando yn lle hynna, 'o'dd damwain car, ar yr hewl 'na ar y ffordd i Gapel Bangor – yr heol syth, gyflym 'na, ti'n gwbod? Ma lot o ddamweine? Gŵr a gwraig a dau o blant, mewn Peugeot – o Abertawe, ar eu gwylie – a dyn ifanc mewn Corsa. Yffach o fes. Gafodd y fam a'r tad yn y Peugeot eu lladd yn syth, a roedd y plant – un yn dair a'r llall yn chwech mis – wedi eu hanafu'n ddrwg. Rywsut o'dd y dyn yn y Corsa prin 'di cael ei frifo. Sion Meical oedd ei enw – o'dd amheuaeth ei fod e ar gyffurie ar y pryd, a fi gafodd yr achos.' Alla i deimlo curiad fy nghalon i'n cyflymu wrth adrodd y stori a dwi'n anadlu'n ddwfn sawl gwaith wrth esgus chwilio am rywbeth yn fy mag cyn cario 'mlân.

'Fe es i i weld y plant yn yr ysbyty – y peth mwya trist weles ti erio'd, Taliesin. Arhoses i gyda nhw am sbel, jyst yn edrych arnyn nhw, cyn mynd i gyfweld y Sion Meical 'ma 'nôl yn yr orsaf. Cofio edrych arno fe, ochr arall y bwrdd. A ti'n gwbod beth? O'dd e'n poeni dim. Dim o gwbwl. Dim euogrwydd, dim gofyn am y plant na'u rhieni. Ar un adeg fe ddechreuodd e chwerthin ac o'n i bron â neidio dros y bwrdd a'i ladd e.' Alla i deimlo'r dagrau poeth yn bygwth llenwi fy llygaid i nawr. 'Ond da'th y profion 'nôl, a fe o'dd e off ei ben ar gocên a fe a'th e i'r jâl am amser hir. A fe o'n i yna, yn yr ysbyty, pan fuodd y plant farw – y ddau o fewn orie i'w gilydd. Sam a Jenny – dyna o'dd eu henwe nhw. O'n i'n ypsét, wrth gwrs 'mod i, ond o'n i'n meddwl y gallen i ddelio â'r peth – dyna ma plismyn yn neud, on'difc?

'Ond wedyn 'nes i ddechre ca'l trafferth cysgu a ddechreuc i yfed i anghofio amdanyn nhw. Yn y diwedd oedd raid i fi gymryd chwech wythnos bant o'r gwaith, a nath Saunders ffeindo rhywun i fi siarad â nhw – cwnselydd. Dyna pryd 'nes i ddechre sgrifennu storïe – o'dd y cwnselydd yn meddwl y bydde fe'n helpu. Doedd Iolo ddim ishe i fi ddod 'nôl ar ôl 'nny, ond o'dd raid i fi. O'n i ddim ishe i bobol fel Sion Meical ennill, ac o'n i eisie helpu pobol fel Sam a Jenny. Rhyngto ti a fi, dwi'm meddwl bo Iolo'n gobeithio fydden i ddim yn dod 'nôl i'r gwaith mor gloi ar ôl ca'l y plant, er 'i fod e heb weud hynna ond… wel, co fi.'

Sychaf y dagrau o'm llygaid a chwythu 'nhrwyn mewn tusw. 'Falle bo ti ddim yn meddwl bo ti'n stryglo, Taliesin – do'n i ddim chwaith. Ond ma'n rhaid i ti fod yn ofalus. Ti 'di bod trwy lot ac, o beth wela i, ti 'di cadw'r cwbwl i dy hunan. A nawr yr achos 'ma – ma'n bwysig bo ti'n cadw fe hyd braich. Dim jyst achos beth sy wedi digwydd i ti o'r bla'n, ond hefyd achos bod Cynan Bould yn siarad gyda ti'n uniongyrchol. Ma fe'n ddyn sâl, ac yn ddyn peryglus. Paid â gadel iddo fe dy dynnu di mewn i'w fyd e. A chofia – alli di siarad 'da fi unrhyw bryd.'

Do'n i ddim 'di bwriadu rhannu'r hanes yna gyda Taliesin, ond nawr 'mod i wedi gwneud, ma fe'n teimlo fel y peth iawn – dwi ddim yn disgwyl unrhyw ymateb, ond cyhyd â'i fod e'n gwbod 'mod i yma i wrando os – neu pan – fydd e'n dewis siarad, ma hynna'n ddigon. Ma hi'n dawel yn y car am amser hir.

'Ble mae e nawr, tybed?' Ma cwestiwn Taliesin yn un annisgwyl.

'Pwy?' atebaf. Ma fe'n troi i edrych arna i.

'Cynan. Beth mae e'n wneud y funud hon?'

Ma'r arfer yma o alw *psycho* wrth ei enw cynta yn fy mhoeni i. Ma fe fel petai Taliesin yn siarad am ffrind, yn lle rhywun ry'n ni'n trio ei roi yn y carchar.

'Duw a ŵyr. Ma'r boi off ei ben, alle fe fod yn unman, yn neud unrhyw beth,' meddaf, gan geisio swnio fel petai hynna'n ddibwys.

'Dydy e ddim adre, ni'n gwybod hynny. Does ganddo fe ddim teulu, na ffrindiau agos hyd y gwyddon ni. Does bosib ei fod e'n aros mewn lle cyhoeddus, gwesty er enghraifft,' ma Taliesin yn cario 'mlân yn ddi-hid.

'Pam lai?' gofynnaf, gan ddeall nad ydy Taliesin am ollwng y syniad. 'Ma fe'n sâl, dyw e ddim yn ei iawn bwyll. A beth bynnag, dyw e ddim 'di neud lot o ymdrech i guddio pwy yw e hyd yn hyn.'

'Nagyw,' daw'r ateb yn syth, 'ond dydy hynny ddim yn bwysig iddo fe. Mae'n marw beth bynnag, does neb i'w gofio fe, does dim ots gyda fe os ydyn ni'n gwybod pwy yw e. Beth sy'n bwysig iddo fe yw ein bod ni ddim yn gwybod *lle* mae e. Mae'n cymryd risgs, ydy – ond dim gormod. Daeth yr alwad bore 'ma o focs ffôn yn Llanilar, gan adael digon o amser iddo ddianc cyn i ni gyrraedd. A roedd e'n gwybod bod ganddo fe ddigon o amser i adael y llythyr yna yn y tŷ cyn i ni ddod heibio. Na, y peth pwysica iddo fe ydy cadw'i draed yn rhydd yn ddigon hir iddo fe allu gorffen ei waith.'

'*Gwaith?*' Prin alla i siarad, dwi mor grac. 'Taliesin – llofrudd yw Cynan Bould. Ma fe 'di lladd menyw a hen gwpwl mewn ffyrdd erchyll, am ei fod e 'di penodi ei hun yn farnwr ac yn rheithgor. Dim gwaith yw hyn – llofruddiaethe y'n nhw. Ac os nag yw e ishe i ni'i ddal e, pam bo fe 'di cysylltu gyda ni?' Dwi'n ofalus i ddweud 'ni' yn hytrach na 'ti' – y peth diwetha dwi eisie yw i Taliesin feddwl bod hon yn frwydr ma'n rhaid iddo fe ei hymladd ar ei ben ei hun. 'Duw a ŵyr pa mor hir fydden ni 'di bod cyn dod o hyd i gorff Beryl Hopkyn tase fe heb ein harwain ni yn y cyfeiriad iawn.'

'Mmmm,' yw'r unig ateb dwi'n ei gael. 'Da fi deimlad bod Taliesin 'di hen roi'i gorau i wrando.

Taliesin

Pam fod Mathews yn meddwl bod Cynan wedi cysylltu gyda 'ni'? Fi mae e wedi ei ddewis. Fi yw'r un sydd wedi hoelio ei sylw.

Am eiliad, dwi'n gadael i fy hun feddwl amdano fel rhyw fath o *nemesis* – fy Moriarty personol i. Yr un fydda i'n ei hel o'r cysgodion, ei oresgyn a'i ddinistrio.

Ond dwi ddim mor ddwl â rhyw feddylu fel 'nny. Nid ffilm, na nofel dditectif wael yw hyn. Dydy Cynan ddim yn rhoi help llaw i ni, yn cysylltu ac yn ein harwain ni at y corff, oni bai bod rheswm dros wneud hynny. Mae e'n ein defnyddio ni – yn fy nefnyddio i yn benodol. Ond i beth?

Ym mhoced fy nghot mae dau ddarn o bapur – copi o'r llythyr y daethon ni o hyd iddo yn nhŷ Cynan, a'r darn papur gyda'r neges ffôn. Dwi wedi darllen y llythyr ganwaith ond dwi'n siŵr fod yna rywbeth, rhyw ddarn bach o wybodaeth, yn cuddio rhywle yn y geiriau yna.

Siwan

Dwi'n gwylio Taliesin yn tynnu'r llythyr o'i boced ac yn ei ddarllen, fel petai e'n darllen llythyr serch. Ma hyn 'di mynd yn rhy bell. Falle fod Taliesin yn dal i ddiodde sgil-effeithiau beth welodd e'n digwydd i MJ, neu falle fod yr yfed yn dechre mynd yn drech, ond ma fe fel petai e 'di cael ei hudo gan Cynan Bould.

Cyn gynted ag y cyrhaeddwn ni'n ôl i'r orsaf, dwi'n mynd i ofyn i Saunders dynnu Taliesin oddi ar yr achos 'ma.

Taliesin

Rhaid i mi fod yn canolbwyntio ar y llythyr a'r neges ffôn am oesoedd, ond mae'r syniad, y cysylltiad, yn dawnsio ychydig tu hwnt i gyrraedd fy meddwl. Un funud mae e yna, ond cyn i mi ymestyn allan i'w ddal mae e wedi diflannu.

'Siomedig 'mod i angen dy helpu di, ond does dim amser i aros. Ro'n i'n meddwl y byddet ti'n well na fe. Beryl Hopkyn ddaeth cyn Robert a Maria Stirling. Beryl Hopkyn. Mae'n disgwyl amdanat ti.'

Yr un frawddeg yna sy'n fy mhoeni... *'Ro'n i'n meddwl y byddet ti'n well na fe'*. Mae'n fy nghymharu i â rhywun penodol – rhywun mae'r ddau ohonon ni'n ei nabod, neu o leiaf dyna mae'n awgrymu. Ond pwy? Mathews fyddai'r person amlwg, fel y ditectif arall ar yr achos, ond nid 'fe' yw hi, a beth bynnag does dim cyfeiriad uniongyrchol ati yn y negeseuon, dim byd i awgrymu bod Cynan yn ymwybodol ohoni o gwbl. A dweud y gwir, ar wahân i Beryl Hopkyn a'r Stirlings, fi yw'r unig berson mae e'n cyfeirio ato'n benodol.

Caeaf fy llygaid am eiliad. Yn sydyn, mae yna gnoc ar y ffenest, sydd bron yn gwneud i mi neidio allan o 'nghroen.

Siwan

Dwi'n gwasgu'r botwm i agor ffenest y car.

'Ditectif Mathews?' Ma'r ddynes tu fas yn gwisgo mewn cot ddrud yr olwg, mwclis trwchus o dan ei choler. Ma'n nhw mas o le ar y buarth brwnt – y welintons mwdlyd ar ei thraed yw'r unig bethe sy'n ffito 'da'r lle 'ma. Ma'i gwefusau hi wedi'u pinsio'n dynn at ei gilydd – dwi ddim yn gwbod ai dyma siâp naturiol ei cheg neu ai drewdod y ffarm sy'n achosi hynny.

'Ie – pwy y'ch chi?' gofynnaf.

'Dr Menna Giles, patholegydd,' ateba heb edrych arna i. 'Yma i edrych ar y corff.'

'O – neis i gwrdd â chi,' meddaf. 'O'n i'n dishgwl Jon Patmore...'

'Mae Dr Patmore mewn cynhadledd yng Nghaergrawnt am dridiau.'

'O, braf iawn,' atebaf. O'r olwg ar wyneb Dr Giles dyw hi ddim yn cytuno.

'Cyfle i fwyta ac yfed gyda ffrindiau,' meddai'n ffroenuchel, 'yn hytrach nag unrhyw chwilfrydedd proffesiynol sydd wedi ei hudo e yno ddwedwn i, ond dyna fe.'

Dwi'n dechre cymryd yn erbyn Dr Menna Giles.

'Ie, mwy na thebyg,' meddai Taliesin, ei gyfraniad cynta ers hanner awr. Edrychaf arno fel y bydda i'n edrych ar y merched os y'n nhw'n chware lan pan y'n ni'n siopa bwyd yn Morrisons.

'Wel, wrth gwrs, ma'r elfen gymdeithasol yn rhan fawr o'r pethe yma,' atebaf y ddau yn amddiffynnol.

'Dwi'n siŵr fod Dr Patmore yn diodde o lot o bethau, ond dwi'n amau bod diffyg cyfle i gymdeithasu yn un ohonyn nhw,' meddai Dr Giles, ac wrth i fi droi i'w hwynebu dwi'n siŵr i fi glywed pwff o chwerthin o gyfeiriad Taliesin. 'Ond beth bynnag,' mae'n cario 'mlaen cyn i fi gael cyfle i feddwl am ateb, 'Nid dod yma i drafod bywyd cymdeithasol Dr Patmore wnes i. Oes corff i fi?'

Brathaf fy nhafod, cyn gwenu'n gwrtais ac agor drws y car. 'Dilynwch fi.'

Wedi croesi'r buarth mewn tawelwch llwyr, safaf wrth ddrws y tŷ a throi i wynebu'r patholegydd.

'Dyw hi ddim yn olygfa ddymunol,' rhybuddiaf, ond crechwenu ma'r patholegydd a thuchian yn ddiamynedd. Agoraf y drws.

Dwi ddim yn siŵr pa ymateb o'n i'n ei ddisgwyl gan Dr Giles. Ond yn bendant do'n i ddim yn disgwyl iddi ebychu, 'O, waw!' â'i llygaid yn gloywi yn ei phen.

'*Suspension-induced full torso separation*,' ma hi'n mwmian yn werthfawrogol, fel petai'n arlunydd yn gweld y 'Mona Lisa' am y tro cynta. 'Dwi wedi darllen amdano mewn llyfrau, ond erioed wedi ei weld. Mae'n beth prin iawn.'

'Diolch byth!' atebaf. Ma edrych ar y patholegydd yn llarpio'r olygfa â'i llygaid yn gwneud i fi deimlo'n sâl. 'Felly, chi'n meddwl bod y corff wedi... gwahanu... yn naturiol? Ni'n amau bod Mrs Hopkyn wedi ca'l ei llofruddio – o's unrhyw awgrym bod y person sy'n gyfrifol wedi... helpu'r broses o gwbwl?'

Ma'r patholegydd yn sugno awyr trwy'i dannedd ac yn craffu'n agosach cyn ateb.

'Na, wela i ddim byd i awgrymu hynny. Os edrychwch chi ar le mae'r croen wedi rhwygo fan hyn...'

'Na, ma'n... ma'n iawn,' torraf ar ei thraws, yn falch 'mod i heb gael cyfle i fwyta brecwast heddiw. 'Fi'n credu chi. Ond yw hi'n bosib i chi weud pa mor hir fydde'r corff 'di gorfod hongian i rwbeth fel hyn allu digwydd?'

Ma'r awyr yn cael ei sugno drwy'r dannedd am yn hirach y tro yma.

'Mae'n dibynnu ar yr amodau – mae'n teimlo fel petai'r gwres canolog ymlaen, yn eitha uchel, felly fe fyddai hynny wedi cyflymu pethau. Wythnosau yn hytrach na dyddiau, yn bendant. Ond fydden i ddim yn mynd llawer pellach na deufis. Deg wythnos ar y mwya.'

Deg wythnos. Deg wythnos yn crogi o'r nenfwd, yn hongian mor hir nes fod hyn yn digwydd i'ch corff. Deg wythnos a neb yn eich colli chi, neb yn galw a'r unig rai sy'n dod yn y diwedd yw'r heddlu, wedi eu hanfon gan y llofrudd oedd yn gyfrifol. Ma tristwch llethol yn yr erchylltra 'ma.

'Iawn. Wel. Wna'i adael chi i'ch gwaith, 'te,' meddaf ac ma'r patholegydd yn nodio'n ddiamynedd wrth ddal i syllu i'r cyntedd. 'Fydd y criw fforensig yma cyn hir.'

Dwi'n troi i adael, ond ma fflach o rwbeth gwyn, ar fwrdd bach ym mhen pella'r cyntedd yn dal fy llygad. Dwi'n craffu trwy'r golau gwan ac ma 'nghalon i'n suddo. Ma'n edrych fel amlen – yr un fath o amlen oedd yn aros amdanon ni ym Mhenrhyncoch. Gan anwybyddu Menna Giles, dwi'n troedio'n ofalus o gwmpas y corff – neu'r hanner corff – ac i ben pella'r cyntedd. Ma 'nghalon i'n cwympo wrth agosáu. Dwi'n gweld enw Taliesin yn glir ar yr amlen.

Cyn i fi afael ynddi clywaf sŵn injan tu fas, yn agosáu ac yna'n stopio. Gan wneud yn siŵr 'mod i'n osgoi edrych ar y patholegydd wrth ei gwaith, cerddaf 'nôl ar hyd y cyntedd a mas i'r buarth.

Ma Jimi George yn eistedd yn y sedd nesa i'r gyrrwr yn fan wen y tîm fforensig ac yn codi llaw arna i.

'*We meet again*, Ditectif Mathews,' meddai wrth neidio mas i'r buarth. Dwi'n sylweddoli bod y glaw 'di peidio.

'A dyw'r amgylchiade yma ddim gwell na'r tro diwetha yn anffodus,' atebaf.

'Menna Giles yw honna?' gofynna Jimi wrth edrych dros fy ysgwydd am y drws.

'Ie – ti'n nabod hi?'

'Ddim yn dda – wedi clywed ei bod hi'n gallu bod yn… bigog. Ond mae'n batholegydd arbennig o dda yn ôl y sôn. Iawn wel, 'te… well i ni ddechre arni.'

'Jimi,' gofynnaf. 'Ma 'na amlen ar y bwrdd yn y cyntedd – alli di ei phrosesu hi gynta? Wna'i aros nes bo ti 'di cwpla.'

'Dim problem,' ateba. 'Jyst gad i fi roi'n siwt 'mlân gynta.'

Gyda hynny ma fe'n cerdded i gefn y fan a dwi'n aros ar y buarth, yn ceisio anwybyddu'r poen oer yng ngwaelod fy stumog.

Taliesin

Dwi'n dal y darnau papur â llythyr a neges ffôn Cynan yn fy llaw o hyd, ond syllu'n syth trwyddyn nhw ydw i erbyn hyn.

Mae sŵn drws y car yn agor yn torri ar draws fy meddyliau, ac mae Mathews yn dringo i'r sedd nesaf.

'Criw fforensig yma,' meddai.

'Mmmm,' atebaf, fy sylw ar y papurau o 'mlaen.

'Taliesin – o'dd hwn yn y cyntedd. Un arall – i ti.'

Mae'n estyn yr amlen, a dwi'n syllu arni am dipyn, cyn ei chymryd yn fy mysedd crynedig a'i hagor yn ofalus. Neges fer yw hon:

Taliesin,
Dilyna lwybr Ifan.
Cynan

Siwan

Dwi'n craffu ar y neges.

'Ifan? Pwy ddiawl yw Ifan?' gofynnaf.

Taliesin

Dwi'n anwybyddu Mathews wrth iddi syllu ar y neges newydd, cyn troi'n ôl at y llythyr arall, yr un oedd ym Mhenrhyncoch. Ro'n i'n anghywir. Mae *yn* cyfeirio at un person arall.

Cofia fi at dy dad

Fy nhad i. Ifan MacLeavy.

Dwi'n syllu ar yr ôl-nodyn fel petawn i'n ei weld am y tro cyntaf. Rhaid fod y geiriau wedi colli pob ystyr, cymaint ydw i wedi eu clywed nhw dros y blynyddoedd. Roedd fy nhad yn blismon am dros bedwar deg o flynyddoedd, a sdim sbel fawr ers iddo ymddeol. Mae wedi cadw mewn cysylltiad â hanner yr orsaf yn Aberystwyth, fydd rhyw rai yn cofio ato fe sawl gwaith bob wythnos.

Ac, wrth gwrs, mewn tref gymharol fach fel Aberystwyth, mae'n siŵr y byddai fy nhad wedi cwrdd â'r mwyafrif o weithwyr cymdeithasol.

Oes cysylltiad? Neu ydw i'n ymbalfalu yn y tywyllwch, yn gafael ar y peth cyntaf sy'n dod i law? Ac os oes yna gysylltiad, beth mae'n ei olygu? *Dilyna lwybr Ifan* – fydd y person nesaf sy'n cael ei ladd yn rhan o ryw achos y buodd fy nhad ynghlwm ag e?

Clywaf Mathews yn siarad, yn galw fy enw, ond dwi'n ei hanwybyddu hi.

'Taliesin... Taliesin... blydi hel, drych, dere â rheina i fi!' Cyn i mi fedru ei stopio mae'n cipio'r darnau papur o'm dwylo. Dwi'n eu cipio nhw'n ôl, ond mae'n eu dal nhw allan o 'ngafael, a chyn i mi brotestio mae'n dweud, 'Taliesin – ma rhaid i ni siarad am hyn.'

Dydy hyn ddim yn swnio'n addawol.

'Shgwl,' mae'n ochneidio. ''Na'i fod yn blwmp ac yn blaen – sai'n meddwl y dylet ti weithio ar yr achos 'ma.'

'Beth? Wrth gwrs ddylen i –' dwi'n dechrau ateb.

'Na, Taliesin. Ma Cynan Bould yn meddwl bod 'da fe ryw fath o berthynas 'da ti, a falle bo ti ddim yn gweld, ond ti *wedi* colli dy berspectif, so ti'n cadw'r achos hyd braich. Drych fel wyt ti 'da'r llythyron 'ma – ti bron â bod ffaelu 'u rhoi nhw lawr. Ma'r boi ma 'di ca'l mewn i dy ben di, a ti ddim yn gallu gweld 'nny. Falle fod hyn i neud 'da beth ddigwyddodd i MJ, bo ti dal yn fregus ar ôl hynna – dwi ddim yn gwbod, achos yn amlwg dwyt ti ddim ishe siarad am y peth. Ond ma 'da fi gyfrifoldeb i ti, ac i'r achos yma, a dyna pam dwi wedi penderfynu 'mod i'n mynd i ofyn i Saunders dy symud di at achos arall. Sori, Taliesin.'

Edrychaf i lygaid Mathews, y darnau papur yn ei llaw, ac yn ôl eto. Fedra i weld ei bod hi o ddifri. Dwi'n gweld y cwbl yn llithro o 'ngafael i. Un cyfle sydd gen i i adfer y sefyllfa.

'Arhosa tan ddiwedd y dydd,' meddaf mewn llais bach. 'Jyst tan ddiwedd y dydd.'

'Taliesin…' mae'n dechrau ateb.

'Plis. Dwi'n meddwl falle fod yr ateb gen i. Rho heddiw i fi, a wedyn gwna beth bynnag ti eisie. Wna'i hyd yn oed gytuno i fynd i siarad â rhywun – cwnselydd, fel wnest ti.' Fedra i weld gronyn o ansicrwydd yn ei llygaid. 'Faint o ddrwg all un diwrnod arall wneud?'

Mae Mathews yn ochneidio.

'OK, Taliesin – gei di tan ddiwedd y dydd. Ond ma'n rhaid i ti fod yn agored 'da fi. Nawr, gweda wrtha i beth yw'r ateb 'ma sy 'da ti.'

Gan afael yn y cyfle fel dyn sy'n boddi yn estyn am fad achub, gofynnaf am y llythyron a'r copi o'r neges ffôn, ac mae Mathews yn eu pasio nhw draw. Anadlaf yn ddwfn a dechrau esbonio sut a pham dwi'n meddwl bod Cynan yn cyfeirio at fy nhad yn y negeseuon. Does dim trefn i'r rhesymeg yn fy mhen i hyd yn oed, a fedra i weld o'r olwg ar wyneb Mathews nag ydy hi'n meddwl llawer o'r syniad chwaith. Wedi i mi orffen mae'n syllu arna i mewn tawelwch.

'Dyna yw dy ateb di? Fod cysylltiad rhwng yr achosion hyn â dy dad?' mae'n gofyn yn anghrediniol. 'Ar sail y negeseuon 'ma, pan alle'r Ifan hyn fod yn unrhyw un? Dyna ti'n meddwl sy tu cefen i'r llofruddiaethe hyn, ers y dechre? Taliesin, sai'n gwbod beth...'

'Dim ers y dechre, na,' dwi'n torri ar ei thraws, gan geisio fy ngorau i wneud i'r syniad swnio'n fwy call, i Mathews ac i mi. 'Gwranda, ers pryd mae Beryl Hopkyn wedi marw – deufis?'

'Ie – deg wthnos ar y mwya wedodd honna mewn fyn'na,' meddai, gan wyro ei phen i gyfeiriad y tŷ fferm.

'Ie – wel doedd dim ffordd gyda'r llofrudd wybod 'mod i'n mynd i fod ynghlwm â'r achos pryd 'nny. Mae'n rhaid ei fod e wedi bod 'nôl yma dros y dyddiau diwetha i adael y neges yn y tŷ gyda chorff Beryl Hopkyn, cyn ein hanfon ni yma. Mae e wedi deall pwy ydw i yn ddiweddar ac wedi addasu ei gynllun achos 'nny.'

'Ond ar wahân i adael y negeseuon, ei addasu e shwt?' gofynna Mathews a'i llais yn codi ychydig, yn amlwg yn amheus. 'A'n fwy pwysig, pam?'

'Wel, o beth ry'n ni wedi ei weld hyd yn hyn mae'n edrych yn debyg bod y llofrudd yn talu'r pwyth yn ôl i bobol mae e'n teimlo sydd heb gael eu cosbi am yr hyn wnaethon nhw yn y gorffennol, ac mae'n eu dewis nhw o blith yr achosion weithiodd e arnyn nhw dros y blynyddoedd – wyt ti'n cytuno mor belled?'

Mae Mathews yn nodio ei phen yn araf.

'Ond,' dwi'n cario 'mlaen yn ofalus, 'nid Beryl Hopkyn wnaeth gam-drin y plant yn yr achos yma – ei gŵr hi wnaeth. Mae hynny'n dangos bod y llofrudd yma'n barod i fynd ar ôl unrhyw un mae'n teimlo sy'n gysylltiedig â'r achos sydd heb, yn ei dyb e, gael eu cosbi'n ddigonol. Nawr, gan fod Cynan Bould wedi penodi ei hun yn farnwr a rheithgor mae'n rhaid fod yna, yn llythrennol, gannoedd o achosion lle mae angen dial, yn ei feddwl e. Achosion lle mae'r bobol oedd â chyfrifoldeb i warchod ac i ofalu dros eraill wedi gwneud y gwrthwyneb a bod eu diffyg nhw cynddrwg â gweithredoedd y rhieni oedd yn cam-drin eu plant.'

Dwi'n oedi, yn ceisio dewis y geiriau cywir.

'Yna, un dydd, mae'n gweld taw fi yw un o'r bobol sy'n gweithio i'w ddal ac i roi stop ar ei ddial. Mae'n enw i yn canu cloch, ac mae'n gwneud y cysylltiad gydag Ifan MacLeavy – roedd y ddau yn eu swyddi am ddegawdau mewn tre gymharol fach, fe fyddai'n rhyfedd petaen nhw heb ddod ar draws ei gilydd ar ryw bwynt. Yna mae'n cofio'r achos lle wnaeth Nhad ddewis peidio gweld rhywbeth, neu wneud ffafr gyda ffrind, a gadael i rywun euog ddianc heb gael ei gosbi.'

Dwi'n stopio i anadlu ac mae Mathews yn neidio ar ei chyfle.

'Pa achos?' gofynna.

'Dwi ddim yn gwybod eto,' dwi'n cyfaddef, 'ond o nabod Nhad, alli di fod yn siŵr y bydd yna fwy nag un.'

Mae Mathews yn trin a thrafod y syniad yn ei meddwl.

'Plismon,' meddaf, yn ceisio dwyn perswâd arni. 'Fe oedd â'r cyfrifoldeb eitha i warchod a gofalu dros bawb, yr un mae pawb angen ei drystio. Ac os wnaeth fy nhad fethu – wel, fe allai fod yn eitha temtasiwn i Cynan Bould gosbi'r diffyg hynny, ti'm yn meddwl?'

Cynan

Dwi'n symud rhyw ychydig, i gadw'r gwaed i lifo yn fy nghoesau. Fydd hi ddim yn hir nawr. Gorffennodd ei shifft hi rhyw bum munud 'nôl, a dydy hi ddim yn un i weithio'n hwyr os nad oes rhaid. Dwi wedi bod yma, yn ei gwylio hi o'r cysgodion dros y tridiau diwethaf.

Ar y gair, mae'n ymddangos drwy ddrws yr adeilad gyda'r ddwy fenyw arall yna. Mae'r ddwy yn ffarwelio gyda hi ac yn cerdded i ffwrdd gan chwerthin yn aflafar. Mae'n estyn i ddyfnderoedd ei bag ac yn tynnu paced o sigaréts allan, cyn gwthio un i'w cheg a'i chynnau. Dwi'n ei chofio hi â gwallt hir flynyddoedd yn ôl, ond mae wedi ei dorri'n fyr erbyn hyn, a'r colur yn drwch dros wyneb oedd yn arfer bod yn naturiol o bert.

Dyma'r drefn bob nos – smocio'r gyntaf i lawr at y bonyn a chynnau un arall yn syth, ac yna smocio honno wrth groesi'r maes parcio i'r Renault bach gwyrdd. Wrth basio fy nghuddfan mae'n tynnu'r allweddi o'r bag – mae'n edrych fel un *designer* drud, ond dwi'n siŵr taw copi rhad o'r farchnad yw e. Dwi'n edrych o gwmpas yn gyflym – does neb ar gyfyl y lle.

Yn ddistaw, yn gyflym, dwi'n camu o'r cysgodion. Cyn iddi gael cyfle i sgrechian dwi wedi rhoi un llaw dros ei cheg a gwthio'r gyllell yn erbyn ei gwddf.

O fewn munud a hanner dwi wrth lyw y Renault, yn ei yrru allan o'r maes parcio. Os ydw i'n clustfeinio, fedra i glywed y crio sy'n dod o'r bŵt.

Siwan

Ma rhan ohona i'n meddwl bod Taliesin wedi ei cholli hi o'r diwedd, fod ei gyflwr bregus 'di caniatáu i Cynan Bould dreiddio i'w ymennydd a chreu pob math o amheuon a syniadau paranoid. Ac os felly, y peth gorau i bawb, gan gynnwys fe ei hun, fydde 'mod i'n argymell i Saunders ei bod hi'n ei dynnu e oddi ar yr ymchwiliad 'ma – fe ofynnodd hi i fi edrych ar ei ôl e, wedi'r cwbwl.

Ac eto… ac eto… ma rhan arall ohona i'n cofio'r argraff wnaeth ei resymeg a'i allu i ddadansoddi cysylltiadau arna i, a taw dyna oedd wedi ein rhoi ni ar ben ffordd 'da achos y lleidr. Does dim dwywaith fod 'da Taliesin allu i edrych ar sefyllfa mewn ffordd wahanol iawn i bawb arall. Heb anghofio bod y llofrudd 'di penderfynu cysylltu dim yn unig gyda'r heddlu, sy'n ddigon anarferol, ond gyda Taliesin yn benodol – rhaid bod rhyw arwyddocâd i 'nny?

Ond ei dad e – ydy hynna'n un cam yn rhy bell?

Dwi erioed 'di cwrdd ag Ifan MacLeavy yn bersonol, ond 'di clywed tipyn amdano fe, yn ogystal â dat-cu Taliesin, Morris MacLeavy. Roedd Morris, yn ôl y sôn, yn eitha plisman – ychydig yn rhy barod â'i ddyrne falle, ond dyna sut oedd pethe'n cael eu gwneud ers talwm. Ond oedd Ifan yn foi gwahanol – tipyn o fwli, yn barod i bigo ar unrhyw un gwannach na fe, ac yn edrych ar ôl ei hunan a'i ffrindie a neb arall. Roedd Morris yn barod i blygu'r rheolau nawr ac yn y man, ond fyddai Ifan yn hapus i'w torri nhw'n gyfan gwbwl.

Ond Taliesin MacLeavy, dim Morris nac Ifan, sy o 'mlân i nawr. A beth sy'n rhaid i fi ei benderfynu yw oes gwell siawns gyda ni ddal Cynan Bould gyda fe neu hebddo fe. Er gwaetha popeth, ma'r penderfyniad yn amlwg.

'OK,' meddaf. 'Beth ti moyn neud? O's well i ni rybuddio dy dad? Neu o's ishe i ni drefnu pobol i'w warchod e?'

'Na, mae e allan yn Ffrainc ar hyn o bryd,' mae Taliesin yn ateb. 'Mae gan Mam a fe fwthyn yn Llydaw, fydda nhw'n mynd yna'n eitha aml ers iddo ymddeol.'

'OK – ma fe mas o'r ffordd, 'te, ma hynna'n rhwbeth,' meddaf, yn ddiolchgar fod 'na un peth yn llai i boeni yn ei gylch. 'Allith Cynan Bould ddim mynd i Lydaw – o'dd ei basbort e dal yn y tŷ ym Mhenrhyncoch. Ond well i ni gysylltu 'da dy dad rhag ofn, jyst i'w rybuddio fe. Allwn ni ofyn ydy e'n cofio gweithio gyda Cynan Bould yr un pryd.'

'Ie,' ateba Taliesin, gan ymestyn y gair mas yn hir. Dyw e ddim yn swno'n frwdfrydig am y sgwrs. 'Well i ni…' Ma rhwbeth yn dal ei lygad trwy ffenest y car. 'Ma Dr Giles ar ei ffordd 'nôl,' meddai.

Ma'r patholegydd yn cerdded yn bwrpasol i'n cyfeiriad a dringaf mas o'r car i gwrdd â hi.

'Wedi gorffen, Dr Giles?' gofynnaf â gwên ffals.

'Do,' ateba, heb drafferthu gwenu'n ôl. 'Fydd y fan yn dod i gasglu'r corff cyn hir. Prynhawn yma fydd yr *autopsy* – ydych chi eisiau bod yn bresennol? Neu wna i anfon adroddiad i chi?'

'Fydd adroddiad yn iawn,' meddaf yn frysiog. 'Oes unrhyw beth allwch chi weud wrtho ni nawr, rhywbeth fydde'n helpu ni?'

'Dwi ddim yn un i gyflwyno ffeithiau heb wneud ymchwiliad trwyadl yn gynta,' daw'r ateb surbwch. 'Ond un peth fydd o ddiddordeb i chi, efallai, yw 'mod i'n amau i Mrs Hopkyn gael ei chrogi fwy nag unwaith.'

'Ma'n ddrwg 'da fi?'

'O beth wela i o'r niwed i'w gwddf hi, yn benodol y niwed i'r laryncs,' ma hi'n anelu bys at dop ei gwddf, 'fe aeth y llofrudd drwy'r broses o grogi Mrs Hopkyn sawl gwaith cyn iddi farw. Ffordd arbennig o greulon i ladd rhywun, ddwedwn i – eu tagu nhw drosodd a throsodd.'

'Odych chi'n...'

'Siŵr? Na, dim cant y cant cyn i mi wneud yr *autopsy*, ond o beth welais i mae'n debygol iawn. A nawr, mae'n well i mi fynd 'nôl i baratoi, felly os wnewch chi fy esgusodi i...'

Heb aros am ymateb ma hi'n cerdded i gyfeiriad Audi newydd yr olwg. Ma hi'n agor y gist ac yn tynnu ei welintons, gan wisgo pâr o sgidiau fflat yn eu lle. Heb ffarwelio ma hi'n dringo i'r sedd flaen ac yn gyrru bant. Gwyliaf y car yn bownsio lan y lôn anwastad i gyfeiriad y brif ffordd.

Taliesin

Dwi'n gorffen teipio'r neges destun ac yn gwasgu'r botwm.

Un peth fedrith Nhad ddim dioddef ydy pan fydda i'n ffonio heb drefnu o flaen llaw. Fe fydd e'n meddwl bod rhywbeth mawr o'i le, a hyd yn oed ar ôl ei ddarbwyllo bod popeth yn iawn, yn hytrach na bod yn falch, fe fydd yn mynd yn flin uffernol.

Er fod amser yn fy erbyn, dwi'n awyddus i wneud yn siŵr fod Nhad yn yr hwyliau gorau posib cyn i mi siarad ag e. Fe fydd hi dipyn haws cael gwybodaeth oddi wrtho os nad ydw i'n teimlo 'mod i wedi ei bechu cyn cychwyn.

'*Gobeithio eich bo chi a Mam yn mwynhau yn Llydaw. Oes amser 'da chi am sgwrs gyflym heddiw? Yn ymwneud â gwaith*' oedd y neges wnes i ei hanfon. Fe ddylai'r frawddeg olaf yna fod yn abwyd rhy flasus iddo ei anwybyddu.

'Blydi hel, gwranda ar hyn,' meddai Mathews wrth gamu'n ôl i'r car. 'Ma Dr Giles newydd weud wrtha i fod gwddf Beryl Hopkyn yn dangos iddi ga'l ei chrogi a'i thorri i lawr sawl gwaith cyn iddi farw. Pam fyse fe'n neud hynna?'

Dwi'n meddwl am dipyn, yn ceisio dychmygu'r olygfa, Beryl Hopkyn yn crogi ar y rhaff, yn cicio ac yn stryffaglu a Cynan Bould yn ei thorri hi lawr, yn rhoi llygedyn o obaith iddi cyn ei chlymu hi unwaith eto.

'Ailadrodd,' meddaf, i fy hun mwy nag i Mathews.

'Beth ti'n feddwl?' mae'n gofyn.

'Wel, alla i ddim bod yn siŵr, ond petawn i'n dyfalu fydden

i'n meddwl bod hynny'n cynrychioli'r cam-drin yn digwydd drosodd a throsodd, yn cael ei ailadrodd. Felly mae'r gosb yn cael ei hailadrodd hefyd.'

Nawr mae Mathews yn dawel, a dwi'n siŵr ei bod hithau'n dychmygu'r olygfa hefyd.

'Reit, wel... lle o'n ni cyn i Dr Giles ymddangos?' gofynna ar ôl tipyn. 'O, ie – ti'n cynnig cysylltu gyda dy dad.'

Edrychaf ar sgrin y ffôn a gweld neges destun wrth fy nhad – rhaid ei fod wedi cyrraedd heb i mi sylwi.

'Allan. Ffonia i ti mewn awr.'

'Mae e yng nghanol rhywbeth ar hyn o bryd – wneith e ffonio fi mewn rhyw awr,' meddaf wrth Mathews.

'Mewn awr?' gofynna Mathews yn llawn syndod, cyn troi'n goeglyd. 'Os nad yw hynny'n ormod o drafferth iddo fe – dim ond trio dal llofrudd y'n ni, wedi'r cwbwl.'

'Wyt ti'n meddwl fyddai modd,' meddaf yn frysiog, yn awyddus i symud y sgwrs 'mlaen, 'i Greening a Marshall ganolbwyntio ar ddod o hyd i'r achosion â rhyw gysylltiad gyda fy nhad?'

Mae Mathews yn tynnu wyneb.

'Fi'm yn siŵr am hynny, Taliesin. Alla i weld bod rhyw fath o sens yn beth ti'n weud, ond sdim digon o dystiolaeth gadarn gyda ti i ganolbwyntio'n hymdrechion ni i'r cyfeiriad 'na. Dwi'n meddwl bod angen i ni aros yn feddwl agored rhag ofn bod yna opsiyne eraill.'

'Iawn – ond beth yw'r opsiynau eraill?' holaf. 'Fe allwn ni gario 'mlaen i sortio trwy adroddiadau Cynan Bould, fel y'n ni wedi bod yn ei wneud, ond wedyn beth? Mae gormod ohonyn nhw, a dim ffordd i'w torri nhw i lawr.'

Mae Mathews yn meddwl am dipyn.

'OK – gyda'r corff diweddara 'ma, fi'n gobeithio falle allwn ni ga'l pâr neu ddau arall o ddwylo gan Saunders. Wedyn, gewn ni rywun i chwilio am achosion dy dad, yn dawel bach.'

Gyda hynny, mae car heddlu yn agosáu ar hyd y lôn oddi ar y brif ffordd ac yn parcio drws nesaf i ni. Yno mae'r ddau iwnifform fydd yn gwarchod y tŷ. Mae Mathews yn codi llaw arnyn nhw, cyn edrych ar y ffermdy ar ben pellaf y buarth. 'Ond am nawr, der i ni roi trefn ar y ddau 'ma, a mynd i weld pa mor hir fydd y criw fforensig wrthi.'

Mae'n agor drws y car ac yn dringo allan. Dwi'n gwneud yr un peth.

Mae'r fferm yn dawel o hyd ac mae hi wedi dechrau glawio eto.

Siwan

Dwi'n cael sgwrs fer gyda'r ddau iwnifform, yn esbonio eu dyletswyddau iddyn nhw, er eu bod nhw i weld yn eu deall yn iawn yn barod. Ma un yn sefyll nesa at ddrws agored y ffermdy a'r llall yn mynd i gefn y car heddlu ac yn tynnu llond ei freichiau o ffyn a thâp glas a gwyn er mwyn creu rhyw fath o ffens. Dwi ddim yn siŵr pam – ma'r lle 'ma'n go anghysbell, sdim cymdogion o fewn deg milltir i allu busnesa.

Ma Jimi George yn sefyll yn y cyntedd yn siarad â merch sy ddim yn edrych lot yn hŷn na'i harddegau hwyr, ei gwallt wedi'i liwio'n las golau. Ma'r ddau'n gwisgo siwtiau fforensig gwyn ac yn dal clipfwrdd yr un.

Dwi'n ddiolchgar dros ben fod y rhaff oedd yn dal hanner ucha'r corff wedi'i thorri lawr erbyn hyn a'r rhannau oedd ar y llawr wedi'u cuddio dan gynfasau gwyn.

Ma'r ddau fforensig yn synhwyro ein bod ni'n sefyll yn y drws ac yn troi i edrych.

'Diolch, Greta,' meddai Jimi George wrth y ferch. 'Caria di 'mlân, fydda i gyda ti mewn dwy funud. Ditectifs – dewch i mewn, mas o'r glaw,' ma fe'n ein croesawu ni wrth i Greta ddiflannu i un o'r stafelloedd.

'Shwd ma'n mynd?' gofynnaf wrth gamu drwy'r drws. Ma'r patholegydd yn agor ei freichiau yn llydan ac yn edrych o'i gwmpas. 'Edrychwch ar hyn i gyd' yw'r neges ma fe'n ei gyfleu.

'Ara bach,' ateba. 'Fyddwn ni yma am oriau eto. Roedd

Mrs Hopkyn yn dipyn o *hoarder* dwi'n meddwl, mae rhai o'r ystafelloedd yn llawn dop. Ac mae yna broblem llygod mawr yma hefyd, sydd ddim yn grêt.' Edrychaf yn awtomatig ar y ffurfiau ar lawr o dan y gorchuddion. Ma Jimi yn fy ngweld i'n edrych. 'Do, fe wnaethon nhw, yn anffodus,' meddai, yn ateb i'r cwestiwn neidiodd i'm meddwl ond do'n i ddim am ei ofyn. Cliriaf fy ngwddf cyn cario 'mlân.

'O's unrhyw beth o gwbwl gyda ti i ni?' gofynnaf.

'Dim lot ar hyn o bryd,' ma fe'n ymddiheuro. 'Dim awgrym o dorri mewn, felly naill ai roedd Mrs Hopkyn wedi gadael pwy bynnag wnaeth hyn i mewn neu roedd y drws ar agor.' Ma syniad yn fflachio i 'meddwl i – fydd rhaid gofyn i'r gwasanaethau cymdeithasol a oedd Cynan Bould wedi dychwelyd ei gerdyn ID – alle hynna fod yn ffordd effeithiol iawn o berswadio pobol i'w adael e i mewn i'w cartrefi. 'Os oedd yna unrhyw olion teiars yn y buarth fydd y glaw wedi eu golchi nhw ffwrdd erbyn hyn. Dim llawer o awgrym i Mrs Hopkyn ymladd 'nôl – bosib ei fod e wedi ei bygwth hi?'

'Ife'r un llofrudd yw hwn â'r un laddodd y Stirlings?' gofynnaf. Ma Jimi George yn edrych arna i'n syn.

'Chi'n amau taw'r un boi wnaeth hyn?'

'Oes 'na unrhyw beth yn awgrymu i'r gwrthwyneb?' gofynnaf.

Ma Jimi George yn edrych o'i gwmpas cyn ateb.

'Na. Na, ma'r dull o ladd yn wahanol, ond o safbwynt fforensig fe allai'r un person fod wedi gwneud hyn. Ond tu hwnt i hynny, sdim lot i'w ddweud. Mae'n ddrwg gen i.'

'OK,' atebaf, gan feddwl am ychydig. 'Os y'ch chi'n mynd i fod 'ma am sbel eto, dwi'n meddwl taw'r peth gore i ni neud yw mynd 'nôl i'r dre – fyddwn ni'n fwy o ddefnydd fyn'na. Ond os fydd unrhyw beth yn codi, ffonia ni'n syth.' Ma'r patholegydd yn nodio ei ben. 'A chofia anfon yr adroddiad cyn gynted ag y galli di?'

'Wrth gwrs,' ateba. 'Wel, well i fi fynd 'nôl ati, 'te. Hwyl am nawr, ditectifs. A phob lwc.' Gyda hynny ma fe'n troi ac yn diflannu i'r un stafell yr aeth Greta iddi gynne.

'Reit te,' meddaf gan droi at Taliesin, sy'n sefyll yn ei unfan ac yn edrych o gwmpas y stafell fel petai'n trio hoelio'r darlun cyfan yn ei gof. 'Bant â ni, 'te. Ma lot 'da ni i neud.'

Taliesin

'Beth wyt ti ishe?'

Dyna oedd geiriau cyntaf Nhad ar ôl i mi ateb y ffôn. Roedden ni hanner ffordd 'nôl i Aberystwyth, ac wedi cael ein dal tu ôl i lori ers deg munud. Roedd Mathews yn ceisio, am y degfed tro, fy mherswadio i i'w phasio, ond dwi erioed wedi goddiweddyd unrhyw gar, a dwi ddim am ddechrau gyda lori fawr ar hewl gul, diolch yn fawr. Felly, pan ganodd y ffôn ac ymddangosodd 'Nhad' ar y sgrin, cymrais y cyfle, er gwaetha protestiadau Mathews, i dynnu mewn i *lay-by* am sgwrs. Fe allwn i fod wedi rhoi'r ffôn ar yr uchelseinydd, ond doeddwn i ddim eisiau Mathews yn gwrando ac yn ymuno â'r sgwrs.

'O'n i eisie siarad â chi am rwbeth yn ymwneud â...' dechreuaf.

'Ynglŷn â gwaith, ie, ie, wedest di,' mae'n torri ar fy nhraws yn ddiamynedd. 'Beth yw e, 'te?'

Dwi ddim eisiau rhannu fy theori i eto.

'Eisiau gofyn os y'ch chi'n cofio rhywun oedd yn gweithio i'r gwasanaethau cymdeithasol o'r enw Cynan Bould? A wnaethoch chi weithio ar unrhyw achosion roedd e'n rhan ohonyn nhw falle?'

'Blydi hel, bachan, ti'n meddwl 'mod i'n cofio enw pob gweithiwr cymdeithasol ar bob achos erioed? Ti'n gwbod bod dim amser 'da fi i bobol fel'na, blydi *do-gooders* pob un o'n nhw – fejeterians a hoywon, 'na beth yw lot 'nyn nhw, pobol fel –'

Dwi'n mentro torri ar ei draws – mae Mathews yn eistedd

nesaf i mi yn esgus nad yw hi'n ceisio clustfeinio ar y sgwrs. Llysieuwyr a phobol hoyw ydy hoff gocynnau hitio cwyno Nhad. Fe allen ni fod yma am sbel os nad ydw i'n ei ffrwyno.

'Dwi'n gwybod – ond ydych chi'n digwydd cofio unrhyw un o'r enw Cynan Bould?'

'Pam?' gofynna, gyda thinc o ddiddordeb yn cripian i'w lais. 'Beth ma fe 'di neud?'

Dwi'n awyddus i beidio â rhannu gormod o wybodaeth, ac yn cadw fy ateb mor niwtral â phosib.

'Mae'n ymddangos bod rhyw gysylltiad rhwng nifer o droseddau ac achosion sy'n gysylltiedig â Cynan Bould,' atebaf, gan obeithio y bydd hynny'n ddigon.

Dydy e ddim.

'Pa fath o droseddau? C'mon, grwt, o'n i'n blismon am dros ddeugain mlynedd, dwi'n deall sut ma'r pethe 'ma'n gweithio.'

'Llofruddiaethau – ond dyna i gyd alla i ddweud ar hyn o bryd. Siŵr eich bod chi'n deall. Saunders yn mynnu bod popeth yn cael ei gadw'n dawel am y tro.'

'Blydi fenyw 'na,' mae'n ateb, gan swnio fel petai ar fin gwthio am fwy o wybodaeth cyn newid ei feddwl. 'Hmmm. Cynan Bould, wedest ti. Ie, dwi'n cofio fe nawr. Dim y gwaetha ohonyn nhw, i fod yn deg A ma rhywun yn ymwneud ag un o'i achosion e wedi ca'l eu llofruddio, do fe?'

'Rhywbeth fel'na,' meddaf yn syml. Mae tawelwch am funud.

'Ie, wel, siŵr 'mod i 'di gweithio gyda fe cwpwl o weithie,' mae Nhad yn ailgychwyn. 'Ar beth fydde hynna 'di bod, gwed? O'dd yr achos 'na gyda'r butain gath ei lladd gan ei bòs, fydde hynna yn y naw dege cynnar siŵr o fod. O'dd e'n ei churo hi, ac un diwrnod a'th e'n rhy bell. O'dd Cynan Bould ar yr achos 'nny, achos o'dd plentyn 'da hi – o'dd rhaid i'r gwasanaethe cymdeithasol ofalu amdano fe.'

'Beth ddigwyddodd?' gofynnaf. 'Naethon nhw ddal y boi?'

'Do, o fewn cwpwl o orie dwi'n meddwl. A'th e i'r carchar am weddill 'i fywyd, ac o beth wi'n cofio fuodd e farw dim sbel wedyn – pigo ffeit 'da'r boi rong. Gwynt teg ar ei ôl e, weden i. *Open and shut case*, fel ma'n nhw'n gweud.'

Os ydy hynny'n gywir, dwi'n meddwl yn gyflym, does neb ar ôl i gael eu cosbi yn yr achos yna.

'Unrhyw achosion eraill yn dod i'r cof?'

'Gad i fi feddwl nawr,' mae Nhad yn ateb, ac mae'n dawel am eiliad neu ddwy, oni bai am sŵn ei anadlu i lawr y lein. 'Wel, 'nes i weithio ar sawl achos am blant yn diflannu, ond alla i ddim bod yn siŵr pa rai o'dd Cynan Bould yn bart o'n nhw. O'dd yna un yn Aberaeron tua '88 ac un arall yn Capel Bangor, fydde hwnna yn y naw degau hwyr. Alla i ddim cofio'u henwe nhw – Tomos rhywbeth oedd un ohonyn nhw dwi'n credu – ond ddaethon ni o hyd iddyn nhw'n ddigon cyflym, a mynd â nhw gartre. Gen i ryw gof fod Cynan Bould yn rhan o bethe. Ond falle taw rhywun arall o'dd e, alla i ddim bod yn siŵr.'

Mae'r rhwystredigaeth yn codi tu mewn i mi, ond dwi'n brathu fy nhafod ac yn ysgrifennu'r manylion yn fy llyfr nodiadau.

Mae Nhad yn rhestru un neu ddau achos arall a dwi'n cofnodi'r cwbl heb lawer o obaith bod y wybodaeth yn mynd i fod o unrhyw help.

'Dyna i gyd alla i gofio amdano fe,' meddai yn y diwedd. 'Falle fod 'na fwy, alla i ddim gweud wrtho ti.'

'Mae hynny'n grêt, diolch,' atebaf, yn awyddus erbyn hyn i orffen yr alwad. 'Am faint fyddwch chi yn Llydaw?'

'Cwpwl o wthnose o leia,' mae'n ateb. 'Pam?'

Da iawn – fydd e a Mam allan o'r ffordd am dipyn eto.

'Dim rheswm – falch eich bod chi'n mwynhau. Wel, well i fi fynd nawr te. Ffonia i eto cyn hir i siarad gyda Mam.'

Fel oeddwn i'n ddisgwyl, does dim ffarwél o ben arall y lein, dim ond sŵn yr alwad yn dod i ben.

Siwan

'Wel?' gofynnaf yn y diwedd. Erbyn hyn ma Taliesin wedi cadw'i ffôn, tanio'r car a thynnu mas i'r ffordd fawr yn bwyllog. 'Wel, Taliesin? O'dd unrhyw beth 'da fe i weud?'

Fe alla i weld wrth wyneb Taliesin ei fod e'n trio dod o hyd i bach o newyddion da i'w rannu 'da fi.

'Fydd e ddim 'nôl yn Aberystwyth am sawl wythnos,' meddai o'r diwedd. 'Felly does dim rhaid i ni boeni y bydd Cynan Bould yn mynd ar ei ôl e – am y tro, o leia.'

'Dim ond ti sy'n meddwl fydd e'n mynd ar ei ôl o gwbwl,' atgoffaf Taliesin. 'Oedd 'da fe unrhyw beth i'w gyfrannu? Unrhyw un o'i achosion ef a Cynan Bould yn canu cloch?'

Ma Taliesin yn oedi.

'Dim byd arbennig, na. Ond mi wnaeth e sôn am sawl achos posib, wna'i edrych mewn iddyn nhw ar ôl cyrraedd 'nôl i'r orsaf.'

Dwi'n dawel am dipyn, yn ystyried a ddylen i sôn am y syniad ddaeth i 'meddwl i wrth eistedd yn y *lay-by* yn gwrando ar un hanner y sgwrs. Ma 'da ni ryw ugain munud arall cyn cyrraedd 'nôl i Aber, a Duw a ŵyr pryd gewn ni lonydd i drafod eto, felly dwi'n penderfynu rhannu beth sy ar fy meddwl.

'Ti'n gwbod,' dwi'n cychwyn, wrth i ni agosáu at gar yn tynnu treilyr sy'n teithio mor slo fod hyd yn oed Taliesin yn gorfod arafu. 'Un opsiwn ni heb ei ystyried eto yw... o, er mwyn Duw, Taliesin, pasa'r boi 'ma neu *fi* fydd yn dreifo bob tro o nawr 'mlân!' Dwi'n gweld y tensiwn yn ei ên a'r gwyn yn ei fysedd wrth iddo afael yn yr olwyn yn dynn, cyn dechrau tynnu mas i baso'r car. 'Ie, fel o'n i'n weud, ffordd arall o edrych ar hyn i gyd yw taw *ti* yw'r cysylltiad, yn hytrach na dy dad.'

'Dwi ddim wedi gweithio gyda Cynan Bould erioed, fydden i'n cofio,' ateba Taliesin yn syth, trwy ddannedd wedi'u gwasgu'n dynn at ei gilydd. Dwi'n gwylio'r car a'r treilyr wrth i ni eu pasio nhw'n araf bach.

'Ddim yn uniongyrchol, na,' meddaf. 'Ond yn yr achos 'na lle gafodd MJ ei... ti'n gwbod... ei anafu. Dyna dy achos mawr di, ac oedd y llofrudd – Geraint Ellis, ie? – wedi bod yng ngofal y gwasanaethau cymdeithasol pan oedd e'n ifanc, on'd oedd e? Ma siawns bod Cynan Bould wedi dod ar ei draws e rhwbryd – gwerth ei ystyried jyst rhag ofn? Ti byth yn gwbod – falle'i bod nhw 'di cadw mewn cysylltiad?'

Dwi'n troi at Taliesin ac yn ei weld yn syllu arna i â'i lygaid yn lled agored, ei wyneb fel petai e 'di rhewi.

'Taliesin?' gofynnaf, heb gael unrhyw ymateb. 'Taliesin, cadwa dy lygad ar yr hewl. Taliesin!'

Ma'i ddwylo wedi llacio ar yr olwyn. Estynnaf i afael ynddi, ond yn rhy hwyr. Ma'r car yn gadael y ffordd ac yn sydyn ma coeden anferth yn llenwi'r winsgrin.

Cynan

Mae sŵn y teledu yn mynd ar fy nerfau, ond dwi ddim yn ei ddiffodd. Fe fydd hi yma'n fuan, ac mae'n bwysig ei bod yn cerdded trwy'r drws heb amau bod unrhyw beth o'i le. Y tân ymlaen yn cynhesu'r tŷ, sŵn y teledu wrth chwarae rhyw opera sebon – yr unig beth sydd ar goll yw ei mam yn eistedd yn ei hoff gadair, yn aros amdani. Dyma fydd hi'n ei ddisgwyl ar ôl derbyn y neges destun yn gofyn iddi ddod draw. Ond dydy ei mam hi ddim yma, a dim hi anfonodd y neges – mae wedi symud o fŵt y Renault bach gwyrdd bellach ac yn cysgu'n braf yn rhywle diogel, o dan ddylanwad coctel o gyffuriau. Mae ffôn y fam yn fy mhoced – fuais i ddim yn hir yn cael y cyfrinair ganddi. Cyn belled â bod dim yn mynd o'i le dylwn i fod wedi cael gafael ar y ferch cyn iddi sylweddoli beth sy'n digwydd.

Mae golau'n disgleirio ac yn pylu tu allan wrth i gar agosáu, cyn parcio ar y stryd a diffodd ei injan. Eiliadau wedyn clywaf sŵn drws y car yn cau.

Camaf 'nôl i gysgodion y cwpwrdd dan y grisiau, yn gafael yn dynn yn y bag plastig.

Sŵn allwedd yn y clo, yna rhywun yn camu i'r tŷ a chau y drws tu ôl iddyn nhw.

'Mam?' llais yn galw – mae'n llawer dyfnach na'r llais ydw i'n ei gofio. 'Mam! Le wyt ti, o'dd y neges 'na bach yn od…'

Mae ei chefn tuag ata i. Dwi'n camu'n dawel o'r cwpwrdd ac yn rhoi'r bag plastig dros ei phen, cyn ei dynnu'n dynn. Mae'n stryffaglu, a'i bysedd yn crafangu am ei gwddf, ond dwi'n tynnu'r bag yn dynnach fyth. Yn fuan iawn mae'n gwanhau, nes ei bod yn llipa. Dwi'n cyfri deg eiliad arall cyn tynnu'r bag a gadael i'r corff ddisgyn i'r llawr.

Teimlaf ei gwddf am guriad calon – mae yna un cyson o hyd. Perffaith.

Gan weithio'n gyflym dwi'n defnyddio stribedi plastig cryf i glymu ei dwylo a'i thraed, a thâp trwchus i orchuddio ei cheg.

Dwi ddim mor gryf ag yr oeddwn i – a dweud y gwir, dwi'n teimlo'n wannach na chath fach rhai dyddiau – ond er gwaethaf hynny dwi'n gafael ynddi o dan ei cheseiliau ac yn dechrau llusgo'r corff i gyfeiriad y drws cefn. Mae lleithder ei chwys ar fy mysedd. Dwi'n dechrau anadlu'n drwm wrth symud pwysau sylweddol y ferch ar hyd y cyntedd, ac allan trwy'r drws cefn. Gan gymryd golwg gyflym i wneud yn siŵr nad oes neb yn gwylio dwi'n ei chodi hi mewn i'r fan.

Dwi'n dychwelyd i'r tŷ yn gyflym, ac yn defnyddio magnet lliwgar Torremolinos i osod darn o bapur ar yr oergell, cyn cau'r drws cefn a dringo i sedd flaen y fan.

Taliesin

'Ydy'ch ffrind chi'n OK?'

Clywaf y cwestiwn o bell, er 'mod i'n gwybod bod y llais yn agos – teimlad yn debyg i edrych i delesgop y ffordd anghywir a'r effaith chwyddo yn cael ei wyrdroi.

Yn ystod fy amser yn y brifysgol roeddwn i'n ymwybodol o sawl un oedd yn arbrofi â chyffuriau – marijuana gan fwyaf. Fydden i ddim yn eu galw nhw'n ffrindiau – doedd gen i ddim llawer o'r rheini. Fydden i'n eu gweld nhw o bryd i'w gilydd, yn dioddef o'r sgileffeithiau, eu llygaid yn wag a golwg lac ar eu hwynebau. Wrth gwrs, wnes i erioed arbrofi, ond petawn i, fe fydden i'n dychmygu taw dyma beth fydden i'n ei deimlo.

Dim ond jyst methu'r goeden wnaeth y car – mae'r drych bach ar fy ochr i yn hongian yn llac i brofi hynny – ond yn llygad fy meddwl dwi'n gweld y goeden yn llenwi'r ffenest flaen, a ninnau'n symud tuag ati, yn araf ac yn rhy sydyn ar yr un pryd. Mae'r lleisiau'n dal i siarad amdana i fel petawn i ddim yna, a dwi ddim yn hollol siŵr 'mod i.

'Dyw e ddim yn edrych fel tase fe 'di brifo,' meddai llais cyfarwydd, yn ateb yr un diethr oedd wedi siarad gyntaf. Llais Mathews. 'Taliesin! Taliesin!' Mae'n chwifio ei bysedd o flaen fy llygaid, cyn dechrau eu clicio nhw. 'Taliesin, wyt ti'n OK? Unrhyw beth yn brifo?'

'Ydw. Nag oes,' atebaf, braidd yn ansicr.

'Oes angen ffonio ambiwlans? Neu'r heddlu?' gofynna'r llais diethr.

'Ni yw'r heddlu,' ateba Mathews, cyn dweud 'Esgusodwch fi'. Mae perchennog y llais arall, oedd yn amlwg yn sefyll wrth ddrws agored y car, yn symud i adael i Mathews ddringo allan. Mae'n ystwytho ei chefn yn ofalus, cyn dechrau cerdded o gwmpas y car. Erbyn iddi gyrraedd 'nôl at y drws mae'n siarad gyda'r dyn byr yn y cap fflat oedd yn gofyn a oeddwn i'n iawn.

'Sdim niwed mawr, ond am y *wing mirror*,' meddai Mathews. 'Dim ond i Aberystwyth ni'n mynd, fe ddylen ni fod yn iawn.'

'Chi'n siŵr? Sdim lot o siâp dreifo ar eich ffrind,' daw'r ateb amheus.

'Peidiwch poeni, 'na i ddreifo.'

Dwi'n gwybod y dylwn i brotestio, ond dwi'n simsan o hyd. Mae fy nrws ar agor, ac yna teimlaf law Mathews ar fy mraich.

'Dere, Taliesin, der i ni ga'l ti i'r cefn, ife?'

Dwi'n cytuno i gael fy nhywys i'r sedd gefn, ac wedi sgwrs fer gyda'r dyn byr yn y cap fflat dwi'n diolch iddo am ei help. Mae Mathews yn dringo i'r sedd flaen, yn cau'r drws ac yn tanio'r injan. Ar y pwynt yma mae effaith y sioc yn dechrau pylu. Does neb arall yn cael gyrru fy nghar i.

'Tydde'n well gen i petaet ti ddim...' dwi'n dechrau protestio, ond gyda hynny clywaf sŵn crafu, sy'n cael ei ddilyn gan ſwmp uchel, a rydyn ni'n ôl ar y ffordd. Mae Mathews yn canu'r corn wrth godi llaw ar y dyn byr, sy'n dringo mewn i'r car a'r treilyr roeddwn i wrthi'n eu goddiweddyd.

'Sut wyt ti'n teimlo?' gofynna ar ôl i ni yrru am funud neu ddau.

'Iawn,' atebaf, er 'mod i braidd yn sigledig o hyd.

'Ti'n mynd i weud wrtha i beth ddigwyddodd?' daw'r

cwestiwn. 'Un funud roeddet ti'n gyrru fel... wel, fel ti, a'r funud nesa o'n ni *off* yr hewl a bron â chlatso mewn i goeden.'

'Diffyg canolbwyntio, mae'n rhaid,' atebaf.

Mae Mathews yn dawel am dipyn, a dwi'n ei gweld hi'n edrych arna i yn y drych.

'Nonsens,' meddai o'r diwedd. 'O't ti'n iawn nes i fi sôn am Cynan Bould a Geraint Ellis, a wedyn nest di rewi a bron â lladd y ddau o'n ni.'

Dwi ddim yn ateb, dim ond yn codi fy ysgwyddau.

'Cofia'n sgwrs ni, Taliesin,' meddai Mathews ar ôl deall nad oes dim ateb pellach yn dod. 'Ni'n mynd i siarad am hyn. Ti angen siarad am hyn.'

Siwan

Ugain munud ar ôl ailddechre'n siwrne dwi'n parcio car Taliesin ym maes parcio'r orsaf. Dwi'n diffodd yr injan ac yn eistedd yn dawel am funud.

'Wyt ti'n OK?' gofynnaf. 'Wyt ti ishe mynd gartre am heddi? Ti 'di ca'l tipyn o sioc.'

'Na, fydda i'n...' ma fe'n dechre ateb, cyn i fi dorri ar ei draws.

'Achos os nad wyt ti gant y cant fydde well 'da fi taset ti'n mynd gartre. Alla i'm fforddio gwaith esgeulus. Ma gormod yn y fantol.'

'Fydda i'n...'

'Fydd Saunders ishe deall 'yn came nesa ni, a...'

Dwi'n stopio yng nghanol y frawddeg – ma'n ffôn i'n canu. Dwi'n twrio yn fy mag ac yn ei dynnu fe mas. Ma'r sgrin yn dangos un o rifau mewnol yr orsaf heddlu.

'Helô?' atebaf.

'Pete sy 'ma – lle y'ch chi?' gofynna llais cyfarwydd Greening ben arall y lein.

'Newydd barcio tu fas i'r orsaf. Pam?'

'Ma datblygiad newydd – well i chi ddod mewn ar unwaith,' meddai, y cyffro yn amlwg yn ei lais.

'OK – fyddwn ni gyda ti nawr,' atebaf, gan orffen yr alwad. 'Dere,' meddaf wrth Taliesin, gan afael yn fy mag ac agor drws y car. 'Ma rhwbeth 'di digwydd.'

Dwi'n teimlo'n euog am y cyffro sy'n llifo trwy fy

ngwythiennau – wedi'r cwbwl, gallai'r datblygiad diweddara yma fod yn gorff arall, wedi ei anafu mewn ffordd erchyll. Ond falle ei fod e'n rhywbeth positif, yn ddarn o dystiolaeth newydd, neu'n dyst fydd yn ein harwain ni'n syth at Cynan Bould. Dyma'n union pam oedd e'n amser i fi ddod 'nôl i'r gwaith – fi 'di gweld eisie'r teimlad yma.

Mewn llai na munud dwi'n cerdded i mewn i'r swyddfa ac yn anelu yn syth am Pete Greening, sy'n eistedd yn yr un lle â ddoe â'r pentyrrau o'i gwmpas i gyd. Mae ei sigarét drydanol yn gwefru ar ei ddesg a thair potel fach o hylif nicotin wrth ei hochr, yn wag. Er i lefel y sŵn dawelu dipyn bach pan gerddais i mewn, ma fe wedi codi i'w lefel arferol nawr.

'Pete – beth sy 'di digwydd?'

Ma fe'n troi i 'ngwynebu, yn dal un o adroddiadau Cynan Bould yn ei law. Clywaf Taliesin yn dod i'r swyddfa tu ôl i fi a dwi'n ei synhwyro'n sefyll wrth fy ysgwydd. Ma Pete yn clirio ei wddf.

'OK. Mark Stiles, cyn-athro mewn ysgol i blant â gofynion ychwanegol yn Aberaeron. Cafodd ei ddal gan un o'r grwpiau *vigilante* 'ma, Cyfiawnder i Blant – chi 'di clywed amdanyn nhw?'

Ysgydwaf fy mhen.

'OK, wel yn syml, eu bwriad nhw ydy dal pedoffiliaid. Ma'n nhw'n gwneud hynny drwy esgus bod yn blant ifanc ar y we, a cheisio denu'r bobol yma i siarad â nhw,' ma Pete yn esbonio. 'Yn America ddechreuodd e, ond erbyn hyn ma mwy a mwy o'r grwpiau hyn yn cael eu sefydlu yn y wlad yma. Unwaith iddyn nhw gasglu digon o dystiolaeth i fod yn hyderus bod y person yn bedoffeil ma'r "plentyn" yn trefnu i gwrdd â nhw, ond mewn gwirionedd criw o *vigilantes* fydd yno'n aros. Yna fe fyddan nhw'n galw'r heddlu ac yn cadw'r "pedoffeil" yno, cyn eu cyflwyno nhw, a'r holl dystiolaeth, i ni.'

'A dyna ddigwyddodd i'r athro 'ma?' gofynnaf, yn awyddus i fynd at wraidd y stori.

'Ie,' daw'r ateb. 'Blwyddyn yn ôl. Roedd Mark Stiles yn meddwl ei fod e'n sgwrsio â merch bedair ar ddeg oed, ac ar ôl sawl wythnos fe drefnodd e gwrdd â hi, tu allan i'r orsaf drenau yn Aberystwyth. Ond ar ôl iddo gyrraedd, a deall beth oedd yn digwydd, fe geisiodd e ddianc. Dyna pan aeth y cwbwl ar chwâl, ac fe gafodd Mr Stiles ei anafu wrth i griw Cyfiawnder i Blant geisio ei stopio rhag dianc.'

'Gad i fi ddyfalu,' meddaf. 'Fe daflwyd tystiolaeth y *vigilantes* mas cyn yr achos llys, diolch i'r cyfreithwyr?'

'Yn union,' ma Pete yn ateb. 'Stori'r cyfreithwyr oedd bod Cyfiawnder i Blant wedi arwain Mark Stiles i wneud sylwadau amhriodol wrth y "plentyn", a wedyn ei ddenu fe mas er mwyn ymosod arno. Ac fe gredodd y barnwr hynny. Heb y dystiolaeth yna doedd dim llawer o achos, felly roedd yn rhaid gollwng y cwbwl.'

'O's unrhyw bosibilrwydd ei fod yn dweud y gwir?' gofynnaf.

'Dydy cynnwys y sgyrsiau ddim yn awgrymu hynny,' ateba Pete yn swta, a dwi'n gweld bod gorfod eu darllen nhw wedi troi ei stumog. Cofiaf fod gan Pete ferch yn ei harddegau cynnar. 'Roedd Mark Stiles yn gwbod yn union beth oedd e'n wneud.' Mae Pete yn tynnu ei sigarét drydanol o'r wifren ac yn sugno llond ysgyfaint o fwg. Ma hynna yn erbyn rheolau'r swyddfa, ond dwi'n esgus 'mod i heb sylwi.

'OK,' meddaf. 'Beth yw'r cysylltiad 'da'r llofruddiaethau 'ma, 'te? O's rhwbeth 'di digwydd i Mark Stiles?'

'Roedd yr achos yn ffitio'r ffiniau – achos yn ymwneud

â phlant, neb wedi ei gosbi – felly fe wnes i ffonio Mr Stiles. Roedd e'n iawn, ond ers beth ddigwyddodd gyda Cyfiawnder i Blant mae e 'di mynd braidd yn paranoid, yn amau bod pawb a phob un ar ei ôl. Beth bynnag, ddwedodd e fod rhywun wedi cnocio ar ei ddrws e wythnos diwetha yn honni eu bod nhw o'r gwasanaethau cymdeithasol, angen gofyn cwestiwn neu ddau ynglŷn â beth ddigwyddodd. Y peth yw, er fod gan yr ymwelydd gerdyn yn profi pwy oedd e gafodd Mark Stiles deimlad gwael – roedd e'n rhy gyfeillgar, yn gwenu gormod, ddwedodd e – a fe wrthododd Stiles ei adael e mewn. Yn y diwedd roedd yn rhaid i Mr Stiles fygwth galw'r heddlu – fe adawodd y boi yn eitha cloi wedyn.'

Dwi'n gweld lle ma hyn yn ein harwain ni – ai Mark Stiles oedd y nesa ar restr Cynan Bould?

'O'dd Mr Stiles yn digwydd cofio enw'r ymwelydd yma?' gofynnaf, gan geisio cadw'r cynnwrf o'n llais i.

'Mae ganddo lyfr bach,' ateba Pete, 'mae'n nodi manylion popeth amheus neu anarferol sy'n digwydd. Yr enw ar gerdyn y gweithiwr cymdeithasol oedd Cynan Bould.'

Taliesin

'OK,' meddai Mathews. 'Pete, alli di ffonio fe'n ôl i ddweud 'mod i ar fy ffordd, fel ei fod e'n aros amdana i? Ac anfona'r cyfeiriad i'n ffôn i... Taliesin – gair plis.'

Dwi'n dilyn Mathews 'nôl allan o'r swyddfa, a hithau'n anelu am y maes parcio.

'Sdim pwynt i'r ddau o'n ni fynd i weld y boi 'ma,' meddai wrth gerdded. 'Os yw e'n paranoid fydd e'n ymateb yn well i un person. Aros di fan hyn – dechreua fynd trwy'r adroddiade eto a chwilio am y rhai weithiodd dy dad arnyn nhw. Ddyle hynna ddim cymryd yn rhy hir i ti, ma enw'r cyswllt heddlu ar ddechre pob adroddiad. Unweth fydda i'n ôl wna i siarad gyda Saunders a thrio ca'l mwy o help i ni.'

Dwi ar fin protestio – dwi eisiau mynd i siarad gyda Mark Stiles, eisiau clywed mwy am Cynan Bould: beth oedd e'n ei wisgo, sut olwg oedd arno, sut oedd e'n swnio...? Ond dwi'n gwybod beth fydd ateb Mathews.

'Ie, iawn,' atebaf yn dawel.

'OK, wela i di nes 'mlân, 'te,' mae'n galw dros ei hysgwydd, gan dynnu ei ffôn o'i bag.

Dwi'n mynd 'nôl am y swyddfa, yn ceisio perswadio fy hun nad wyf yn cael fy ngyrru allan o'r ymchwiliad.

Siwan

Dwi dal ddim yn siŵr am faint fydd Taliesin yn rhan o'r achos 'ma lot hirach, felly'r lle gorau iddo fe yw yn yr orsaf, yn gweithio ar ei theori ac yn cadw mas o drwbwl. Hefyd, ma Mark Stiles yn swno fel boi eitha paranoid, a dwi ddim eisie y Taliesin yna'n agor ei geg ac yn dweud rhwbeth fydd yn ei wthio dros y dibyn.

Dwi'n edrych ar y cyfeiriad anfonodd Pete Greening ata i, a mewn llai na deg munud dwi'n parcio'r car tu fas i dŷ teras syml ym mhentre bach Llanfarian ar gyrion y dre. Ma cyrtens y stafell ffrynt yn symud wrth i fi gamu o'r car.

Ma'r cyrtens wedi'u tynnu ym mhob ffenest, ac wrth i fi agosáu at y drws alla i weld ôl graffiti ar wal y tŷ. Ma rhywun wedi trio ei sgrwbio bant ond alla i weld ôl un gair o hyd – 'pedo'. Dwi'n cnocio'r drws, sy'n edrych yn newydd ac yn teimlo'n gadarn iawn.

'Pwy sy 'na?' daw'r llais o'r tu fewn yn syth.

'Ditectif Siwan Mathews, Heddlu Dyfed-Powys. Gafoch chi alwad gan fy nghyd-weithiwr i weud 'mod i ar y ffordd?'

'Pa gyd-weithiwr? Beth yw ei enw e?' ma'r cwestiwn nesa'n dod heb oedi.

'Ditectif Pete Greening o orsaf heddlu Aberystwyth.'

'OK,' daw'r ateb. 'Postiwch eich cerdyn heddlu drwy'r drws os gwelwch yn dda.'

Dwi'n ufuddhau i'r llais, a mewn cwpwl o eiliadau clywaf sŵn sawl bollt yn cael eu tynnu'n ôl. Ma bwlch bychan yn ymddangos rhwng y drws a'r ffrâm a phâr o lygaid yn sbecian mas, yn fy nghymharu i â'r llun ar y garden.

'Mr Stiles,' meddaf, 'dwi'n deall eich bod chi am fod yn ofalus, ond dwi'n brysur iawn...'

Ond gyda hynny ma'r drws yn cau'n sydyn. Cyn i fi gael cyfle i gnocio eto clywaf gadwyn diogelwch yn cael ei rhyddhau, ac mae'r drws yn agor yn llydan gan ddatgelu dyn canol oed, eiddil ond citha golygus mewn ffordd ferchetaidd. Ma'i wefusau fe'n wlyb, fel petai newydd fod yn eu llyfu. Ma fe'n gwisgo trowsus loncian llac, a chrys T plaen, llwyd sy'n rhy fawr iddo fe. Falle'i fod e 'di colli pwyse dros y flwyddyn ddiwetha – ma'n rhaid fod byw fel hyn, yn disgwyl rhywun i ymosod arno bob munud, wedi ei roi o dan dipyn o straen.

'Mae'n rhaid i mi fod yn ofalus,' meddai heb awgrym o ymddiheuriad, wrth estyn fy ngherdyn 'nôl i fi. 'Dewch mewn, plis.'

Dwi'n camu i'r cyntedd ac ma Mark Stiles yn cau'r drws cyn mynd drwy'r broses o'i gloi yn drwyadl ar fy ôl.

'Plis,' meddai eto, gan amneidio tuag at ddrws sy'n arwain o'r cyntedd i'r stafell fyw. Er ei bod yn ganol dydd ma'r llenni trwchus wedi'u tynnu'n dynn, gan roi teimlad trwm, clostroffobig i'r stafell fach. Ma gêm snwcer yn cael ei chwarae ar y teledu ond y sain wedi'i ddiffodd. 'Eisteddwch,' meddai Stiles, a dwi'n eistedd yn y gadair freichiau, gan adael iddo fe eistedd ar y soffa. Ma'r celfi i gyd i weld yn eitha chwaethus, ond heb ryw lawer o ôl gofal na glanhau – ma sawl marc amheus ar y soffa a rhwyg fawr ar hyd un o'r clustogau.

'Diolch am gytuno i siarad â fi, Mr Stiles,' meddaf, gan drio gwthio unrhyw ragfarn amdano i'r neilltu a'i drin fel tyst arferol. Er gwaetha hynny, alla i ddim dod â'n hun i ysgwyd ei law. 'I ddechre, fyddech chi mor garedig ag ailadrodd beth naethoch chi ei weud wrth Ditectif Greening gynne, ynglŷn â'r ymweliad gafoch chi?'

Er bod y drws wedi'i gloi a'r llenni ar gau ma golwg nerfus ar Mark Stiles, ei lygaid yn symud o gwmpas y stafell i bob cornel. Ma fe'n llyfu ei wefusau cyn ateb.

'Wel, fel hyn oedd hi...'

Taliesin

Mae Pete Greening ac Emlyn Marshall yn dal i weithio trwy'r pentwr adroddiadau, ond gyda mwy o frwdfrydedd na ddoe ar ôl dod o hyd i gysylltiad posib gyda'r llofrudd. Mae Pete yn diflannu bob nawr ac yn y man i smocio ei sigarét drydanol, ond mae Emlyn yn gweithio'n gydwybodol, gan stopio bob rhyw awr i wneud cwpanaid o de iddo fe a Pete. Mae wedi rhoi'r gorau i gynnig i fi – doeddwn i byth yn derbyn. Mae pawb yn y swyddfa'n rhannu cwpanau te ac mae meddwl am gyffwrdd hen boer rhywun arall yn troi fy stumog.

Dydy Pete ac Emlyn ddim wedi gofyn beth dwi'n ei wneud, yn mynd trwy'r adroddiadau sydd wedi cael eu darllen yn barod. Os fyddan nhw'n gofyn, fydda i'n dweud 'mod i'n chwilio am gysylltiad penodol ag achos arall – dwi ddim yn mynd i ddweud wrthyn nhw 'mod i'n edrych am enw Nhad. Cael a chael oedd perswadio Mathews bod hyn yn syniad gwerth chweil, ond fyddai dim gobaith gyda'r ddau yma.

Erbyn hyn mae gen i bentwr bach o adroddiadau ar y ddesg o 'mlaen, pob un yn cynrychioli achos fuodd Nhad yn gweithio arno, ond does dim un yn arbennig o addawol hyd yma. Dwi wedi dod o hyd i un adroddiad wnes i ei nodi yn ystod yr alwad ffôn yn gynharach – achos bachgen o'r enw Macsen Llwyd aeth ar goll o'i gartre yn Aberaeron yn 1988. Does dim llawer o fanylion – amlinelliad o fywyd y bachgen ifanc, yn enwedig ei berthynas anodd gyda'i lys-dad a chofnod o'r broses o sut daethpwyd o hyd i Macsen yn yr Amwythig deuddydd ar ôl iddo ddiflannu a'i ddychwelyd adre. Ar yr wyneb does dim byd arbennig i ddenu sylw Cynan Bould, ond dwi'n nodi'r achos yn fy llyfr beth bynnag, er mwyn ei ymchwilio nes 'mlaen.

Mae deg munud arall yn mynd heibio cyn i mi ddod ar draws adroddiad arall gydag enw Nhad arno. Yn y cyfamser, mae Emlyn yn codi ei gwpan a chasglu'r un gwag oddi ar ddesg Pete heb ddweud gair, yna'n ymlwybro i gyfeiriad y gegin fach yng nghornel y swyddfa. Ymchwiliad i farwolaeth dynes yn ei naw degau o'r enw Gladys O'Neill yw'r adroddiad. Cyn iddi farw, dwi'n darllen, roedd yr hen ddynes yn gaeth i'w gwely ar ôl sawl strôc, ond yn parhau i fyw gyda'i theulu, gan gynnwys ei merch, Lois Fairchild, oedd yn gyfrifol am ofalu amdani. Mae'r adroddiad yn mynd ymlaen i esbonio bod y gwasanaethau cymdeithasol yn pryderu am y gofal roedd yr hen ddynes yn ei dderbyn gan ei merch, yn benodol ei bod yn cael ei hesgeuluso ac, ar adegau, ei cham-drin yn gorfforol. Gwrthododd Lois Fairchild adael i weithwyr cymdeithasol fynd mewn i'r tŷ ar gyfer ymweliad swyddogol sawl gwaith, a roedd y broses o gael warant swyddogol i ymweld â'r hen ddynes wedi ei gychwyn pan ddaeth y newyddion ei bod wedi marw.

Canlyniad y post mortem oedd i Gladys O'Neill farw o drawiad ar y galon, a gan fod dim tystiolaeth bellach o gam-drin doedd dim modd mynd â'r achos ymhellach.

Er ei fod wedi ei enwi fel cyswllt yr heddlu ar yr achos does bron dim sôn am fy nhad yn yr adroddiad, ond dydy hynny ddim yn fy synnu. Fe fyddai e'n ystyried edrych mewn i farwolaeth dynes yn ei naw degau yn wastraff o'i amser, ac wedi bod mewn ac allan cyn gynted â phosib. Ond, er gwaetha hyn, mae yna bosibilrwydd bod rhywun wedi dianc heb gael eu cosbi yn yr achos yma, felly dwi'n nodi'r manylion yn fy llyfr cyn gosod yr adroddiad ar fy mhentwr bach a chario 'mlaen i chwilio.

Hanner awr yn ddiweddarach, ac ar ôl ychwanegu un neu ddau adroddiad i'r pentwr, dwi'n agor clawr arbennig o swmpus ac yn sylwi yn syth ar enw Nhad fel y cyswllt heddlu. Yn amlwg roedd hwn yn achos sylweddol gan fod yr adroddiad yn cynnwys sawl cyfweliad manwl, yn ogystal â ffotograffau a mapiau o ystafelloedd ac adeiladau wedi eu tynnu â llaw.

Dwi'n darllen y cyfan yn ofalus. Sail yr achos oedd bod Peredur Prys, 38 oed o Aberystwyth wedi dod â chŵyn yn erbyn y Tad Graham Wilde, offeiriad 55 mlwydd oed yn yr eglwys Gatholig leol. Y gŵyn oedd i'r offeiriad gam-drin Emyr, mab wyth mlwydd oed Peredur, oedd yn aelod o gôr yr eglwys. Mae tôn yr adroddiad yn awgrymu bod yr awdur yn ystyried honiad y tad yn un credadwy, ac er fod tystiolaeth y mab yn fwy ansicr ac yn newid weithiau wrth iddo gael ei holi, roedd hynny i'w ddisgwyl o ystyried y trawma honedig roedd wedi ei ddioddef. Roedd Peredur Prys hefyd yn awgrymu'n gryf taw nid ei fab ef oedd yr unig un i gael ei gam-drin gan yr offeiriad, ond methwyd dod o hyd i unrhyw un oedd yn barod i wneud cyhuddiad tebyg – i ddweud y gwir roedd tôn y cyfweliadau gyda rhieni aelodau eraill y côr yn awgrymu bod Graham Wilde yn berson poblogaidd a syndod a siom oedd yr ymateb i'r cyhuddiadau yn ei erbyn.

Yn rhyfedd, er gwaetha'r holl waith a'r ymdrech a wnaethpwyd i ymchwilio i'r achos mae'r adroddiad yn dod i ben yn sydyn, gyda nodyn byr yn dweud bod Peredur Prys wedi penderfynu, yn groes i gyngor yr heddlu, nad oedd am fynd â'r achos ymhellach, a'i fod yn dymuno gollwng pob cyhuddiad yn erbyn yr offeiriad. Doedd dim awgrym pam fod y tad wedi newid ei feddwl mor sydyn.

Dwi'n troi'n ôl at dudalen flaen yr adroddiad, a gweld bod y cyhuddiad wedi ei wneud ar Awst y 10fed, 1989. Byddai Emyr Prys yn ei dri degau hwyr a'r offeiriad yn hen ddyn erbyn hyn. Dwi'n mynd trwy'r tudalennau yn gyflym eto, i geisio dod o hyd i unrhyw awgrym pam fyddai'r tad wedi gollwng yr achos, ond yn methu dod o hyd i unrhyw beth. Mae rhywbeth am hyn i gyd yn gafael yndda i.

'Oes un ohonoch chi'n cofio unrhyw beth am yr achos yma?' gofynnaf i Ditectifs Greening a Marshall, 'Y cyhuddiad yn erbyn y Tad Graham Wilde, ar ddiwedd yr wyth degau?'

Mae Pete Greening yn ysgwyd ei ben heb godi ei lygaid o'r adroddiad o'i flaen, ond mae Emlyn Marshall yn twtian yn flin.

'Ydw, dwi'n cofio. Un o'r achosion cynta i fi weithio arno fe ar ôl ymuno â'r ffôrs. Iwnifform ifanc o'n i ar y pryd,' meddai. 'Ofnadw' o beth, yr hen ddyn 'na'n manteisio ar fachgen bach. A wedyn yn osgoi ca'l ei gosbi – gwarthus, 'na beth o'dd e.'

'Unrhyw syniad pam?' gofynnaf. 'Mae'n edrych fel petai achos cryf fan hyn. Pam aeth e ddim i'r llys?'

Mae Emlyn yn edrych yn anghyfforddus.

'Wel... os gofia i'n iawn, y si ar y pryd oedd fod yr Eglwys Gatholig wedi camu mewn, wedi cynnig arian i Peredur Prys... Tipyn bach o arian 'fyd – o beth glywes i.'

'Ac oedd e'n hapus i wneud hynny?' gofynnaf yn syn. 'I gymryd yr arian a gollwng yr achos?'

Mae Emlyn yn codi ei ysgwyddau.

'Roedd Peredur Prys yn foi... anghyffredin.'

'Anghyffredin sut?' gofynnaf. Mae Emlyn yn troi yn ei gadair i 'ngwynebu i, ei gwpan te yn ei law. Mae'n gwisgo crys llwyd golau, a galla i weld y marciau chwys yn lledu o'i geseiliau.

'O'dd e'n ystyried ei hun yn dipyn o *wheeler-dealer*, wastad yn chwilio am ffordd o wneud arian heb orfod gwneud gormod o waith, ond yn anaml fydde fe'n llwyddo. O'n i'n teimlo trueni dros ei wraig, a dweud y gwir – hi o'dd yn dod â'r arian mewn a'n edrych ar ôl y plentyn ar ei phen ei hun, bron â bod.' Mae Emlyn Marshall yn oedi am funud, fel petai'n meddwl am rywbeth. 'Ond dal 'mlân… nage dy dad o'dd yn gweithio ar yr achos 'na? Fe fydde'r boi i siarad ag e.'

'Ife wir?' dwi'n esgus edrych ar yr adroddiad i wneud yn siŵr. 'O, ie, ti'n iawn 'fyd – gaf i air gyda fe. Diolch.' Dwi'n nodi'r achos a rhif yr adroddiad yn fy llyfr ac yn eu tanlinellu. Wrth droi yn ei gadair i fynd 'nôl i'w waith mae Emlyn yn siarad eto.

'O feddwl am y peth, falle fydde fe werth siarad 'da dy fam. Ma hi 'di bod yn ymwneud â Chymorth Cristnogol ers blynyddoedd maith drwy'r capel, on'd dofe? Synnen i ddim tase hi 'di dod ar draws Graham Wilde flynydde'n ôl.'

Syllaf ar gefn ei ben am eiliad, yna dwi'n troi'n ôl at fy llyfr ac yn tanlinellu'r cofnod olaf eto.

Siwan

'A dyna i gyd alla i ddweud wrthoch chi,' ma Mark Stiles yn gorffen, ar ôl adrodd hanes ei gyfarfod byr gyda Cynan Bould yn fanwl.

Dwi'n troi'n ôl trwy'r tudalennau yn fy llyfr nodiadau.

'Diolch, Mr Stiles. Jyst i fod yn gwbwl glir, chi'n siŵr taw y dyn yma o'dd yr un gweithiwr cymdeithasol o'dd ar eich achos chi?'

'Ydw. Fe oedd e,' ateba'n sicr. 'Wnes i ddim ei nabod e'n syth – ma fe wedi colli tipyn o bwysau ers i fi ei weld e diwetha – ond ddangosodd e'i gerdyn a wedyn o'n i'n gweld taw fe oedd e.'

'A wnath e ddim esbonio beth oedd e ishe?'

'Na, dim ond ei fod e yma i ddilyn yr hyn… wel, chi'n gwbod, yr hyn ddigwyddodd gyda'r *vigilantes* 'na. Roedd e'n awyddus iawn i ddod i mewn, ond roedd e'n gwenu arna i mor od, o'n i jyst yn teimlo bod rhywbeth ddim yn iawn.'

'OK. Ac ar ôl iddo fe adael, weloch i i ba gyfeiriad a'th e? Cerdded, neu o'dd car 'da fe?'

Ma Mark Stiles yn pwyso tuag ata i, yn amlwg yn mwynhau torri ar ei ddiwrnod unig, paranoid gyda sgwrs. Ma fe'n llyfu ei wefusau gwlyb eto, fel neidr yn blasu'r awyr, a dwi'n teimlo pwl o atgasedd tuag ato.

'Wel,' ma fe'n ateb, 'unwaith 'mod i'n siŵr ei fod e'n mynd wnes i ruthro i'r ffenest ffrynt i edrych.' Ma fe'n cyfeirio at y ffenest fwya tu ôl i'r llenni trwchus. 'Dim ond jyst ei weld e wnes i, yn gyrru i ffwrdd mewn fan werdd.'

'Fan?' gofynnaf yn obeithiol. 'Tebyg i fan waith? O'dd sgrifen ar yr ochr?'

'Na, na, dim fan fel'na. Un o'r – beth chi'n galw nhw – camper fans yna.'

Ma llais Taliesin yn dod i fy meddwl – *'Does bosib ei fod e'n aros yn rhywle cyhoeddus, fel gwesty?'* Fe fyddai camper fan yn lle perffaith i rywun guddio, yn symud o un lle i'r llall trwy'r amser. Ond doedd dim byd yn y cofnodion i ddweud bod Cynan Bould yn berchen ar un o'r rhain – does bosib ei fod e 'di'i dwyn hi, a chymryd y risg y byddai'r heddlu'n chwilio amdani. Ei benthyg, 'te? Neu 'di llwyddo i'w phrynu ond heb ei chofrestru?

'Weloch chi rif y fan?' gofynnaf yn gynhyrfus.

'Naddo, dim ar y pryd,' ateba.

Gormod i obeithio, meddyliaf i'n hun yn chwerw.

'Ond,' ma fe'n parhau, 'falle fydd e ar y CCTV? Mae gen i gamera yn ffenest y stafell lan lofft, chi'n gweld. Rhaid i fi fod yn ofalus, ma lot o bobol ishe –'

'Allwch chi fynd i edrych os gwelwch yn dda?' mynnaf, heb adael iddo orffen ei frawddeg. 'Ma hyn yn bwysig.'

'Ie, iawn, ond drychwch – beth yw hyn? Ydw i mewn –'

'Nawr, os gwelwch chi'n dda, Mr Stiles,' dwi'n gorchymyn, gan wneud yn siŵr fod y tinc diamynedd yn glir yn fy llais.

Ma fe'n llyfu ei wefusau eto ac yn brysio mas o'i stafell.

Taliesin

Dwi'n tynnu'r ffôn o fy mhoced ac yn gweld taw Mathews sy'n galw.

'Helô?'

'Taliesin.' Mae'n swnio mas o wynt, fel petai wedi cyffroi. 'Fi ar y ffordd 'nôl i'r orsaf, ond gwranda ar hyn. Dwedodd Mark Stiles wrtha i fod Cynan Bould yn gyrru camper fan werdd pan ddaeth e i'w weld e, a ni 'di ca'l y rhif. Alli di anfon neges at y bois iwnifform yn dweud 'thon nhw am gadw llygad mas amdano fe, a hefyd tsheca i weld 'da pwy ma hi wedi ei chofrestru? Sdim byd yn y wybodaeth sy 'da ni am Cynan Bould yn dweud ei fod e'n berchen ar fan.'

'Iawn – beth yw'r rhif?' gofynnaf. Dwi'n darllen y rhif yn ôl iddi, i wneud yn siŵr 'mod i wedi ei nodi'n iawn.

'Ie, 'na fe,' mae'n cadarnhau. 'Sut ma popeth? Ti 'di ffeindio unrhyw beth arall?'

'Cwpwl o achosion o ddiddordeb,' atebaf, yn awyddus i beidio â dweud unrhyw beth am y cysylltiad gyda Nhad o fewn clyw Marshall a Greening.

'OK – wnewn ni drafod pan fydda i'n ôl, fydda i ddim yn hir.'

Dwi'n ailgodi'r ffôn ac yn deialu rhif estyniad mewnol pennaeth adran iwnifform yr orsaf, ac yn egluro'r neges y mae angen ei gyfleu i bawb – rhif a disgrifiad y camper fan, a'r gorchymyn i'w stopio, ond i fod yn hynod ofalus. Mae yntau'n adrodd y wybodaeth 'nôl i mi, fel wnes i gyda Mathews, ac yn addo rhannu'r neges dros y radio ar unwaith.

Mae'r ffôn yn mynd 'nôl i'w grud am eiliad cyn i mi ei godi eto a galw rhif gyda chod Abertawe – rhif adran arbennig yn y DVLA sy'n delio â cheisiadau am wybodaeth ar gerbydau. Ar ôl cadarnhau pwy ydw i dwi'n rhoi manylion y fan werdd ac yn holi am y perchennog. Clywaf sŵn teipio cyn i'r fenyw ben arall y lein ateb gydag enw – Michael Silk – a chyfeiriad yn ardal Treforys, tu allan i Abertawe.

'Iawn – ac ers pryd mae Mr Silk yn berchen ar y fan?' gofynnaf.

'Ers... wyth mlynedd,' daw'r ateb.

'A does dim i awgrymu ei fod e wedi gwerthu'r fan yn ddiweddar?'

'Na, ddim ar y system.'

Dwi'n diolch iddi ac yn gorffen yr alwad. Dwi'n troi at y cyfrifiadur ac yn chwilio ar y we am rif ffôn gorsaf heddlu Treforys. O fewn dim mae'r ffôn wrth fy nghlust eto a dwi'n siarad gyda'r sarjant ar ddyletswydd, yn esbonio'r sefyllfa yn gryno. Gofynnaf iddo anfon iwnifforms i gartre perchennog y camper fan yn syth, er mwyn gwneud yn siŵr fod hwnnw'n iawn a hefyd i gadarnhau lle mae'r fan ar hyn o bryd. Mae'r heddwas ben arall yn cymryd y manylion yn bwyllog ac yn ofalus, ac ar ôl ei addewid i gysylltu'n uniongyrchol gyda fi cyn gynted ag y bydd unrhyw newyddion, dwi'n ffarwelio. Eisteddaf yn fy nghadair am dipyn, fy mys yn tapio ar fy ngwefus. Mae dau gwestiwn yn cylchu yn fy meddwl.

Pwy yw Michael Silk? A beth yw'r cysylltiad rhyngddo fe a Cynan Bould?

Siwan

Wrth gerdded mewn i'r orsaf dwi'n dal llygad Taliesin ac yn gweld ei fod e'n awyddus i rannu'r hyn ma fe wedi dod o hyd iddo tra 'mod i mas. Er gwaetha hynny, dwi'n mynd at Pete Greening gynta ac yn rhoi clap ar ei ysgwydd.

'Gwaith da, Pete,' meddaf, cyn esbonio bod y sgwrs gyda Mark Stiles wedi cynnig trywydd newydd. Ma'r holl adroddiadau 'di creu cwmwl o aroglau hen bapur, fel mewn llyfrgell, dros ddesgiau Pete ac Emlyn, ac ma fe'n dechre cosi 'nhrwyn i. 'Unrhyw beth arall 'di codi tra 'mod i mas?'

'Diolch. A na, dim byd arbennig,' meddai. 'Wedi sortio trwy sawl adroddiad arall ond sdim byd rhyfedd 'di neidio allan. Mae Taliesin wedi bod yn darllen ambell un hefyd,' ma fe'n ychwanegu â thinc chwilfrydig, ond amheus, yn ei lais.

'Jyst rhyw syniad sy 'da fe,' atebaf. 'Ond fel wedes i, gwaith da, Pete – a ti, Emlyn. Cariwch chi 'mlân. Taliesin – o's unrhyw beth mwy ar y fan?'

'Wnes i siarad gyda'r DVLA. Dyn o'r enw Michael Silk o Dreforys, Abertawe, sy wedi'i gofrestru fel y perchennog a hynny ers blynyddoedd. Dwi wedi gofyn i'r heddlu lleol ymweld â fe i ymchwilio ymhellach, ond heb glywed unrhyw beth 'nôl eto.'

'OK,' atebaf. Dwi am siarad ymhellach gyda Taliesin ynglŷn â'r achosion ma fe wedi bod yn edrych arnyn nhw tra 'mod i yn Llanfarian, ond dwi ddim eisie datgelu gormod o flaen Emlyn a Pete. 'Fi jyst â starfo,' meddaf. 'Dwi'n mynd i'r ffreutur i nôl rhwbeth cloi, der gyda fi 'nei di, Taliesin?'

Dwi'n dechre cerdded tua'r drws heb aros am ateb, ond cyn i fi fynd dau gam dwi'n clywed Saunders yn fy ngalw.

'Mathews! Fy swyddfa i, os gweli di'n dda!'

Dwi'n ochneidio, ond yn troi am y swyddfa, ac yn codi llaw i gyfeiriad Taliesin i ddweud wrtho am aros wrth ei ddesg nes 'mod i'n dychwelyd.

'Cau'r drws,' ma Saunders yn gorchymyn wrth i fi gamu i'r stafell fach, lom, a heb aros i fi eistedd ma hi'n siarad. 'Reit, peth cynta – dwi heb glywed unrhyw beth ganddo ti ers i ti ddod 'nôl o Dregaron. Sawl gwaith sy raid i fi ofyn am ddiweddariadau cyson cyn i ti ddechre gwrando?'

Damia.

'Ma'n ddrwg 'da fi, ma'am,' ymddiheuriaf. 'Dwi 'di bod mas o'r swyddfa drwy'r dydd yn dilyn ymholiade, o'n i am rannu'r diweddara yn syth ar ôl cyrraedd 'nôl.'

'Ac o't ti'n meddwl 'mod i yn y ffreutur, o't ti?' gofynna, gan edrych arna i'n wawdlyd. Dwi ddim yn ateb, dim ond edrych i lawr ar fy nwylo, fel plentyn o flaen athrawes.

'Wel?' ma hi'n gofyn yn y diwedd, ar ôl sawl eiliad anghyfforddus. Ma hi'n pwyso 'mlân yn ei chadair, ei phenliniau ar y ddesg, 'Beth yw'r diweddara, 'te?'

Dwi'n mynd trwy'r cwbwl sy wedi digwydd ers i fi siarad â Saunders ddiwetha, ar ôl dod o hyd i gorff Beryl Hopkyn. Er 'mod i wedi dweud yr hanes yn fras unwaith o'r blaen, dwi'n disgrifio'r olygfa erchyll oedd yn aros amdanon ni yng nghyntedd y ffermdy, ond dwi'n methu gweld unrhyw fath o ymateb gan Saunders. Ma'r llyged llwyd wedi'u hoelio arna i'n ddiemosiwn, ac yn aros felly wrth i fi grynhoi cynnwys y llythyr diweddara gafodd Taliesin, a sylwadau y patholegydd.

'Iawn,' meddai ar ôl i fi orffen. 'A beth yn union ydych chi'n ei wneud i ddal y Cynan Bould yma?'

Anadlaf yn ddwfn ac esbonio'r theori bod y cyn-weithiwr cymdeithasol yn mynd trwy hen achosion, yn cosbi'r rheini ma fe'n teimlo na chafodd eu cosbi'n ddigonol yn y lle cynta. Ma hynny'n fy arwain i 'mlân yn daclus at y cyfweliad gyda Mark Stiles a'r disgrifiad o'r fan y gallai Cynan Bould fod yn ei defnyddio.

'Ma Taliesin yn aros i glywed 'nôl wrth heddlu Treforys ynglŷn â gwybodaeth bellach am berchennog y fan gyda hyn i gyd.'

Dyw Saunders ddim yn symud yn syth, ond ar ôl eiliad neu ddwy ma hi'n codi ei pheneliniau o'r ddesg ac yn pwyso'n ôl yn ei chadair, heb gymryd ei llygaid oddi arna i o gwbwl.

'OK,' meddai ar ôl tipyn. 'Gad i fi wybod ar unwaith os oes unrhyw ddatblygiadau eraill.' Ma pwyslais pendant ar yr 'ar unwaith'. 'Ai dyna'r cwbwl sydd gyda chi? Mae'r cysylltiad gyda'r camper fan yn addawol ond yn lwc pur, a dwi ddim yn gweld bod Greening a Marshall yn cael lot o lwc gyda'u hymchwil nhw...'

Dwi'n oedi. Ma'n un peth cadw theori Taliesin am ei dad o glyw Emlyn a Pete, ond yn beth arall i'w chuddio oddi wrth Saunders.

'Wel,' meddaf, yn betrusgar. 'Ma gan Taliesin un syniad – ond theori yw hi, theori braidd yn...' Dwi'n aros, yn ffaelu meddwl am yr ansoddair addas.

'Swnio fel un o theoris MacLeavy,' ateba Saunders, fel petai'n gallu darllen fy meddwl. 'Beth yw hi?'

Gan drio dewis y geiriau fydd yn gwneud i'r cwbwl swno'n llai gwallgof, dwi'n esbonio bod Taliesin wedi bod yn dadansoddi'r negeseuon oedd Cynan Bould wedi eu gadael a'i fod am dargedu pob achos â chysylltiad â'i dad.

Ma wyneb Saunders yn dangos rhywfaint o ymateb y tro yma.

'Ifan MacLeavy?' gofynna.

'Ie, ma'am.'

Am eiliad ma llygaid Saunders yn bradychu'r ffaith ei bod hi ddim yn meddwl llawer o dad Taliesin. Ma tawelwch eto. Am yn hir y tro yma. Yn hir iawn. Dwi'n gwbod bod dyfodol Taliesin ar yr achos yn y fantol.

'Ydy e'n iawn?' gofynna o'r diwedd.

'Ifan MacLeavy? Ydy, ma fe a'i wraig mas yn Llydaw, fe fyddan nhw bant am wthnose. Dy'n ni ddim yn –'

'Dim Ifan,' ma hi'n torri ar fy nhraws yn ddiamynedd, fel petai poeni am y tad yn syniad hollol dwp. 'Taliesin – ydy e'n OK? Os nad yw e, mae'n rhaid i ti adael i fi wbod.'

Dwi'n pendroni cyn ateb. Ar un llaw, dwi ddim yn siŵr beth yw cyflwr meddwl Taliesin ar hyn o bryd. Ar y llaw arall, fe wnes i addo iddo y byddai'n cael tan ddiwedd y dydd – ma fe'n haeddu hynny o leia.

'Dwi'n cadw llygad agos arno fe,' meddaf yn y diwedd, yn ymwybodol 'mod i ddim yn ateb y cwestiwn gwreiddiol.

Ma Saunders yn syllu arna i am dipyn bach. Ma'n teimlo fel amser hir, hir, ond yn y diwedd ma hi'n gwisgo ei sbectol ac yn sgrifennu rhwbeth ar y pad o'i blaen.

'Ydy'r theori yma'n cynnig trywydd newydd?' gofynna heb godi ei phen.

'Dwi ddim yn gwbod – o'n i ar fin ca'l sgwrs gyda Taliesin cyn i chi 'ngalw i.'

'OK – wel gad i fi wbod yn syth os oes rhywbeth newydd yn codi o nawr 'mlaen, deall?'

'Wrth gwrs, ma'am,' meddaf wrth ddechre codi. Mewn amrantiad ma llygaid Saunders arna i a dwi'n rhewi.

'Eistedda – dy'n ni ddim wedi gorffen eto,' meddai. Dwi'n suddo'n ôl i'r gadair. 'Mae eisie i chi ganolbwyntio ar y llofrudd, ond peidiwch ag anghofio am y lleidr yma – le y'ch chi arni? Mae pwysau o'r prif gwnstabl i wella'r ystadegau datrys lladradau yn y sir. Oes angen i fi basio'r achos 'mlaen i rywun arall?'

Dwi'n syllu ar Saunders am eiliad cyn deall am beth ma hi'n siarad. Rhwng popeth sy 'di digwydd heddiw ma lleidr Borth 'di cael ei wthio i gefn fy meddwl. Petawn i'n bod yn gall fe fydden i'n derbyn y cynnig i basio'r achos 'mlân, ond dwi'n awyddus i wybod a ydy damcaniaeth Taliesin am y lleidr yn iawn ai peidio.

'Na,' meddaf. 'Na, ma gyda ni gwpwl o syniadau – gobeithio fydd 'da ni fwy o newyddion yn ystod y dyddiau nesa 'ma.'

Ma Saunders yn syllu arna i, ei llygaid wedi chwyddo drwy ei sbectol. Ai fel hyn fydd llygoden yn ei deimlo pan ma hi wyneb yn wyneb â thylluan?

'Erbyn fory, os gweli di'n dda,' meddai. 'Neu fydd dim dewis ond rhoi'r achos i rywun arall.'

'Wrth gwrs, ma'am,' atebaf.

Taliesin

Mae drws swyddfa Saunders yn agor a Mathews yn brysio allan. Ers iddi gamu mewn yno dwi wedi bod yn dychmygu'r sgwrs sy'n mynd ymlaen. Trafod syniadau gwirion y MacLeavy 'na, gwawdio'r cysylltiadau gwallgo gyda'i dad, gwneud y penderfyniad i'w dynnu oddi ar yr achos yn syth. Yr un cysur, yr un llygedyn o obaith yw bod Mathews wedi addo rhoi tan ddiwedd y dydd i mi. Dwi'n dibynnu arni i gadw ei gair.

'Taliesin?' mae'n galw ar draws yr ystafell, gan wyro ei ben i gyfeiriad y ffreutur. Dwi'n casglu fy llyfr nodiadau ac yn ei ddilyn o'r swyddfa.

Dydyn ni ddim yn siarad eto nes ein bod ni'n eistedd yn y ffreutur, hithau'n magu cwpanaid o de cryf, ac yn mwmial rhywbeth am laeth almwn adre, a finnau'n dal potel o Ribena heb ei hagor. Fyddwn i'n gwneud unrhyw beth o gwbwl am rym dwbl nawr.

'Reit,' meddai Mathews. 'Ma lot 'da ni neud. Beth sy 'da ti?'

Mae'r rhyddhad yn golchi drosta i – dwi'n aros ar yr achos, am y tro o leiaf. Mae'n rhaid fod Mathews wedi cadw manylion fy theori rhag Saunders. Dwi ddim yn gwybod sut i ddiolch iddi, felly dydwi ddim. Dwi'n agor fy llyfr nodiadau yn lle hynny.

'Iawn,' meddaf. 'Mae yna gwpwl o achosion wedi tynnu fy sylw.'

Dwi'n amlinellu achosion Macsen Llwyd, y bachgen a ddiflannodd o Aberaeron, a Gladys O'Neill, yr hen ddynes fuodd farw yng nghartre ei merch, ac yn rhannu adroddiad mwy manwl am achos Graham Wilde, yr offeiriad Catholig.

'Ohonyn nhw i gyd,' meddaf wrth orffen, 'ddwedwn i taw achos Emyr Prys yw'r un i edrych arno gyntaf. Mae yna sawl peth allai ddenu sylw Cynan – mae'n achos o gam-drin plant, sy'n rhywbeth mae e wedi canolbwyntio arno hyd yn hyn, ac fe allech chi ddadlau fod mwy nag un yn haeddu cael eu cosbi – Graham Wilde, am beth wnaeth e yn y lle cynta, a Peredur Prys, tad y bachgen, am dderbyn arian i ollwng yr achos yn hytrach na chosbi'r un oedd wedi cam-drin ei fab.'

Mae bysedd Mathews wedi eu plethu o gwmpas ei chwpan, ac mae'n ei godi i'w cheg ac yn cymryd dracht hir, meddylgar cyn siarad.

'OK,' meddai yn y diwedd. 'Iawn. Ma lot o ddyfalu a damcaniaethu fan hyn, a dim lot o dystioleth gadarn, ond ma fe'n waith da.'

Dwi'n teimlo'r balchder yn chwyddo fel balŵn tu mewn i mi.

'Ond,' mae Mathews yn parhau, 'dwi'n meddwl taw fi ddyle edrych ar y pethe hyn nawr, fel pâr newydd o lygaid.'

Mae'r balŵn yn ffrwydro, a dwi ar fin dadlau – dwi ddim eisiau pasio'r achos hwn ymlaen i unrhyw un arall, dim hyd yn oed Mathews.

'Ti'n agos iawn i hyn i gyd, Taliesin,' meddai cyn i mi ffurfio brawddeg i ddadlau. 'Yn rhy agos. Os oes cysylltiad gyda dy dad, ma'n rhaid i ni fod yn siŵr ein bod ni'n edrych ar bethe yn gwbwl wrthrychol. Petai'r achos yn mynd i'r llys, beth wyt ti'n meddwl fydde bargyfreithiwr yn 'i weud o wbod bod cysylltiad gydag Ifan MacLeavy, a bod ei fab wedi ca'l ymchwilio i'r achos? Na, am y tro ma ishe i ti gamu'n ôl. Ond paid poeni – os wyt ti'n iawn wna i'n siŵr fod pawb yn gwbod taw dy waith di yw hyn i gyd.'

Dwi'n agor y botel Ribena ac yn cymryd llwnc ohoni. Mae fy nwylo i'n crynu ychydig bach. Fedra i weld nad ydy Mathews am newid ei meddwl.

'Iawn,' meddaf o'r diwedd, gan obeithio y bydd derbyn ei phenderfyniad heb ddadlau yn golygu y ca i ailafael yn yr achos cyn hir. 'Beth wyt ti eisiau i mi wneud yn y cyfamser?'

'Odyn ni 'di ca'l unrhyw beth wrth heddlu Treforys am y camper fan eto?' gofynna.

'Na, dim eto.'

'OK. Pan glywn ni'n ôl gei di ddelio gyda fe. Ond yn y cyfamser, ma Saunders ishe i ni gau pen y mwdwl ar y lleidr yn Borth.'

Dwi'n digalonni mwy fyth. Y lleidr! Dydy hynna ddim byd i wneud â'r llofruddiaethau hyn! Beth yw'r ots os ydy rhyw hen bobol yn colli cwpwl o fodrwyon ac ychydig o arian, allith Mathews ddim gweld bod y llofruddiaethau'n bwysicach?

'Dy syniad di oedd e,' mae'n parhau, 'felly ma fe ond yn deg dy fod di'n ca'l mynd ar ei ôl e. Cysyllta â'r cwmni trenau i ga'l gwybodaeth am berchnogion ceir â thrwyddedau staff ym maes parcio gorsaf Borth, yn ogystal ag unrhyw un arall sydd â thrwydded parcio yna, a chymhara eu shifftts nhw ag amseriad pob lladrad. Der ag unrhyw un sy'n ffitio'r patrwm mewn i gael ei holi.'

Mae'n rhaid fod y siom yn dangos ar fy ngwyneb oherwydd mae Mathews yn ychwanegu, 'Cynta i gyd fyddi di'n dod â'r achos yna i fwcwl, cynta i gyd allwn ni edrych ar dy ga'l di'n ôl ar achos Cynan Bould.'

Dwi'n cymryd llymaid arall o Ribena, Mathews yn gorffen ei the, ac mae'r ddau ohonon ni'n codi o'n cadeiriau heb air pellach.

Cynan

Mae hi mor oer yma, o fewn y waliau metal, tenau yma. Clywaf wylan yn crawcian yn glir rhywle tu allan. Dylen i wedi dod â gwresogydd gyda fi.

Mae'r ddwy yma'n crynu, ond efallai fod hynny'n fwy i wneud ag ofn nag oerfel.

Mae'r ddynes ifanc yn eistedd yn y gadair, wedi ei chlymu'n dynn. Sylwaf fod croen ei thraed wedi troi'n las.

Mae'r ddynes hŷn yn gorwedd ar y gwely, y rhaff arw yn brathu i'w breichiau a'i choesau. Mae masgara dros ei bochau.

Does dim ffordd i'r ddwy siarad – mae'r carpiau dwi wedi'u gwthio i'w cegau yn stopio hynny – ond mae'r naill yn gallu gweld y llall. Fe fuon nhw'n syllu ar ei gilydd am oesau, ond mae'r un hŷn wedi troi ei hwyneb at y wal erbyn hyn.

Mae'r poen yn fy mhen yn annioddefol.

Siwan

Dwi'n edrych faint o'r gloch yw hi wrth gyrraedd 'nôl at y ddesg. Pedwar o'r gloch. Ma gwers nofio gyda Nansi heno, a fel arfer fi fydd yn mynd â hi ond, er gwaetha'r pigiad o euogrwydd, dwi'n gwbod bod gormod ar fy mhlât pnawn 'ma.

Tra 'mod i ffwrdd o'r gwaith fydden i'n edrych 'mlân at adeg yma'r wythnos. Byddai Cadi'n cysgu yn y bygi a Nansi yn y pwll tra 'mod i yn defnyddio'r amser i gario 'mlân 'da *Gwaed Oer*. Ond dwi ddim wedi mynd yn bell iawn a dweud y gwir. Dyw'r llygod ffyrnig heb ddechre ymosod o ddifri eto.

Dwi'n tynnu'r ffôn symudol o fy mag ac yn ffonio Iolo. Ma fe'n ateb ar yr ail alwad.

'Heia.'

'Hei – gwranda, fi'n mynd i fod yn hwyr yn y gwaith heddi, ond ma gwers nofio Nansi pnawn 'ma. Fydd Sian wedi casglu'r ddwy erbyn hyn, so alli di eu nôl nhw o'i thŷ hi a mynd â nhw i'r pwll erbyn pump? A tra bo fi'n cofio, ma arnon ni iddi am sesiyne gwarchod wthnos dwetha, alli di sortio hynna 'fyd?'

Mae Iolo'n dawel am dipyn, yna'n ochneidio'n flin a dweud 'Sdim lot o ddewis 'da fi, o's e?'

Dwi'n gostwng fy llais rhag i neb yn y swyddfa glywed.

'Hei, ma'n ddrwg 'da fi, OK? Ond ma lot yn mynd 'mlân fan hyn a –'

'Ma lot yn mynd 'mlân 'da fi 'fyd, Siw, taset ti'n gwrando,' ateba. 'Sai'n gwbod – falle bod e'n gamgymeriad, ti'n mynd 'nôl i'r gwaith fel hyn.' Gyda hynny mae'n gorffen yr alwad.

Dwi'n syllu ar sgrin y ffôn am eiliad neu ddwy, yn ystyried ei ffonio fe'n ôl, cyn ei roi yn araf yn ôl yn fy mag, a gorfodi fy hun i ganolbwyntio ar yr achos unwaith eto. Dwi'n dihuno fy nghyfrifiadur ac yn dechre chwilio am adroddiad yr heddlu i achos Graham Wilde, yr offeiriad Catholig, ac Emyr Prys, y bachgen a gyhuddodd e.

Taliesin

Gan deimlo'n flin ac yn ddiamynedd, dwi'n dod o hyd i rif ffôn prif swyddfa'r cwmni trenau yn Birmingham. Peiriant sy'n ateb, ac mae'n rhaid i mi wau fy ffordd trwy ddrysfa o wahanol opsiynau cyn llwyddo i gael gafael ar berson go iawn. Ar ôl tipyn o ymdrech dwi'n llwyddo i esbonio pwrpas fy ngalwad, ac yn cael fy nghyfeirio i'r adran berthnasol sy'n dal manylion trwyddedau parcio'r staff. Mae acen Birmingham drwchus y dyn ben arall y lein yn ei gwneud hi'n anodd deall beth mae e'n ei ddweud ar adegau.

'Trwyddedau parcio?' gofynna yn Saesneg, mewn penbleth.

'Ie,' atebaf.

'Pam mae'r heddlu eisiau manylion trwyddedau parcio?'

'Fedra i ddim manylu, ond mae'n rhan o achos ry'n ni'n ymchwilio iddo ar hyn o bryd.'

'Trwyddedau parcio?' gofynna eto, yn anghrediniol.

Dwi'n cnoi fy nhafod cyn ateb.

'Ie. Trwyddedau parcio'r staff yng ngorsaf Borth, Ceredigion.'

'Allwch chi sillafu hynna?'

'Borth? Neu Ceredigion?'

'Y ddau.'

Dwi'n ochneidio'n rhwystredig i'n hun, cyn adrodd y llythrennau'n ofalus yn y wyddor ffonetig.

'Bravo, Oscar...'

Siwan

Dwi'n darllen adroddiad yr heddlu am achos Graham Wilde pan ma'r ffôn ar fy nesg yn canu.

'Y ddesg flaen sy 'ma,' meddai'r llais. 'Mae gen i heddlu Treforys ar y lein. Ma'n nhw eisie siarad gyda Ditectif MacLeavy ond ma fe'n brysur, allwch chi gymryd yr alwad?'

Dwi'n edrych i gyfeiriad Taliesin, sy â'i lygaid ar gau, ei fysedd yn pinsio top ei drwyn. 'Golf... no, Golf...' dwi'n ei glywed e'n ddweud.

'Ie, iawn,' atebaf, ac ar ôl clic ysgafn ma llais newydd, dyfnach ag acen ddeheuol yn dod ar y lein.

'Ditectif MacLeavy?' gofynna.

'Ma Ditectif MacLeavy yn brysur ar hyn o bryd,' meddaf. 'Ditectif Siwan Mathews sy 'ma, ni'n gweithio ar yr un achos. O's unrhyw newyddion am y camper fan?'

'O shw ma'i, Ditectif Mathews. Wel, oes, rhywfaint,' daw'r ateb. 'Fe anfonon ni gar draw i gartre Mr Silk, a fe wnaeth dau o'n bois iwnifform ni siarad gyda fe. Ddwedodd e ei fod e wedi gwerthu'r camper fan rai wythnose'n ôl i rywun o'n enw George Oldfield. Fe dalodd e mewn arian parod.'

'Ond doedd y DVLA ddim yn gwbod bod y fan wedi cael ei gwerthu?' meddaf.

'Na – wel, ar ôl tipyn o holi fe gyfaddefodd Mr Silk fod y boi Oldfield yma wedi talu ychydig dros y pris roedd e'n gofyn amdano, ar yr amod nad oedd e'n cofrestru'r newid dwylo yn syth. Dwedodd Oldfield ei fod e am wneud gwaith ar y fan gynta, ei fod e'n bwriadu ei roi'n anrheg pen blwydd i'w wraig a felly ddim eisie gwaith papur yn dod i'r tŷ i sbwylio'r syrpréis.'

'A fe gredodd y boi Silk yma hynna?' gofynnaf yn anghrediniol.

'Do, o beth dwi'n deall. Doedd e ddim yn sylweddoli bod hynny yn erbyn y gyfraith, yn ôl y bois iwnifform. Ond fe wnaethon ni ddangos y llun gafon ni gan Ditectif MacLeavy, a roedd e'n eitha sicr taw fe oedd y George Oldfield 'ma – bach yn deneuach falle, ond yr un boi.'

'A nath Oldfield ddim rhannu cyfeiriad, dwi'n cymryd?'

'O, do – ond un ffug. Ry'n ni 'di tsheco hynna'n barod.'

'OK,' dwi'n ochneidio. 'Wel, diolch i chi.'

Ma'r llais ben arall yn dymuno pob lwc, cyn gorffen yr alwad.

Wrth ailosod y ffôn dwi'n edrych ar Taliesin. Ma fe'n eistedd yn dawel gyda'i ffôn i'w glust. Ma fe'n fy ngweld i'n edrych.

'*On hold*,' meddai'n ddiamynedd.

'Treforys oedd hynna,' meddaf, a manteisio ar y cyfle i grynhoi'r alwad er ei fwyn.

'Dim trywydd i'w ddilyn fyn'na, 'te,' meddai'n siomedig, wedi i fi orffen.

'Wel, oni bai am yr enw ma fe'n ei ddefnyddio – George Oldfield. Falle fod rhyw arwyddocâd i hynny?' dwi'n meddwl yn uchel.

Ma Taliesin yn ysgwyd ei ben.

'George Oldfield oedd enw'r ditectif oedd yn gyfrifol am yr ymgyrch i ddal yr Yorkshire Ripper yn y saith degau. Fe fethodd e'n llwyr – canolbwyntio ar y dystiolaeth anghywir a chael ei dwyllo gan adroddiadau ffug. Flynyddoedd wedyn, ac ar ôl i sawl dynes arall farw, fe ddigwyddodd dau iwnifform stopio fan Peter Sutcliffe a'i arestio – lwc pur oedd y cwbl. Yn y diwedd roedd yn rhaid i Oldfield ymddeol yn dipyn o jôc. Ti'n cofio'r llyfre *true crime* yna oedd yn y tŷ ym Mhenrhyncoch? Betia i fod yna un ar yr Yorkshire Ripper a'i fod e wedi dewis yr enw gan wybod y bydden ni'n dod i chwilio am y fan. Mae Cynan Bould yn chwerthin ar ein pennau ni.'

Yr eiliad yna ma'n amlwg fod rhywun o'r cwmni trenau 'di dychwelyd, ac ma Taliesin yn troi oddi wrtha i ac yn ailddechre'r sgwrs.

'Ydw,' meddai. 'Ydw, dwi yma o hyd.'

Taliesin

Mae'n cymryd hanner awr ar y ffôn – hanner awr o gael fy mhasio'n ôl ac ymlaen rhwng tair adran wahanol – cyn i mi lwyddo i gael gafael ar rywun sy'n addo y byddan nhw'n e-bostio'r trwyddedau parcio a'r amserlenni gwaith yn syth.

Wrth aros i'r e-bost gyrraedd dwi'n troi i wynebu Mathews. Mae hithau'n astudio sgrin ei chyfrifiadur yn ddwys.

'Unrhyw beth o ddiddordeb?' gofynnaf, yn awyddus i gadw'r cysylltiad ag achos Cynan Bould.

Mae'n rhwbio ei llygaid blinedig.

'O beth wela i,' meddai, 'ar ôl yr holl fusnes gyda'r bachgen 'ma fe symudodd yr Eglwys Gatholig Graham Wilde i eglwys fach yn Castlebar, yng ngorllewin Iwerddon – hen ddigon pell o Geredigion. Alla i ddim dod o hyd i gofnod o unrhyw un yn neud cwyn arall yn ei erbyn. Fe fuodd e farw o drawiad ar y galon yn Castlebar yn 75 oed – un arall y gallwn ni ei dynnu oddi ar y rhestr.'

'A beth am Peredur Prys?' gofynnaf. 'Os ydy Cynan Bould yn meddwl iddo gymryd arian budr, yn hytrach na mynnu cyfiawnder i'w fab, heb sôn am roi'r cyfle i Graham Wilde fynd 'mlaen i gam-drin plant eraill, falle mai fe yw'r un mewn perygl.'

'Dyna lle ma pethe'n mynd yn fwy anodd,' ateba Mathews. 'Ar ôl cymryd arian yr Eglwys Gatholig a gollwng yr achos fe nath Peredur Prys a'i deulu adael Aberystwyth a symud i Leeds. Ma fe'n ymddangos wedyn i Peredur golli tipyn, os nad yr holl arian, wrth fuddsoddi mewn sawl busnes lleol. O fewn tair blynedd fe symudodd y teulu eto, i Wrecsam y tro hwn, i chwilio am waith. Deg mlynedd arall, a ma Emyr Prys a'i fam yn dychwelyd i fyw i Aberystwyth heb Peredur. Sdim sôn amdano fe ar ôl 'nny.'

Dwi'n sylwi, ar sgrin fy nghyfrifiadur, bod e-bost wedi cyrraedd wrth y cwmni trenau.

'Mae e wedi bod ar goll ers dros bymtheg mlynedd? Oes gwerth mynd i'w gweld nhw – Emyr a'i fam?' awgrymaf, wrth glicio'r e-bost ar agor a dechrau gweithio fy ffordd trwy'r atodiadau. 'Rhag ofn eu bod nhw'n gwybod lle mae Peredur erbyn hyn?'

'Ie, dyna dwi'n neud nawr, trio dod o hyd i gyfeiriad diweddar.'

Un wrth un agoraf yr atodiadau sy'n cynnwys manylion y trwyddedau car. Yn ffodus dim ond pump ohonyn nhw sydd ar gyfer gorsaf Borth. Gan fod yr unig ddisgrifiad sydd gyda ni o'r lleidr yn un o ddyn dwi'n gosod y ddwy drwydded i ddynes naill ochr. Dwi wedyn yn agor yr atodiadau sy'n cynnwys patrymau gwaith y tri dyn sydd ar ôl, a'u cymharu nhw â'r dyddiadau yn fy nodiadau am pryd gafodd y tri cwpwl eu targedu – yr Elfeds, y Stirlings a'r Bowens. Er gwaetha fy awydd i ailgydio yn achos Cynan Bould, teimlaf wefr o gyffro wrth weld taw dim ond un o'r tri patrwm gwaith – yr un sydd yn enw Sean Blackley – sy'n cyfateb â phob un o'r diwrnodau. Os ydw i'n gywir mae'n rhaid felly taw hwn yw'r lleidr.

Mae'n ddydd Iau heddiw, ac wrth edrych trwy amserlen waith Sean Blackley mae'n ymddangos ei fod yn gweithio'r un shifft pob dydd Iau, yn gorffen am chwech o'r gloch y nos. Mae'n agosáu at hanner awr wedi pump erbyn hyn.

Dwi'n printio trwydded parcio a phatrwm gwaith Sean

Blackley, ac yn eu dangos i Mathews. Ar ôl trafodaeth fer mae hithau'n cytuno y dylwn i a dau iwnifform fynd i gwrdd â fe wrth iddo orffen ei shifft, a dod â fe i'r orsaf i gael ei holi. Dydy'r dystiolaeth ddim yn ddigon i'w arestio eto, ond os ydy Sean Blackley yn cyfateb i'r disgrifiad a roddwyd gan gymydog yr Elfeds fe fyddwn ni gam yn nes. Heblaw am hynny, fydd yn rhaid i ni aros i glywed beth mae e'n ei ddweud yn y cyfweliad.

'Ffonia fi 'da unrhyw newyddion,' meddai Mathews. 'A bydda'n ofalus.'

Er gwaetha'r ddamwain gyda'r goeden gynnau dwi'n awyddus i yrru fy nghar i yn hytrach na rhannu car iwnifform. Codaf y ffôn a threfnu i anfon dau iwnifform i orsaf drenau Borth gan ddweud y bydda i'n eu cyfarfod nhw yna.

Dwi'n casglu copïau o'r drwydded parcio a'r patrwm gwaith ac yn rhoi fy llyfr nodiadau yn fy mhoced. Gwisgaf fy nghot a cherdded i gyfeiriad y maes parcio.

Siwan

Pum munud ar ôl i Taliesin adael dwi'n casglu fy mhethe ac yn gadael y swyddfa. Ar y ffordd heibio'r ddesg flaen mae llais cyfarwydd yn galw fy enw.

'Hei, Ditectif Mathews – Siwan!' Mae Anni Fflur yn sefyll tu ôl y ddesg gyda ffôn yn ei llaw.

'Hei Anni – sori, alla i'm stopio...' atebaf, cyn i Anni dorri ar fy nhraws.

'Ti'm yn gwbod lle ma Taliesin, wyt ti?' mae'n gofyn. 'Fi 'di trio ei ffôn e ond sdim ateb, a ma 'da fi neges iddo fe. Ma rhywun newydd ffonio – ddwedodd Ditectif MacLeavy y dylen ni basio unrhyw negeseuon anarferol yn syth iddo fe.'

'Ma fe mas ar achos,' atebaf. 'Ond os wnei di roi'r neges i fi wna i basio hi 'mlân.' Dwi'n teimlo'n gyffrous ond eto'n annifyr, fel petawn i ar fin clustfeinio ar sgwrs breifet rhwng dau ffrind.

'O, diolch i ti. Dyma fe: "Neges i Ditectif MacLeavy. Fydd e'n gwybod pwy sydd yma. Dwi'n dechrau blino aros amdanat ti. Cofia, dydy pob plentyn ddim yn chwarae'n deg."' Ma Anni'n pasio darn papur â'r neges wedi'i sgrifennu arno mewn llawysgrifen fach, daclus. Dwi'n sylwi fod y neges yn dechre yn gwmws fel yr un o'r blaen – yr un yn dweud wrthon ni am Beryl Hopkyn.

'"Cofia, dydy pob plentyn ddim yn chwarae'n deg?"' gofynnaf i gadarnhau.

'Dyna ddwedodd e,' ma Anni'n ateb.

'A dim byd arall?'

'Gafodd e bwl o beswch eitha cas wrth iddo orffen yr alwad. Ond na, ddwedodd e ddim byd arall.'

'OK,' meddaf. 'Alli di ffeindio mas o ble dda'th yr alwad? Wna i basio'r neges 'mlân i Ditectif MacLeavy.'

'Iawn, wrth gwrs.'

Dwi'n estyn fy ffôn symudol a galw rhif Taliesin. Ma fe'n canu sawl gwaith cyn mynd i'r peiriant ateb. Ma Taliesin yn ddigon hapus bron i yrru mewn i goeden ond ddim i ateb ei ffôn wrth yrru, dwi'n meddwl yn chwerw.

'Taliesin – ni 'di ca'l neges arall,' meddaf ar ôl aros am y dôn, ac yna dwi'n adrodd y neges air am air. 'Plentyn ddim yn chwarae'n deg – beth mae hynna'n feddwl? Ffonia fi pan gei di hwn. Fi ar y ffordd mas i weld Emyr Prys a'i fam.'

Taliesin

Pan dwi'n cyrraedd gorsaf drenau Borth mae'r car iwnifform yn disgwyl amdana i. Mae'r ddau heddwas yn edrych arna i wrth i mi gerdded heibio, yn mynd yn syth am y maes parcio. O fewn dim dwi wedi dod o hyd i'r car sydd wedi ei nodi ar drwydded Sean Blackley. Mae'r car ei hun yn frwnt, a rhywun wedi tynnu llun anweddus yn y llwch trwchus ar y cefn. Dwi'n sbecian trwy'r ffenest. Mae'r sedd gefn wedi ei chuddio gan bentwr o becynnau McDonald's, dillad a sawl papur newydd.

Cerddaf 'nôl at y ddau iwnifform.

'Iawn, ei enw e yw Sean Blackley a hwnna yw ei gar e – y Peugeot gwyn, brwnt yna.' Dwi'n tynnu fy ffôn o fy mhoced i edrych ar yr amser, ac yn sylwi fod neges oddi wrth Mathews. 'Reit, mae gyda ni ryw bum munud nes fod ei shifft e'n gorffen, felly byddwch yn barod.' Mae'r ddau yn edrych ar ei gilydd, a dwi'n amau i mi weld un yn gwenu'n slei ar y llall, ond mae gen i fwy o ddiddordeb i glywed beth sydd yn y neges sy'n aros amdana i. 'Esgusodwch fi am funud.'

Dwi'n gwrando ar y neges, ac yna'n ailwrando, gan ei nodi yn fy llyfr. Fe all pob gair o negeseuon Cynan Bould fod yn bwysig.

Dwi'n teimlo'r pwysau o orfod dod i adnabod y llofrudd, i greu cysylltiad gyda fe a cheisio deall ei ffordd o feddwl. Mae'n aros amdana i, dwi'n siŵr o hynny – ond yn lle? A pham? A beth sy'n mynd i ddigwydd os nad ydw i'n cyrraedd mewn pryd? Sawl un arall sy'n mynd i gael eu dedfrydu i farwolaeth?

'*Cofia dydy pob plentyn ddim yn chwarae'n deg*' – beth ddiawl oedd hynna'n 'i olygu? Ydy e'n meddwl ei fod e'n blentyn rhywsut? Neu a yw'n cyfeirio at un o'r cannoedd o blant sydd yn ei adroddiadau?

'Syr?' clywaf un o'r iwnifforms yn fy ngalw wrth i mi ganolbwyntio ar y neges. 'Syr?' Dwi ar fin troi ato i ddweud 'mod i angen llonydd, ond mae'n pwyntio i gyfeiriad y Peugeot gwyn, a'r dyn sy'n cerdded tuag ato. Y dyn yn iwnifform y cwmni trenau. Y dyn sy'n edrych yn union fel y disgrifiad roddodd cymydog yr Elfeds o'r lleidr – maint canolig, gwallt tywyll byr, trwyn ychydig yn gam.

Gan wthio neges Cynan Bould i gefn fy meddwl am nawr, brysiaf ar draws y maes parcio cyn i Sean Blackley ddringo i'w gar. Mae presenoldeb cadarn y ddau iwnifform tu ôl i mi yn gysur.

'Esgusodwch fi! Esgusodwch fi!' galwaf, ond does dim ymateb. Mae ei law ar ddolen drws y car erbyn i ni gyrraedd, a dwi'n estyn allan i'w rwystro rhag ei agor.

'Beth ffyc?' mae'n ebychu'n syn, gan dynnu pâr o glustffonau o'i glustiau. Gallaf glywed y gerddoriaeth uchel o ble dwi'n sefyll. Mae ei law dde yn ddwrn, fel petai ar fin fy nharo i.

'Sean Blackley?' gofynnaf. Mae ganddo bloryn ar ei foch sy'n goch ac yn edrych yn boenus.

'Ie. Pam?'

'Fyddech chi'n fodlon dod gyda ni i'r orsaf heddlu yn Aberystwyth os gwelwch yn dda? Ry'n ni'n ymchwilio i sawl lladrad yn yr ardal, a dwi'n gobeithio y byddwch chi'n gallu ein helpu ni gyda...'

Dwi ddim yn cael cyfle i ddweud gair ymhellach cyn i'r dicter doddi o'i wyneb ac, yn hollol annisgwyl, mae Sean Blackley yn dechrau crio.

'O shit, o shit,' meddai trwy ei ddagrau, ei ben yn gorffwys ar do'r car. 'Shit, shit, sori, sori, shit.'

Dwi ddim yn siŵr beth i'w wneud. Dwi'n edrych ar un o'r iwnifforms ond mae e'n codi ei ysgwyddau.

'Dim 'y mai i yw e. Y gamblo o'dd e,' mae Sean Blackley yn hanner-gweiddi trwy ei ddagrau, heb i unrhyw un arall ddweud gair. 'Y blydi gamblo, dwi ffili blydi stopo, 'na'r unig ffordd o'n i'n gallu ca'l arian. O, mae hyn yn ffycd. O shit.'

Dwi'n clirio fy ngwddf.

'I fod yn glir, Mr Blackley, ydych chi'n cyfadde i chi dorri mewn i dai yn Borth, ar sawl achlysur dros yr wythnosau diwetha?'

'Odw, odw, wrth gwrs 'mod i,' meddai wrth godi ei ben. Mae'r ploryn ar ei foch yn fwy coch fyth a'i drwyn yn rhedeg nawr. 'A dwi mor sori, wir, ond ma'r dyledion 'ma 'da fi... O'n nhw jyst yn mynd yn fwy ac yn fwy... o'n i ddim yn gwbod beth i'w neud. Fydd rhaid i fi ffono Mam – alla i ffono Mam?'

'Fe gewch chi ei ffonio hi o'r orsaf,' meddaf. 'Ond yn y cyfamser – Sean Blackley, dwi'n eich arestio chi ar amheuaeth o ladrata. Does dim rhaid i chi ddweud dim. Ond fe all wneud drwg i'ch achos os nad ydych yn dweud wrth gael eich holi...'

Dwi'n adrodd gweddill yr araith yn fecanyddol, heb deimlo unrhyw falchder bod fy theori wedi ei phrofi'n gywir. Erbyn hyn mae fy meddwl wedi crwydro 'nôl at rybudd Cynan Bould.

'Cofia, dydy pob plentyn ddim yn chwarae'n deg.'

Siwan

Dwi'n gwasgu'r botwm drws nesa i'r darn bach o bapur crin, gyda 'Flat A' 'di sgrifennu arno. Cloch syml, hen ffasiwn yw hon. Sdim blwch metel, gydag uchelseinydd a meicroffon bach i chi gael sgwrs â phwy bynnag sy tu fewn, cyn iddyn nhw ddewis eich gadael chi trwy'r drws. Dwi'n ystyried ei chanu eilwaith nes i fi weld cysgod yn symud yn y cyntedd, ac ma'r drws yn agor. Dynes flinedig iawn yr olwg sy'n sefyll o 'mlân i – nid blinder diffyg cwsg, ond blinder blynyddoedd maith o fywyd caled ddwedwn i. Fe fydd hi'n edrych yn flinedig am weddill ei hoes. Ma hi'n craffu arna i'n amheus.

'Ie?' gofynna. Ma sŵn rhywun sy'n smocio'n drwm ar ei llais.

'Nia Prys?'

'Nia Williams,' ma hi'n fy nghywiro. 'Dwi heb fod yn Nia Prys ers blynyddoedd. Pwy y'ch chi?'

'Ditectif Siwan Mathews, Heddlu Dyfed-Powys,' atebaf, wrth ddangos fy ngherdyn.

'Beth sy? Oes rhwbeth wedi digwydd i Emyr?' gofynna'n syth. Yn yr eiliad honno ma iddi olwg rhywun sy'n poeni ei bod hi'n mynd i golli'r unig beth sy'n gwneud ei bywyd yn werth ei fyw.

'Na, dim byd fel'na, Ms Pr... Ms Williams,' dwi'n ceisio ei chysuro. 'Dwi 'di dod 'ma i ofyn cwpwl o gwestiynau. Ga i ddod mewn?'

Gyda'r pryder wedi pylu a'r amheuaeth 'nôl yn ei llygaid, dyw hi ddim yn symud.

'Pa fath o gwestiynau?' gofynna.

'Ynglŷn â Peredur Prys.'

Ma'i llygaid hi'n rowlio.

'Fe! Wel iawn, sbo, os oes rhaid i chi. Dewch mewn.'

Ma Nia Williams yn troi ei chefn, ac wedi cau'r drws dwi'n ei dilyn hi mewn i Fflat A, sy'n fach ond yn daclus, er fod aroglau mwg cryf yn yr awyr. Ma hi'n eistedd mewn cadair esmwyth fawr sy'n gwneud iddi edrych fel plentyn bach ac yn tynnu sigarét o bacyn ar y fraich.

'Wel?' gofynna. Dwi'n eistedd ar y soffa heb aros am wahoddiad ac yn penderfynu peidio â malu awyr.

'Lle mae Peredur Prys, Ms Williams? O's syniad 'da chi le ma fe'n byw ar hyn o bryd?'

Ma hi'n edrych arna i'n syn am sawl eiliad.

'Wel… dyw e ddim yn byw yn unman! Ma fe wedi marw ers tair blynedd a mwy. A gwynt teg ar ei ôl e weda i.'

'Wedi marw?' gofynnaf, wedi synnu. 'Ond sdim cofnod o 'nny…'

Am y tro cynta ma Nia Williams yn gwenu.

'Ha! Na, doedd Peredur erioed yn un am sticio i'r drefn,' meddai gan ysgwyd ei phen, ac anadlu llond ysgyfaint arall o fwg. Dwi'n crychu fy nhalcen.

'Sori, Ms Williams – dwi'n gweithio ar achos pwysig ac fe ddes i yma am 'mod i ishe siarad gyda Peredur Prys. Allwch chi weud wrtha i sut y'ch chi mor siŵr ei fod e 'di marw?'

Ma'r fenyw yn y gadair esmwyth yn dal ei sigarét yn ei cheg ac yn defnyddio'i dwylo i dynnu ei chardigan yn dynnach o'i chwmpas. Ma'n anodd dweud beth oedd ei lliw gwreiddiol, ond erbyn hyn ma hi'n rhyw lwyd-goch golau.

'Duw a ŵyr pa enw oedd e'n defnyddio erbyn iddo fe farw,' meddai, wrth dynnu'r sigarét o'i cheg. 'Dwi ddim cant y cant yn siŵr taw Peredur oedd ei enw iawn e beth bynnag. Roedd e'n anodd bod cant y cant yn siŵr am unrhyw beth gyda Peredur. Pan o'n ni gyda'n gilydd fydde fe'n diflannu am ddyddie – wythnose, ambell waith – a gadael fi ac Emyr ar ein pennau'n hunain heb arian am fwyd nac unrhyw beth, a wedyn cerdded 'nôl mewn trwy'r drws fel tase fe 'di bod i lawr yn y siop yn nôl peint o laeth. Ond credwch fi, ddaw e ddim 'nôl y tro yma. Na'th ei wraig e, neu ei wejen e, neu pwy bynnag oedd hi, gysylltu pan fuodd e farw. *Aneurysm* yn ei ymennydd – dyna oedd e. Chware teg iddi – ishe gadel i ni wbod pryd oedd yr angladd. Fydden i ddim wedi mynd, ond doedd e ddim ond yn deg i adael i Emyr ddweud "hwyl fawr" wrth ei dad.'

Ma Nia Williams yn dawel am ychydig, fel petai'n hel meddyliau. Ma'r sigarét rhwng ei bysedd yn llosgi i lawr ac o fewn dim i gyrraedd ei bysedd cyn iddi ei ddiffodd mewn blwch llwch ar y llawr.

'Ond beth bynnag,' meddai o'r diwedd. 'Ma fe wedi mynd, a ddaw e ddim 'nôl y tro 'ma. Pam y'ch chi ishe fe, beth bynnag? Beth wedoch chi am ryw achos pwysig?'

Peredur Prys wedi marw. Graham Wilde wedi marw. Does neb ar ôl. Dim ond Nia Williams ac Emyr Prys.

'Beth y'ch chi'n wbod am y cyhuddiadau wnaeth eich gŵr chi yn erbyn Graham Wilde? Y cyhuddiadau am gam-drin Emyr?'

Ma wyneb Nia Williams yn tywyllu ac ma hi'n estyn sigarét arall o'r pacyn. Dwi'n sylwi bod ei bysedd hi'n crynu.

'Well gen i beidio siarad am hynna,' meddai'n swta.

'Ms Williams – Nia – ma hyn yn bwysig. Ma'n berthnasol i

achos ni'n gweithio arno ar hyn o bryd. Fel wedes i, ma'n achos difrifol iawn. Fe alle'r hyn ry'ch chi'n wbod helpu rhywun – eu hachub nhw hyd yn oed.'

Ma hi'n sugno'n galed ar y sigarét. Dwi'n cofio pan o'n i'n arfer smocio yn y brifysgol – fydden i 'di bod yn pesychu dros y lle i gyd wrth anadlu cymaint â hynny o fwg ar yr un pryd. Ond ma Nia Williams yn ei ddal yn ei hysgyfaint am amser hir, cyn ei ryddhau yn araf bach.

'Ei syniad e oedd e, dyna'r peth cynta sy ishe i chi ddeall,' meddai o'r diwedd.

'Sori – pwy? Pa syniad?' gofynnaf.

'Peredur, wrth gwrs. Ei syniad e oedd cyhuddo Graham Wilde o… gyffwrdd ag Emyr.' Ma hi'n tynnu'n galed ar y sigarét eto. Ma hi bron â smocio'r cwbwl mewn dim o amser. 'Ond ddwedodd e ddim wrtha i am flynyddoedd – tasen i'n gwbod fysen i wedi rhoi stop arno fe a'i gelwydd.' Ma Nia Williams yn edrych arna i, fel petai'n fy herio i roi'r bai arni. Yn gorfforol ma hi'n edrych yn wan, ond ma'r llygaid 'na'n barod i ymladd. 'Nath Graham Wilde erioed gyffwrdd ag Emyr. Welodd Peredur ryw stori yn y papur am yr Eglwys Gatholig yn America yn talu arian mawr i blant gafodd eu cam-drin, a gweld cyfle. Fe blannodd e'r hedyn ym mhen Emyr – er gwaetha popeth roedd e'n addoli ei dad – ac ar ôl tipyn ddechreuodd e gredu ei hun ei fod e wir wedi cael ei gam-drin. Wedyn fe a'th Peredur at yr heddlu a chyhuddo Graham Wilde a… wel, dyna ni. *Con* oedd y cwbwl.'

Dwi'n syllu'n gegrwth ar Nia Williams. Ma cloc yn tician rhwle yn y stafell ac ma fe'n fyddarol yn y tawelwch.

'A dyna… dyna pam o'dd tad Emyr mor barod i gymryd cynnig yr arian pan dda'th e?' gofynnaf o'r diwedd.

'Ie,' mae'n ateb, yn cynnau sigarét arall. 'Sdim syniad gyda fi fydde fe wedi gollwng yr achos yn y diwedd, neu jyst gadael i'r boi 'na fynd i'r carchar. Doedd Peredur ddim yn poeni am bethe fel'na.'

'A phryd ffeindioch chi mas am hyn?'

'Ar ben blwydd Emyr yn un ar hugain. Roedd parti, a chafodd Peredur ormod i'w yfed, a chyfadde'r cwbwl. Roedd e'n chwerthin, ac yn meddwl y dyle Emyr wbod y cyfan nawr ei fod e 'di tyfu'n ddyn.' Ma'i llygaid hi'n llenwi â dagrau. 'Yr holl boen achosodd hynna iddo fe dros y blynyddoedd... y cwnsela, a'r ofn a'r gwlychu gwely... falle na chafodd ef ei gam-drin, ond roedd e'n meddwl ei fod e. Colli plentyndod am dipyn o arian, ac erbyn hynny roedd y cwbwl lot wedi hen fynd beth bynnag. Y diwrnod wedyn ddes i ac Emyr 'nôl i Aberystwyth, a siaradais i ddim gyda Peredur fyth wedyn.'

Dwi'n teimlo fy nghalon yn torri wrth weld y poen diangen ddioddefodd y bachgen wedi ei adlewyrchu yn llygaid ei fam.

'Wnaethoch chi ddim meddwl gweud wrth unrhyw un?' gofynnaf.

'I beth?' ateba. 'Roedd Graham Wilde wedi marw erbyn hynny – fe wnes i fynd i chwilio, i fi gael ymddiheuro ar ran Emyr – a beth fyddai i'w ennill wedyn, oni bai am godi'r cwbwl lot eto? A falle fydde rhai ddim yn deall, falle fydden nhw'n meddwl bod Emyr wedi chware'i ran, wedi gweud celwydd ar bwrpas...'

'Cofia, dydy pob plentyn ddim yn chwarae'n deg.'

Mae geiriau Cynan Bould yn atsain yn fy nghlustiau. Does bosib ei fod e'n teimlo bod Emyr Prys yn haeddu cael ei gosbi am fod yn rhan o'r cynllun hwn? Am barddu enw dyn da er mwyn cael llond dwrn o arian?

'Lle ma Emyr, Ms Williams? Le ma fe'n byw?' gofynnaf. Odyn ni'n rhy hwyr yn barod?

'Ma fe'n byw fan hyn gyda fi. Dyle fe fod 'nôl o'r gwaith cyn hir.' Ma'i hwyneb hi'n llenwi 'da gofid unwaith eto. 'Oes rhwbeth yn bod?'

Taliesin

Dwi'n gwylio car yr heddlu yn gyrru i ffwrdd o'r diwedd. Fe alla i weld amlinelliad Sean Blackley trwy'r ffenest gefn.

Ar ôl ei arestio'n ffurfiol, fe benderfynodd anwybyddu ei hawl i aros yn dawel, ac yn lle hynny gofynnodd am ganiatâd i agor bŵt y Peugeot gwyn. Yno, mewn bag plastig wedi ei guddio o dan yr olwyn sbâr, roedd rhai o'r eitemau yr oedd wedi eu dwyn dros yr wythnosau diwethaf ac nad oedd wedi llwyddo i'w gwerthu hyd yn hyn.

'Dyna chi. Cymrwch nhw, rhowch nhw'n ôl i'r perchnogion, a dwedwch wrthyn nhw 'mod i'n sori iawn, iawn,' dywedodd wrth i mi bacio a labelu pob un eitem mewn bag tystiolaeth. 'O shit, shit – fydda i'n mynd i'r carchar?'

Anwybyddais i'r cwestiwn, rhag ei anfon i ffit arall o sterics, ond parhaodd i siarad â'i hun, gan gerdded o gwmpas mewn cylchoedd bach, yn dal ei ben yn ei ddwylo.

Ar ôl gorffen cofnodi'r holl eitemau yn y car a sicrhau nad oedd mwy yn cuddio yn unman, gofynnais i'r ddau iwnifform fynd â'r lleidr i'r orsaf yn Aberystwyth a'i roi mewn cell.

'Fydda i yna'n fuan i gynnal cyfweliad swyddogol,' meddais.

Nawr, wrth wylio'r car heddlu yn gyrru i ffwrdd ac wrth i mi gerdded 'nôl at fy nghar mae'n meddwl i'n troi'n ôl at neges Cynan Bould.

'*Cofia, dydy pob plentyn ddim yn chwarae'n deg.*'

Mae yna rywbeth, rhyw syniad neu atgof yn fy meddwl, yn gwrthod dod i'r wyneb.

Wrth i mi ddringo i'r car mae fy ffôn symudol yn canu. Mathews.

'Helô?'

'Taliesin – gwranda, fi 'da Nia Williams yn ei fflat hi…'

'Pwy yw Nia Williams?' gofynnaf mewn penbleth.

'Gwraig – neu gyn-wraig – Peredur Prys, mam Emyr Prys,' mae'n esbonio mewn llais diamynedd.

Dwi'n aros yn dawel wedyn, wrth iddi adrodd hanes yr hyn mae wedi ei ddatgelu. Dwi'n meddwl yn ofalus cyn ateb.

'Felly twyll mawr oedd y cwbwl?' Mae'n gwestiwn nad ydw i'n disgwyl cael ateb iddo.

'Ie,' meddai Mathews, yn ateb beth bynnag. 'Ond gwranda – dywedodd Cynan Bould nad yw pob plentyn yn chwarae'n deg – beth os taw siarad am Emyr Prys oedd e? Beth os yw e'n ei ddal e'n gyfrifol am ei ran yn y cynllun pan oedd e'n blentyn, yn teimlo ei fod e'n haeddu ca'l ei gosbi nawr?'

'Lle mae Emyr Prys ar hyn o bryd?' gofynnaf.

'Fydd e yma unrhyw funud, mae'i fam newydd siarad 'da fe ar y ffôn.'

Dwi'n meddwl am dipyn, yn edrych ar y sefyllfa o bob persbectif. Ond sut bynnag dwi'n edrych arno, alla i ddim peidio â theimlo bod rhywbeth o'i le.

'Dyw hyn ddim yn iawn,' meddaf o'r diwedd. 'Dy'n ni ddim yn gwbod ody Cynan Bould hyd yn oed yn ymwybodol o'r twyll. Doedd dim i awgrymu hynny yn yr adroddiad, a dwi'n cymryd bod Emyr a'i fam heb ddweud wrth unrhyw un? A hyd yn oed tase fe wedi dod o hyd i'r gwir rhywsut, a fydde fe'n gweld bai ar fachgen wyth mlwydd oed am gredu celwydd ei dad?'

'Taliesin – ma fe *off* ei ben. A ti 'di clywed y neges dy hunan – dyw plant ddim yn chware'n deg.'

'Hmm. Wel, beth wyt ti eisiau i fi wneud nawr te?' gofynnaf, gan osgoi sylwadau pellach. Dwi angen amser i feddwl.

'Fi 'di galw car iwnifform i ddod i gadw llygad tu fas i'r fflat 'ma. Dwi'n mynd i aros fan hyn am sbel fach i siarad ag Emyr Prys pan ddaw e'n ôl, i weld os yw e 'di sylwi ar unrhyw beth anarferol yn ddiweddar – rhywun yn ei ddilyn e, y math yna o beth. Beth ddigwyddodd gyda dy leidr di, gyda llaw? Sean be-ti'n-galw-fe?'

'Sean Blackley. Wedi ei ddal e,' meddaf. 'Cyfaddefiad llawn, ac wedi cael rhywfaint o'r eiddo coll 'nôl. Roedd un fodrwy yn debyg i fodrwy mam-gu Mrs Bowen. Dwi ar y ffordd 'nôl i'r orsaf nawr i wneud y cyfweliad swyddogol.'

'Da iawn, Taliesin. Wir. Ma hynna'n waith grêt,' mae Mathews yn ateb, a dwi'n profi'r teimlad yna unwaith eto – balchder. 'Gorffen di bethe 'da fe, a ffonia fi wedyn i weld lle ni arni?'

'OK,' meddaf a gorffen yr alwad. Dwi'n rhoi'r allweddi yn y car, ond dwi ddim yn tanio'r injan. Yn lle hynny, dwi'n eistedd, yn troi'r ffôn o gwmpas yn fy nwylo ac yn meddwl am weddill neges olaf Cynan Bould.

'Dwi'n dechrau blino aros amdanat ti.'

Aros amdana i yn lle? Os taw Emyr Prys yw'r neuuf ai ei restr, a bod Cynan ar ei ôl, sut allith e fod yn aros amdana i?

Mae angen mwy o wybodaeth arna i. A dim ond un person dwi'n adnabod oedd yna ar y pryd. Does dim amser i fynd drwy'r pantomeim o drefnu amser cyfleus, felly dwi'n ffeindio rhif ffôn Nhad a, gydag ochenaid, yn gwasgu'r botwm i gysylltu'r alwad.

213

Cynan

Dwi'n agor fy llygaid. Am eiliad dwi ar goll. Mae'n dywyll, ac yn oer, ac mae fy mhen yn teimlo fel petai rhywbeth ynddo, yn ymladd i ddianc. Dwi'n sylweddoli 'mod i wedi cwympo i gysgu yn fy nghadair. Ers faint – deg munud? Hanner awr? Mwy? Er fod dim i'w weld o'i le, a bod fy nghyllell yn fy llaw o hyd, dwi'n damio fy hun am fod mor ddiofal. Yn sydyn mae'r feis o boen yn tynhau am fy mhenglog, nes 'mod i'n methu anadlu.

Dwi'n brysio i dynnu'r pot bach o boen-laddwyr cryf o boced fy nghot, ac ar ôl stryffaglu i'w agor, yn llyncu dwywaith cymaint o dabledi ag y dylwn i. Mae'r pot bron yn wag erbyn hyn.

Gan godi, dwi'n croesi'r ystafell. Mae fy esgidiau trwm yn swnio fel traed anghenfil yn y tawelwch. Efallai taw dyna'n union ydyn nhw. Dwi'n sefyll o flaen yr un sydd wedi ei chlymu yn y gadair ac yn edrych arni. Mae'n cysgu.

Dwi'n troi ac yn agosáu at y gwely. Mae hon ar ddi-hun. Mae gwyn ei llygaid yn amlwg yn y tywyllwch. Dwi'n gwenu arni.

Mae'r ddwy yn fyw o hyd felly.

Am y tro.

Taliesin

'Taliesin? Beth sy'n bod?' mae Nhad yn ateb.

'Dim byd yn bod, dim ond eisiau gair...'

'Blydi hel, oes rhaid neud e nawr? Fi reit yn –'

'Wna i ddim eich cadw chi'n hir,' torraf ar ei draws. 'Eisiau gair arall am beth o'n ni'n trafod gynne... Beth chi'n gofio am achos Emyr Prys?'

Mae tawelwch am dipyn, a dwi ddim yn siŵr ydy Nhad yn meddwl neu'n flin am fy mod yn mynnu sgwrs.

'Emyr Prys?' mae'n ateb o'r diwedd. 'Pa un o'dd hwnnw?'

'Bachgen wyth mlwydd oed – mi wnaeth e gyhuddo dyn o'r enw Graham Wilde, oedd yn offeiriad yr Eglwys Gatholig yn Aberystwyth –'

'O, ie, ie, dwi'n cofio nawr. Mab Peredur Prys – ie, o'dd hwnna'n achos od. Gad i fi feddwl...' Mae'n dawel am eiliad neu ddwy. 'Ie, gair un yn erbyn y llall oedd e, on'dife, ond er gwaetha hynny o'n i'n teimlo bod yr achos yn un cryf. O'n i'n barod i fynd i'r llys, ond yn sydyn reit ma Peredur yn gweud ei fod e ishe gollwng yr achos, ei fod e wedi setlo pethe gyda'r Eglwys. Boi diegwyddor fuodd e erioed, yn fodlon neud unrhyw beth os o'dd y pris yn iawn. Ond wedi gweud 'nny, o'n i'n synnu bod hyd yn oed Peredur wedi cytuno i rywbeth fel'na.'

'O'ch chi'n nabod e, 'te?' gofynnaf, yn awyddus i wybod pa mor agos oedd fy Nhad i'r achos.

'Na, dim yn dda – 'nes i ddod ar ei draws e cwpwl o weithie gyda gwaith, 'na'i gyd.'

'A beth am Graham Wilde, yr offeiriad? Oedd Mam yn ei adnabod e trwy weithio i Cymorth Cristnogol, on'd oedd hi?'

'Os ti'n gweud. O'dd hyn sbel yn ôl, a ti'n gwbod 'mod i ddim yn neud dim byd 'da'r busnes 'nny. Ond nawr bo ti'n sôn am y peth, ma 'da fi rhyw gof ohoni'n siarad amdano fe – o'dd ganddi dipyn o feddwl ohono fe fi'n meddwl. Ond ta beth, holon ni Graham Wilde yn yr orsaf sawl gwaith, a'i holi fe'n galed – fi a sawl un arall ar yr achos. O'dd e'n gwadu'r cwbwl, wrth gwrs, ond dyna ma'n nhw i gyd yn neud, y *paedos* 'ma.'

Mae rhywbeth yn y ffordd ffwrdd-â-hi mae Nhad yn trafod yr achos yn fy mherswadio i nad oes dim byd gyda fe i guddio y tro yma.

'Oedd yna unrhyw amheuaeth ynglŷn â thystiolaeth y bachgen, Emyr Prys? Ei fod e'n dweud celwydd?' gofynnaf.

'Na, dim o beth dwi'n cofio – o'dd y cwbwl yn gredadwy iawn,' mae'n ateb, a gyda thinc chwilfrydig yn ei lais mae'n gofyn 'Pam? Does bosib fod tystiolaeth newydd ar ôl yr holl flynyddoedd hyn!'

Dim cysylltiad agos rhwng fy Nhad a'r achos. Dim awgrym bod amheuaeth ar y pryd bod Peredur Prys a'i fab yn dweud celwydd. A hyd yn oed petai e'n amau, a fyddai Cynan Bould yn cosbi rhywun oedd yn blentyn ifanc ar y pryd, un sydd wedi dioddef cymaint ag unrhyw un yn gysylltiedig â'r achos?

Dwi'n troi tudalennau fy llyfr nodiadau ac yn dileu manylion yr achos. Pwy bynnag sydd nesaf ar restr Cynan Bould, dwi'n siŵr nad Emyr Prys yw e.

'Taliesin? Ti dal 'na?' mae'r llais yn fy nghlust yn galw'n flin.

Ond dwi'n rhewi, yn syllu ar y dudalen o'm blaen. Uwchben manylion Emyr Prys mae cofnod o achos Gladys O'Neill, yr hen ddynes fu farw yn ei chartre ei hun tra bod ei merch yn gofalu amdani. Lois Fairchild. Fair child. Plentyn teg. *'Dydy pob plentyn ddim yn chwarae'n deg...'*

'Beth ydych chi'n ei gofio am achos Gladys O'Neill?' gofynnaf yn sydyn.

Mae yna oedi cyn ateb, ond pan mae Nhad yn siarad eto mae yna dinc amheus yn ei lais.

'Nawr, pam fyddet ti'n gofyn hynna?'

'Un arall o achosion Cynan Bould, 'na'i gyd. Mae'n rhaid i ni edrych ar bob un,' meddaf mor ysgafn ag y galla i, ond gan deimlo'n syth bod yna fwy o gysylltiad rhwng Nhad a'r achos yma.

'O. Reit. Wel. Sdim lot i ddweud. Doedd dim rheswm iddo fe fod yn ymchwiliad o gwbwl yn fy marn i. O'dd Gladys O'Neill yn hen ddynes a fe fuodd hi farw. Trist iawn, ond dyna sy'n digwydd.'

'Pam oedd 'na ymchwiliad, 'te?' gofynnaf.

Mae Nhad yn ochneidio.

'Oherwydd fod rhywun yn y gwasanaethau cymdeithasol â gormod o amser ar ei ddwylo – Cynan Bould, os taw fe oedd yn gweithio ar yr achos – wedi penderfynu fod 'na rwbeth amheus 'di digwydd. O'dd tipyn o yswiriant bywyd gyda'r hen fenyw, dyna wnaeth ddenu eu sylw nhw siŵr o fod. Ond o'dd Lois yn fenyw dda, ddweda i 'nny wrthot ti.'

'Chi'n swno'n siŵr iawn – o'ch chi'n nabod hi'n dda?' gofynnaf.

'Wel... o'n i radde – nabod ei gŵr hi, Darren. O'dd e'n hen ffrind, o'n ni yn yr ysgol 'da'n gilydd. Fuodd e farw mewn damwain car, rhyw flwyddyn cyn i Gladys symud mewn gyda Lois, ond cyn 'nny fydden ni'n gweld ein gilydd yn eitha aml. Gadwes i lygad ar Lois a'r teulu wedyn, gan fod Darren ddim o gwmpas. Fydden ni'n mynd i weld nhw yn y garafán 'na o'dd gyda nhw yn Clarach ambell waith dros yr haf. Brynon nhw hwnna gydag arian yswiriant Gladys, os dwi'n cofio'n iawn. So ti'n cofio? O'dd merch Lois tua'r un oed â ti. Beth o'dd ei henw hi, gweda? Gwenno, neu Glenda – rhwbeth fel'na.'

'Ydw, brith gof gen i,' meddaf, er nad oes gen i syniad am bwy mae Nhad yn sôn. Mae'n teimlo fel y math o ateb sy'n debygol i'w gadw 'mlaen i siarad. 'Felly doedd 'na dim byd amheus am farwolaeth Gladys O'Neill?'

Mae yna oedi eto cyn daw'r ateb.

'Drycha, o'dd Gladys yn hen fenyw, ac erbyn y diwedd o'dd hi'n waith caled iawn. O'dd hi'n dechrau colli ei chof ac yn cyhuddo Lois o bob math o bethe. Do'dd dim rheswm i feddwl bod Lois wedi neud unrhyw beth iddi ar y pryd, a dwi heb newid fy meddwl am hynny. Ond... wel, ambell waith mewn sefyllfa fel hyn mae'n gallu bod yn fendith i golli rhywun, sdim ots sut ma pethe'n digwydd.'

Wrth glywed y geiriau hyn, dwi'n sylweddoli gyda sicrwydd fod fy nhad yn gwybod i Lois Fairchild chwarae rhan ym marwolaeth ei mam. Fe edrychodd y ffordd arall, a sicrhau fod gwraig ei hen ffrind yn dianc heb gael ei chosbi. Mae cyfog yn codi i fy nghorn gwddf. Dwi wedi dioddef blynyddoedd o fwlio, o gael fy nghywilyddio a fy iselhau, ond dwi erioed wedi casáu Nhad cymaint â hyn.

'Cywilydd arnoch chi,' poeraf. Mae'n dawel ben arall y lein, a dwi'n gorffen yr alwad.

Siwan

'Taliesin?' atebaf y ffôn. 'Beth sy? So ti 'di cwpla 'da Sean Blackley'n barod?'

'Na, na, dim fel'na,' meddai a dwi'n clywed injan car yn tanio yn y cefndir. 'Ond edrych – dwi ddim yn meddwl taw Emyr Prys yw'r nesa ar restr Cynan Bould.'

'Pam 'nny?' gofynnaf.

'Mae yna achos arall weithiodd Nhad arno, yn ymwneud â marwolaeth hen ddynes o'r enw Gladys O'Neill. Roedd amheuaeth bod ei merch, Lois Fairchild, wedi chwarae rhan yn ei marwolaeth.'

'Wedodd dy dad hynna 'thot ti?' gofynnaf yn syn.

'Ddim yn uniongyrchol falle, ond... wel, dwi'n ei nabod e,' ateba, gyda rhwbeth sy'n swno fel dicter yn ei lais.

'Reit... a beth sy'n neud i ti feddwl taw dyna'r achos fydd Cynan Bould yn canolbwyntio arno fe nesa, 'te?'

'Wel, am un peth, dwi'n meddwl bod Nhad wedi chwarae mwy o ran yn yr achos yna nag yn un Emyr Prys. Hefyd, meddylia am y peth – Lois Fairchild. Plentyn teg. Fel yn y neges? A... wel... y teimlad dwi'n ei gael o'r neges ydy fod Cynan Bould wedi cael ei ddwylo ar bwy bynnag sy'n mynd i gael eu cosbi yn barod. Mae'n aros i ni, neu i mi, yn aros i ni gymryd y cam nesa.'

'Taliesin, allwn ni ddim penderfynu ar sail teimlade...'

'Na, dwi'n gwbod,' ma fe'n torri ar fy nhraws. 'Ond dwi'n meddwl y dylen ni jeco ar Lois Fairchild, i fod yn siŵr. Does dim drwg yn hynny.'

Dwi'n meddwl am dipyn.

'OK – dwi'n mynd i aros fan hyn am y tro, nawr fod Emyr Prys 'di cyrraedd yma'n ddiogel, ond 'na i ga'l cwpwl o iwnifforms i fynd i'w thŷ hi i neud yn siŵr ei bod hi'n iawn. Yn y cyfamser, cer di'n ôl i'r orsaf i dacluso'r achos yn erbyn Sean Blackley.' Dwi'n synhwyro bod Taliesin ar fin protestio: 'Nes ein bod ni'n gwbod mwy, 'na'r peth gore alli di neud,' meddaf yn bendant.

'Ie, iawn,' daw'r ateb, er 'mod i'n clywed Taliesin yn brwydro i gadw'r rhwystredigaeth o'i lais. Ma fe'n gorffen yr alwad a dwi'n galw rhif desg flaen yr orsaf o gof y ffôn symudol.

'Gorsaf Heddlu Aberystwyth,' ma llais Anni Fflur yn ateb.

'Hei Anni, Siwan Mathews sy 'ma,' meddaf. 'Alli di drefnu car iwnifform i fynd i gartre dynes o'r enw Lois Fairchild? Fydd Ditectif Greening neu Ditectif Marshall yn gallu dy helpu di ddod o hyd i'r cyfeiriad os oes ishe. Ma 'na bryder amdani, a ry'n ni am neud yn siŵr ei bod hi'n saff.'

'Hei Siwan – dal 'mlân, Fairchild, ddwedest di? Lois Fairchild?'

'Ie, pam?'

'Wel… dyw hi ddim yna.'

'Beth ti'n feddwl? Shwt yn y byd alli di fod mor siŵr?' gofynnaf yn ddiamynedd.

'Am ein bod ni 'di ca'l galwad gan gymydog Ms Fairchild rhyw awr 'nôl, yn riportio bod drws ei thŷ wedi bod yn gilagored drwy'r dydd. A'th car mas a wnaethon nhw riportio'n ôl fod y tŷ yn wag, a dim sôn am Ms Fairchild yn unman. Ma'r bois iwnifform yna o hyd, yn holi cymdogion ac yn trio cael gafael ar ei theulu hi.'

'Shit, shit, shit,' meddaf. 'Reit, Anni – afona griw fforensig draw yna'n syth. Beth yw'r cyfeiriad?'

Dwi'n ei nodi'n frysiog yn fy llyfr.

'Reit – gweda wrth iwnifform 'mod i ar y ffordd nawr, ac i beidio â chyffwrdd unrhyw beth.'

Dwi'n gorffen yr alwad ac yn cerdded yn gloi o gegin fflat fach Nia Williams i'r stafell fyw. Ma hi'n smocio sigarét arall a'i mab yn cerdded 'nôl ac ymlaen yn anniddig. Ers cyrraedd gartre dyw e ddim wedi aros yn llonydd am eiliad.

'Allwch chi plis esbonio beth sy'n...' ma fe'n dechrau, ond dwi'n torri ar ei draws.

'Ma'n ddrwg 'da fi, ma'n rhaid i fi fynd, ma rhwbeth pwysig 'di codi. Ond sdim ishe i chi boeni, fydda i'n gadel car heddlu tu fas i gadw golwg ar y lle, jyst rhag ofn.'

'Ond allwch chi ddim jyst... Beth sy'n mynd 'mlân?' gofynna Nia Williams yn flin.

'Sdim amser 'da fi i esbonio nawr, ond fydda i'n ôl cyn gynted â phosib. Yn y cyfamser, triwch beidio â phoeni,' meddaf eto, er 'mod i'n sylweddoli y bydd hynny ond yn gwneud iddyn nhw boeni mwy.

Brysiaf o'r fflat, gan stopio wrth y car heddlu tu fas i esbonio'r sefyllfa, cyn neidio mewn i 'nghar a chynnau'r injan. Dwi'n rhoi'r ffôn ar yr uchelseinydd ac yn galw rhif Taliesin wrth yrru bant, ond ma'r alwad yn mynd yn syth i'r peiriant ateb. Damia fe! Dwi'n gadael neges frys, yn esbonio'r datblygiadau diweddara, cyn edrych eto ar gyfeiriad Lois Fairchild a rhoi fy nhroed i lawr.

Taliesin

Dwi ar y ffordd 'nôl i Aberystwyth a newydd basio'r troad i fynd â fi i gyfeiriad maes carafanau Clarach, pan dwi'n stopio'r car yng nghanol y ffordd.

'Fydden ni'n mynd i weld nhw yn y garafán 'na o'dd gyda nhw yn Clarach ambell waith dros yr haf. Brynon nhw hwnna gydag arian yswiriant bywyd Gladys.'

Lle gwell i ddial am farwolaeth Gladys O'Neill nag yn y garafán a brynwyd gyda'i harian yswiriant hi ei hun? Mae yna rywbeth... priodol iawn am y lle. Wrth gwrs fydd y maes carafanau wedi cau amser yma'r flwyddyn, ond fyddai hynny ond yn gwneud y lle'n fwy deniadol i Cynan Bould.

Dwi'n rhwbio fy llygaid – paid bod yn ddwl, meddyliaf i'n hun. Hyd yn oed os oedd Nhad yn cofio'n iawn am y garafán, does dim rheswm i feddwl bod Lois Fairchild yn berchen arni o hyd. Alla i ddim dilyn pob syniad gwyllt sy'n neidio i'm meddwl. Mae Mathews wedi bod yn glir bod disgwyl i fi fynd 'nôl i'r orsaf, i ddelio gyda Sean Blackley, cyn dim byd arall.

Dwi'n dechrau'r car eto, ac yn gyrru ugain llath yn bellach i lawr y ffordd, cyn stopio eto.

Ond beth petai... Beth petai...

Gan wneud yn siŵr fod neb tu ôl, dwi'n rifyrsio'r car hanner can llath, ac yn dilyn y troad. Dwy funud wedyn dwi'n agosáu at giât flaen y parc – mae'r lle'n ymddangos yn wag, fel y disgwyl adeg yma'r flwyddyn. Ond mae'r giât ar agor.

Dwi'n gyrru mewn yn bwyllog, heibio'r dderbynfa dywyll.

Mae goleuadau'r car yn goleuo'r parc chwarae, lle mae dwy siglen yn symud yn araf bach yn yr awel. Mae 'nghalon yn cyflymu wrth i mi weld rhywbeth yn symud ar bwys y llithren, ond dwi'n sylweddoli fod darn o fag sbwriel wedi'i ddal ar yr ysgol. Clogyn gwrach – dyna fyddai Taid yn ei alw pan oedden ni'n blant.

Dwi'n dilyn y ffordd gul trwy ganol y ddrysfa garafanau. Mae yna resi a rhesi ohonyn nhw, pob un yn debyg ond eto ychydig yn wahanol i'w gilydd – fflagiau lliwgar rhai yn hongian yn llipa yn y tywyllwch, a bocys blodau llawn planhigion eraill wedi gwywo tu allan i'r ffenestri. Yn ystod misoedd yr haf mae'r lle fel ffair, ond nawr mae'n debycach i fynwent.

Dwi'n troi fy mhen o un ochr i'r llall wrth yrru'n ddyfnach i berfedd y maes carafanau, gan edrych am unrhyw arwydd o fywyd. Mae'r ffordd yn fforchio'n ddwy, gydag arwyddbost yn dangos bod Violet Way i un cyfeiriad a Rosebush Drive i'r llall. Mae'r olygfa i'r ddau gyfeiriad yn edrych yn union yr un peth – rhesi diddiwedd o garafanau. Mae dail yr hydref wedi casglu ymhob cornel, yn wlyb ac yn pydru. Am ddim rheswm o gwbwl dwi'n dewis mynd i lawr Violet Way.

Aiff sawl munud heibio a dwi wedi bod i fyny ac i lawr Violet Way, Daffodil Close a Petunia Grove. Dwi'n troi i lawr Begonia Crescent, ac erbyn hyn dwi'n gwybod yn iawn pa olygfa fydd yn fy ngwyneb – dwy res o garafanau llonydd, tywyll.

Mae'n rhaid fod fy llygaid wedi arfer â'r un patrwm cyson yn cael ai ailadrodd drosodd a throsodd, a dyna pam wnaeth y camper fan werdd sefyll mas yn syth. Mae wedi parcio'r pen pella i'r garafán, a dim ond y cefn sy'n dangos, ond dyma'r unig gerbyd dwi wedi ei weld. Dwi'n diffodd golau'r car ar frys, gan obeithio bod neb yn y garafán wedi sylwi arna i, ac yn rifyrso'n araf nes 'mod i ychydig yn bellach i fyny'r ffordd.

Mae un o'r llenni'n symud. Dim ond y mymryn lleiaf, ond yn bendant yn symud, ac eiliad wedyn mae'n ôl fel yr oedd. Does dim arwydd o olau tu fewn i'r garafán, dim hyd yn oed pan symudodd y llen. Mae'n rhaid fod pwy bynnag sy tu fewn yn eistedd mewn tywyllwch, yn union fel dwi'n ei wneud.

Dwi'n estyn fy ffôn, ac yn gweld i mi fethu galwad Mathews. Mae fy mys ar y botwm i'w ffonio hi'n ôl pan dwi'n gweld drws y garafán yn agor, a golau fflachlamp yn ymddangos. Mae mor llachar alla i ddim gweld pwy sy'n dal y lamp. Mae'n pwyntio'n syth at y car, ata i, ac yna'n aros yn llonydd. Deg eiliad. Ugain. Deg ar hugain.

Yn y diwedd, dwi'n agor drws y car ac yn dringo allan, gan roi fy llaw o flaen fy llygaid i'w cysgodi rhag y golau. Mae wedi oeri, a dwi'n dechrau crynu bron yn syth. Mae rhywbeth – aderyn, neu ystlum efallai – yn gwibio heibio uwch fy mhen.

Yna mae llais yn dod o tu ôl y fflachlamp. Llais ysgafn, bron yn swynol, y math o lais sy'n swnio fel y dylai fod yn canu hwiangerdd fel 'Mi welais Jac y Do'. Nid y math o lais ro'n i'n ei ddisgwyl. Nid y math o lais fyddwn i'n dychmygu fyddai'n perthyn i lofrudd.

'Taliesin MacLeavy,' meddai. Datganiad, nid cwestiwn.

Mae'n dawel, fel petai'n disgwyl ateb.

'Cynan Bould,' meddaf o'r diwedd, yna oedi am eiliad neu ddwy. Dim ond un peth alla i feddwl i ddweud nesaf. 'Dwi'n eich arestio chi ar amheuaeth…'

Mae'r llais tu ôl y fflachlamp yn siarad eto, heb dalu unrhyw sylw i'r hyn dwi'n ei ddweud.

'Dwi'n falch. O'n i'n gobeithio byddet ti'n dod. A dweud y gwir, ry'n ni gyd wedi bod yn gobeithio 'nny,' meddai, y sŵn main yn torri drwy'r awyr fel ewinedd ar lechen. 'Der mewn pan ti'n barod. Dwi'n cymryd fod rhaid i ti ffonio'r un arall 'na.

Ond dim ond ti sydd i ddod yn agos i'r garafán 'ma, ti'n deall? Neu fydd neb ar ôl yn fyw erbyn i chi ddod mewn. Ma 'da ti hanner awr.'

Gyda'r geiriau yn hongian yn yr awyr oer, mae'r fflachlamp yn diffodd, ac mae cysgod yn diflannu trwy ddrws y garafán.

Dwi'n dringo'n ôl mewn i'r car, ac yn ffonio Mathews.

Siwan

Alla i glywed yr iwnifform ar y stryd tu fas i gartre Lois Fairchild yn siarad â chriw bach o bobol sy 'di ymgynnull i weld beth sy'n digwydd. Ma'n rhoi atebion cyffredinol i bob cwestiwn, yn gofyn a oes un o'n nhw wedi gweld unrhyw beth allai fod o bwys ac yn gwneud yn siŵr nad oes neb yn dod yn rhy agos i'r tŷ. Ma'r iwnifform arall yn gwarchod drws y cefn, tra 'mod i'n edrych o gwmpas y lle yn ofalus cyn i'r criw fforensig gyrraedd. Ma 'na ambell beth bach yn tarfu ar y naws cartrefol – y gadair ar ei hochr ar y llawr, yr un esgid sy'n gorwedd ar bwys y drws cefn. Pethe bach, hawdd eu hesbonio mewn cyd-destun arall, ond sy'n awgrymu rhwbeth peryglus, tywyll heno. Ma oerfel y byd tu fas 'di treiddio i bob cornel o'r tŷ ar ôl i'r drws fod ar agor trwy'r dydd.

Ma'r ffôn yn canu.

'Taliesin,' atebaf yn flin. 'Le ddiawl wyt ti 'di bod? Ma'n rhaid i ti ateb dy –'

'Dwi wedi dod o hyd i Cynan Bould,' meddai yn torri ar fy nhraws yn frysiog. 'Maes carafanau Clarach. Mae Lois Fairchild yn berchen ar garafán, dyna lle mae e.'

'Beth? Ond shwt… wyt ti'n siŵr?' gofynnaf.

'Ydw, yn bendant. Mae e'n dweud…'

Fy nhro i yw torri ar ei draws.

'BETH!? Ti 'di siarad gyda fe? Ody e gyda ti nawr?'

'Na, mae e yn y garafán,' mae'n ateb yn frysiog. 'Mae rhywun gyda fe – Lois Fairchild dwi'n cymryd. Mae e eisiau i fi fynd mewn ato fe, neu fe wneith e'i lladd hi. Mae hanner awr gyda ni.'

Dwi'n anadlu'n ddwfn, gan geisio rheoli fy llais.

'Taliesin – gwranda arna i. Paid â mynd mewn, o dan unrhyw amgylchiadau – wyt ti'n clywed? Paid â symud modfedd. Paid â siarad gyda fe eto. Fi ar y ffordd. Wyt ti'n deall? Gwed wrtha i bo ti'n deall.'

Am eiliad neu ddwy does dim ateb, a dwi'n teimlo panig llwyr gan feddwl bod Taliesin am fy anwybyddu i.

'Ie, iawn,' meddai o'r diwedd. 'Dwi'n deall.' Eiliad arall o dawelwch. 'Begonia Crescent, dyna lle mae'r garafán.'

'Reit – fi ar y ffordd.'

Dwi'n brysio o'r tŷ, gan wthio heibio'r iwnifform. Dwi'n gweiddi arno i aros am y criw fforensig ac ma'r grŵp o gymdogion o'i gwmpas yn syllu arna i'n gegrwth.

Wrth danio'r car ffoniaf yr orsaf, yn gweddïo bod Saunders yna o hyd. Ma'r ddesg flaen yn pasio'r alwad 'mlân i'w swyddfa ac ma hi'n ateb y ffôn yn syth.

'Mathews? Beth ffwc sy'n -?'

Fydden i ddim yn meiddio torri ar ei thraws fel arfer, ond y tro 'ma dwi ddim yn ei gadael hi fynd dim pellach. Dwi'n esbonio'r sefyllfa mor gryno ag y galla i ac yn gofyn iddi anfon y tîm arfog yn syth i'r maes carafanau.

Diolch i'r drefn dyw hi ddim yn gofyn unrhyw gwestiynau pellach.

'Iawn. Wna'i ffonio ti'n ôl,' meddai, a rhoi'r ffôn i lawr.

Dwy funud yn ddiweddarach daw'r alwad.

'Ma'r tîm arfog ar y ffordd, fyddan nhw yna o fewn chwarter awr. Paid â neud dim – DIM – nes eu bod nhw'n cyrraedd. Fi ar y ffordd hefyd.'

Ma'r alwad yn cwpla heb i fi ddweud gair a dwi'n rhoi fy nhroed i lawr.

Cynan

Dwi'n edrych ar fy oriawr. Deg munud wedi mynd. Ugain munud ar ôl.

Taliesin

Dwi'n ceisio cofio os ydw i wedi bod yma o'r blaen, fel ddwedodd Nhad, ond mae'n anodd dychmygu'r lle ar ddiwrnod heulog o wyliau. Mae'n siŵr y byddai yna blant ymhob man, yn rhedeg ac yn sgrechian, yr oedolion yn eistedd o gwmpas yn siarad. Mi oedd gan Nhad het Panama fyddai'n dod allan pob haf, a dyna'r unig bryd y byddwn i'n ei weld e mewn crys T. Mae Mam yn llosgi'n hawdd, ac fe fyddai hi'n eistedd yn y cysgod mewn ffrog hir, flodeuog a phâr mawr o sbectol haul. Fyddwn i'n cael fy ngorfodi i chwarae pêl-droed neu griced gyda Gwion, er y byddai'n well gen i fod tu fewn yn darllen. Efallai 'mod i wedi bod yma o'r blaen. Efallai.

Does dim wedi symud ers i Cynan Bould ddiflannu'n ôl i'r garafán.

Dwi'n edrych ar fy oriawr. Chwarter awr wedi mynd. Chwarter awr ar ôl. Dylai Mathews fod yma unrhyw funud.

Siwan

Dwi'n gyrru'n ofalus drwy'r maes carafanau, yn craffu yn y tywyllwch am gar Taliesin. O'r diwedd dwi'n ei weld, wedi'i barcio o dan arwydd gyda'r geiriau 'Begonia Crescent' arno. Dwi'n parcio'n dynn tu ôl iddo, yn neidio mas ac yn brysio i mewn i gar Taliesin.

'Pa un?' gofynnaf yn syth.

Ma fe'n pwyntio at garafán rhyw ugain llath o'n blaenau.

'Honna – fe alli di weld cefn y camper fan.'

'Unrhyw beth ers i ti ffonio?'

'Dim,' ma fe'n ateb.

Dwi'n ochneidio.

'Beth dda'th i dy ben di, Taliesin, yn dod 'ma ar ben dy hunan? A sut o't ti'n gwbod i ddod yma o gwbwl? Alla i ddim…' Dwi'n stopio fy hun. Dim nawr yw'r amser i hyn. 'Reit,' dwi'n ailgychwyn. 'Beth ddwedodd e wrtho ti yn gwmws?'

Pan ma fe'n ateb, ma Taliesin yn siarad yn araf ac yn bwyllog.

'Dweud ei fod e wedi bod yn aros amdana i. 'Mod i i fynd mewn ar fy mhen fy hun, a fod gen i hanner awr neu fydd neb yn dod allan yn fyw.'

Dwi'n pendroni am sbel.

'OK, wel ma'r tîm arfog ar eu ffordd, newn ni aros iddyn nhw gyrra'dd cyn neud unrhyw beth.'

Ma tawelwch llethol yn llenwi'r car, y ddau ohonon ni'n syllu ar y garafán, yn gwylio am unrhyw symudiad.

'Ti'n gwybod pam wnes i ymosod ar Kai Freeman?' Ma cwestiwn Taliesin yn gwbl annisgwyl, ac ma'r car yn dawel eto, yn aros i fi ateb.

'Shgwl, Taliesin,' meddaf yn ofalus. 'Os wyt ti ishe siarad, ma hynna'n grêt, ond falle mai dim nawr yw'r...'

'Sibrwd rhywbeth yn fy nghlust i wna'th e. Dyna i gyd. "Think you're a big man, PC Plod. You're nothin', just a boy scout, a jumped up boy scout, bendin' over for the scoutmaster". A nes i afael ynddo fe, a'i wthio fe lan yn erbyn y wal. I'w stopio fe rhag siarad.'

Dwi'n syllu ar Taliesin yn y tywyllwch, yn methu deall. Dyna i gyd oedd tu ôl yr holl drafferth yna?

'Sai'n deall. Dyna pam wnest di ymosod arno fe? Ond...'

Gyda hynny gwelaf oleuadau dau gerbyd yn llenwi'r tywyllwch tu ôl i ni – yr uned arfog a Saunders.

'Dyma nhw,' ry'n ni'n dweud yr un pryd.

'Taliesin,' meddaf, yn synhwyro bod mwy i beth ddwedodd e. 'Dwi wir ishe clywed beth sy 'da ti i'w weud. Gewn ni siarad yn iawn nes 'mlân?'

Does dim ateb yn dod, ac ma'r cerbydau'n diffodd eu goleuadau wrth ddod i stop tu ôl i ni. Dwi'n cyffwrdd braich Taliesin yn sydyn cyn dringo mas o'r car, a gan drio cadw'n isel, yn troi tuag at y garafán. O fewn eiliadau dwi'n teimlo sawl cysgod mawr yn brysio heibio, yn swnio'n drwm ond yn symud yn chwim ar yr un pryd, fel bleiddiaid yn y tywyllwch.

Dwi'n neidio wrth i Sarjant Pritchett, pennaeth yr uned, ymddangos wrth fy ochr.

'Beth yw'r sefyllfa?' mae'n gofyn heb oedi.

'Llofrudd – Cynan Bould – yn y garafán yna. Mae ganddo wystl – Lois Fairchild. Ma fe 'di rhoi hanner awr...'

'Deg munud ar ôl nawr,' meddai Taliesin.

'Deg munud ar ôl,' dwi'n ailadrodd. 'Ma fe ishe i Taliesin fynd mewn i siarad gyda fe.'

'Unrhyw syniad beth yw'r sefyllfa yn y garafán?' gofynna Pritchett. 'Yn lle mae e, pa arfau sydd gyda fe? Ydyn ni'n siŵr taw dim ond y ddau sydd yna? Ac ydy'r gwystl wedi ei hanafu? Oes yna ffordd i siarad gyda fe? Ffôn neu rywbeth?'

Dwi'n edrych ar Taliesin ond ysgwyd ei ben mae e.

'Na, dim syniad.'

Ma'r sarjant yn meddwl am dipyn.

'OK,' meddai yn y diwedd. Yna, dros ei ysgwydd, ma fe'n galw 'GOLEUADAU!'

Ar unwaith ma tair set o oleuadau llachar yn cael eu cynnau, yn pwyntio'n syth am y garafán. Ma'r newid yn brifo fy llygaid a dwi'n troi bant.

Heb air, ma Sarjant Pritchett yn cerdded 'nôl at y cerbyd agosa ac yn cael sgwrs fer gyda rhywun yn y cefn. Yna ma fe'n estyn mewn ac wrth iddo ailymddangos alla i weld bod ganddo uchelseinydd yn ei law. Ma gwich uchel yn torri ar draws y tawelwch.

'Cynan Bould,' meddai, ei lais e'n fyddarol ar ôl y tawelwch llonydd. 'Fy enw i ydy Sarjant Pritchett. Rydych chi wedi eich amgylchynu gan heddweision arfog. Does dim ffordd i chi ddianc. Dewch allan â'ch dwylo yn yr awyr, a dwi'n addo na chewch chi mo'ch brifo.'

Ma'r tawelwch sy'n dilyn yn fwy byddarol byth. Does dim symudiad o gwbwl o gyfeiriad y garafán.

'Dydy e ddim yn disgwyl dianc,' clywaf Taliesin yn dweud, wrtho'i hun yn fwy na neb. 'A dydy e ddim yn mynd i ddod allan chwaith.'

Cynan

Dwi'n edrych ar fy oriawr. Pum munud ar hugain wedi mynd. Pum munud ar ôl.

Taliesin

Dwi'n ymwybodol o Saunders yn cyrraedd ac yn siarad gyda Sarjant Pritchett a Mathews.

Dwi'n edrych ar fy oriawr. Pum munud ar hugain wedi mynd. Pum munud ar ôl.

Dwi'n gwybod ym mêr fy esgyrn y bydd Cynan Bould yn lladd Lois Fairchild os nad ydw i'n mynd i'r garafán o fewn pum munud.

Mae Mathews yn crynhoi'r sefyllfa i Saunders, gan esbonio bod Cynan Bould eisiau fi, a neb arall, i fynd i'r garafán. Mae hithau'n siarad gyda Sarjant Pritchett, sy'n gwrthod ystyried y peth. Does dim syniad gyda ni beth yw ei gynllun, meddai. Dim syniad beth yw'r peryglon. Dyw MacLeavy ddim wedi cael ei hyfforddi ar gyfer hyn, meddai, fel petawn i ddim yma.

Tair munud ar ôl.

Mae'r drafodaeth yn mynd yn ei blaen yn frysiog. Anfon un o'r uned arfog i'r garafán? Ceisio denu Cynan Bould allan? Ceisio dechrau trafodaeth gyda fe?

Dwi'n edrych o gwmpas. Does neb yn edrych arna i, neb eisiau fy marn i.

Un funud.

Dwi'n anadlu'n ddwfn dair gwaith, cyn agor drws y car a cherdded yn gyflym i gyfeiriad y garafán. Dwi hanner ffordd yna cyn i mi glywed y lleisiau tu ôl i mi, yn gweiddi arna i i ddod 'nôl. Pritchett. Saunders. Mathews.

Dwi'n eu hanwybyddu nhw, yn agosáu at ddrws y garafán, ac yn cnocio.

Cynan

Er 'mod i'n disgwyl i rywbeth ddigwydd, mae'r gnoc ar y drws yn gwneud i mi neidio. Mae ychydig o'r golau llachar tu allan yn treiddio drwy'r llenni ac yn brifo fy mhen, ond dwi angen gweld beth dwi'n ei wneud.

'Taliesin,' galwaf. 'Ti sy 'na gobeithio. Der mewn – a phaid â thrio unrhyw nonsens. Ti'n gwbod beth fydd yn digwydd os 'nei di.'

Mae'r drws yn agor yn araf, ac mae Taliesin MacLeavy yn camu i'r garafán gan edrych o'i gwmpas.

O'r diwedd.

Taliesin

Mae'n cymryd eiliad neu ddwy i fy llygaid ddod i arfer â'r tywyllwch yn y garafán. Mae yna wynt hen chwys yn yr awyr. Mae'n gyfyng yma, cypyrddau'n llenwi un ochr yr ystafell. Dwi'n gweld siâp yn symud yn y pen pellaf. Mae matsien yn cael ei chynnau, ac o fewn eiliad mae golau cynnes cannwyll yn llenwi'r ystafell. Gwelaf ddyn tenau – sgerbydol yw'r gair – yn sefyll tu ôl i ddynes ifanc sydd wedi ei chlymu i gadair. Mae'r dyn yn gwisgo cot frown, drwchus sy'n edrych yn rhy fawr iddo ac mae ei wallt blêr yn denau – sgileffaith y cemotherapi y rhoddodd y gorau iddo falle. Mae cadach yng ngheg y ddynes ar y gadair a'i dagrau wedi creu blerwch o fasgara ar ei bochau. Mae ei llygaid led y pen ar agor, yn syllu arna i, a chyllell fileinig wedi ei gwasgu yn erbyn ei gwddf.

'Taliesin,' mae Cynan Bould yn fy nghyfarch yn ei lais rhyfedd. 'Der mewn. Cau'r drws.'

Dwi'n ufuddhau. Mae wedi mynd yn dawel iawn tu allan.

'Croeso,' mae'r llais main yn mynd yn ei flaen. 'Ro'n i'n gobeithio y bydde Ifan MacLeavy yn cofio am y garafán. Wedi ei phrynu ag arian budur, er mwynhad y rhai euog.' Mae'n poeri'r geiriau olaf. 'Gad i mi dy gyflwyno di i bawb. Dyna Lois Fairchild,' mae'n amneidio ei ben i gyfeiriad y gwely. Dwi'n gweld siâp yn symud rhyw ychydig bach ar y matres, y pen yn troi'n wanllyd i fy nghyfeiriad. 'A dyma,' meddai, gan gyfeirio at y ferch yn y gadair, 'yw ei merch hi. Gwennan.'

Cynan

Alla i weld nad oedd Taliesin yn disgwyl gweld Gwennan. Mae hynny'n fy mhlesio. Dydy e ddim wedi gweithio'r cwbwl allan eto, 'te.

Mae udo tawel yn dod o gyfeiriad y gwely, ond dwi'n ei anwybyddu. Mae'r boen tu ôl i fy llygaid i wedi dod 'nôl, ond mae'r botel tabledi yn wag.

'Does dim lot o amser gyda ni, Taliesin, felly ti'n gwybod pam y'n ni yma?' gofynnaf.

Mae'r ditectif ifanc yn edrych arna i ac yn clirio ei wddf.

'Cynan,' meddai. Clyfar, yn defnyddio fy enw cyntaf i geisio creu perthynas rhyngon ni. 'Ti'n sâl iawn. Dwyt ti ddim yn deall beth ti'n neud. Mae'r tiwmor yn dy ymennydd –'

Dwi'n torri ar ei draws.

'A, ie, y tiwmor. Peth bach yw e, Taliesin – maint marblen, ddwedon nhw.' Gyda fy llaw sbâr dwi'n defnyddio fy mysedd i wneud siâp marblen, a'i ddal fyny i edrych ar Taliesin drwy'r twll yn y canol. 'Ond ti'n gwbod beth? Ar ôl blynyddoedd o weld pobol yn cael eu cam-drin, yn diodde, ac yn ca'l eu lladd – ti'n gwbod beth ma'r tiwmor bach yma wedi neud? Mae e wedi 'ngalluogi i i weld beth ddylwn i fod wedi gweld sbel fawr yn ôl! Taw dim ond un math o gyfiawnder sy 'na mewn gwirionedd – cyfiawnder teg. Llygad am lygad, Taliesin, a dant am ddant. Talu'r pwyth yn ôl yn llawn.'

'Na, Cynan,' meddai Taliesin. 'Dydy hyn ddim yn iawn. Ti'n gwbod hynny. Gad i'r ddwy yma fynd, wna i aros 'ma i siarad 'da ti.'

Dwi'n gweld yn ei lygaid nad yw e'n disgwyl i hynny weithio.

'Beth wyt ti'n gwbod am y ddwy yma?' gofynnaf, gan anwybyddu'n llwyr yr hyn mae e newydd ei ddweud. 'Dwed wrtha i, beth ma'r ddwy yma wedi neud?'

Mae'n ochneidio ac yn camu'n agosach. Dwi'n tynhau fy ngafael ar y gyllell ac mae Gwennan Fairchild yn gwichian mewn panig.

'Roedd Gladys O'Neill yn hen ddynes sâl,' mae'n cychwyn, yn llonydd eto. 'Fe fuodd hi farw. Ti'n meddwl bod ei theulu'n gyfrifol, a bod rhaid iddyn nhw dalu'r pris –?'

'Ti'n iawn,' torraf ar ei draws eto. 'Roedd Gladys yn hen ac yn sâl. Oedd, fe oedd hi'n anodd ar adegau. Ond fe gafodd hi ei lladd, ei llofruddio, gan y rheini ddylai fod yn ei charu hi, yn gofalu amdani. Clustog dros ei phen nes ei bod hi'n stopio anadlu. Ac am beth? Am fywyd haws a digon o arian i brynu carafán gachu yng Nghlarach. Dyna oedd gwerth ei bywyd iddyn nhw.'

'Cynan…' meddai.

'Wyt ti'n gwybod pam 'mod i eisie ti yma, Taliesin? Ti yn benodol?'

Mae'n ochneidio eto, yn symud ei bwysau o un droed i'r llall.

'Am dy fod ti'n meddwl bod fy nhad wedi chwarae ei ran yn hyn i gyd. Ond gwranda –'

'Da iawn, Taliesin. Ie, roedd Ifan MacLeavy yn un o'r –'

Dwi'n torri ar ei draws am y trydydd tro, ond mae Taliesin yn mynnu dweud ei ddweud.

'Gwranda!' Mae ei lais wedi codi rhyw fymryn. 'Dwi'n nabod fy nhad, a dwi'n deall nawr ei fod yn blismon gwael… ac yn berson gwael. Dwi'n siŵr ei fod e wedi edrych y ffordd arall pan na ddyle fe fod wedi neud hynny, iddo fod yn rhy hael i'w ffrindiau. Ond nid fy nhad ydw i, Cynan. A beth bynnag mae'r ddwy yma wedi'i neud yn y gorffennol, dy'n nhw ddim yn haeddu hyn.'

Dwi'n syllu ar y ditectif am sawl eiliad. Mae yna rywfaint o'i dad yn ei lygaid, ond does ganddo fe ddim hyder, dim sicrwydd hunanbwysig Ifan MacLeavy.

'Ti yma i neud yn iawn am beth na'th dy dad, Taliesin,' meddaf. 'Does dim llawer o amser, dwi'n gwbod bod dy ffrindiau tu fas yn cynllunio sut i ddod mewn. Wel, dyma fy nghynnig i...'

Taliesin

Dwi'n siŵr 'mod i'n gallu gweld y gwallgofrwydd yn fflachio yn ei lygaid.

'Fel weli di,' meddai yn ei lais ling-di-long, fel athrawes feithrin yn adrodd stori i'r dosbarth, 'dwi'n cadw gafael tynn ar Gwennan. Os fyddi di'n trio unrhyw beth, neu os fydda i'n meddwl dy fod di ar fin trio unrhyw beth, un fflic o'r gyllell yma a fyddwn ni'n nofio yn ei gwaed hi. *It's all in the wrist*, fel ma'n nhw'n weud.' Gyda hynny mae'n chwerthin, rhyw chwerthiniad gwyllt, plentynnaidd sy'n stopio cyn gynted ag y dechreuodd. 'Ond, beth bynnag, mae 'nghynnig i yn un syml. Gwna di i Lois beth na'th hi i'w mam, a wna'i ollwng Gwennan yn rhydd.'

Mae Lois Fairchild yn dechrau brwydro'n wyllt yn erbyn y rhaffau sy'n ei chlymu i'r gwely, ond yn fuan iawn mae'n sylweddoli nad yw'n cyflawni dim, ac mae'n dechrau wylo'n swnllyd, ei phen tua'r wal. Mae Gwennan, ei merch, yn eistedd yn stiff yn ei chadair, fel cerflun marmor. Mae'r olwg ar ei hwyneb yn boenus.

'Cynan, dydy hynny ddim yn mynd i ddigwydd,' meddaf, gan geisio cadw tôn fy llais yn gyson. 'Alli di ddim disgwyl i fi –'

'Os nad wyt ti'n ei lladd hi, fydd Gwennan yn marw. Erbyn i ti ei chyrraedd, heibio fi a heibio'r gyllell yma, fe fydd hi'n rhy hwyr.'

Dwi'n mesur y pellter rhyngon, ond yn gwybod ei fod e'n iawn.

'Meddwl am y peth, Taliesin,' meddai Cynan. 'Os oedd e'n ddigon da i Gladys, mae'n ddigon da i Lois. Fe laddodd hi ei mam ei hunan. Fe helpodd dy dad hi i ddianc heb gosb. Felly dyma ei chosb a'i gosb e hefyd. Troi ei fab, mab Ditectif Ifan MacLeavy yn llofrudd.' Mae'n gwenu ac yna'n ochneidio wrth edrych arna i. 'Os wyt ti angen rheswm mwy... mwy derbyniol, yna meddylia amdano fel achub bywyd Gwennan, yn hytrach na chipio un Lois.'

Yr eiliad honno, dwi'n sylweddoli 'mod i wedi cerdded yn syth i'w drap. Mae'r cynllun hwn, er mor erchyll ydyw, yn cosbi pawb sy'n gysylltiedig â'r achos ar yr un pryd. Fyddai hyn ddim yn gweithio gyda Mathews, na Pete Greening na Saunders yn fy lle. Fi oedd darn olaf y jig-so.

'Cynan, gwranda –' dwi'n dechrau dweud.

'Tic toc,' mae'n torri ar fy nhraws i eto. 'Does dim lot o amser gyda ni. Fyddan nhw ddim yn eistedd yn amyneddgar tu allan am lot hirach. Mae gyda ti dri deg eiliad i benderfynu.'

Beth ddylwn i ei wneud? Dwi'n teimlo'r panic yn codi, yn dechrau ym modiau fy nhraed ac yn dringo'n gyflym i fyny fy nghoesau, heibio fy mhengliniau, yn araf lyncu fy nghorff cyfan. Taflu fy hun at Cynan, ceisio cipio'r gyllell o'i law...? Ond dwi'n gwybod na fydda i'n cyrraedd mewn pryd.

'Edrycha arni, Taliesin,' clywaf y llais eto. 'Y ddynes yma laddodd ei mam ei hun mewn gwaed oer.'

Dwi'n troi fy mhen at Lois Fairchild. Mae'n gorwedd ar y gwely, yn crynu, yn crio, ond pan mae fy llygaid yn cwrdd â'i rhai hi mae'n nodio ei phen. Mae hi am aberthu ei hun i achub bywyd ei merch.

'Pymtheg eiliad, Taliesin. Tic toc. Tic toc. Beth ti am neud? Bywyd pwy wyt ti eisic ei achub?' Mae ei eiriau yn atsain yn fy nghlustiau ac alla i ddim cofio amser pan nad oedd ei lais yn fy mhen.

Alla i ddim, dwi'n meddwl i fy hun. Well gen i aros mas ohoni, edrych y ffordd arall, osgoi cyfrifoldeb am hyn.

'Cynan...' dwi'n gwneud un ymdrech olaf.

'Mas o amser, Taliesin. Dwi'n siomedig ynddot ti.'

Gyda hynny mae'n dechrau tynnu'r gyllell ar draws gwddf Gwennan Fairchild a dwi'n gweld gwaed yn diferu ac yn clywed ei mam yn brwydro yn erbyn y rhaffau, yn sgrechian drwy ei chadach.

Cynan

'Paid!' mae Taliesin yn gweiddi. Dwi'n stopio ac yn edrych arno. Mae ambell ddiferyn o waed yn rhedeg i lawr ei gwddf ond dwi ddim wedi cyrraedd gwythïen fawr eto. 'Paid,' meddai eto, yn dawelach.

Mae'n troi i edrych ar Lois Fairchild, hithau'n edrych 'nôl arno fe, yn erfyn arno â'i llygaid.

Yn araf bach mae Taliesin yn cerdded tuag ati. Mae'n codi clustog o'r gwely, yn gosod y glustog dros wyneb Lois Fairchild, ac yn ei wasgu i lawr.

Dydy'r corff ar y gwely ddim yn ymladd yn ei erbyn. Mae'n mynd yn stiff, ac yna ar ôl munud neu ddwy, yn llacio. Dwi'n sylweddoli 'mod i'n dal fy anadl ar yr un pryd, fy nghalon yn curo'n galed. Dim ond wrth ddechrau anadlu eto y clywaf wylo tawel Gwennan Fairchild.

Taliesin

Dwi'n eistedd ar y gwely, pob nerth wedi diflannu o fy nghoesau.

'Cyfiawnder,' meddai Cynan Bould y tu ôl i mi. 'Cosb i rywun oedd yn meddwl eu bod nhw wedi osgoi cosb. Ond dweda wrtha i, Taliesin, beth amdanat ti? Wyt ti'n mynd i gyfadde? Neu wyt ti'n mynd i geisio osgoi cael dy gosbi, osgoi cyfiawnder fel oedd dy dad yn hapus i wneud?'

Un peth sydd ar fy meddwl i nawr.

'Gad iddi fynd,' meddaf. 'Ti wedi cael beth wyt ti eisiau. Gad i Gwennan fynd.'

Mae Cynan Bould yn chwerthin yn gras.

'T'ishe clywed jôc, Taliesin? Rhywbeth wneith i ti chwerthin?'

'Gad iddi fynd,' meddaf eto.

'Mae'n jôc dda, o ddifrif nawr – ti'n gweld, dim Lois Fairchild laddodd Gladys O'Neill.'

Dwi'n methu deall y geiriau sy'n dod o'i geg.

'Beth?' gofynnaf yn wan.

'Nage. Roedd Lois yn ei hesgeuluso hi, oedd, ac yn gallu bod yn greulon ar adegau. Roedd hi'n haeddu cael ei chosbi. Ond nid hi laddodd ei mam. Na, rhywun arall wnaeth hynny. Rhywun arall roddodd y glustog yna dros ei hwyneb hi. Rhywun hunanol tu hwnt. Rhywun oedd yn casáu Gladys O'Neill am y ffordd roedd hi'n faich ar y teulu. Rhywun oedd wedi clywed am yr arian fyddai'n dod i'r teulu ar ôl i'r hen ddynes farw. Alli di ddyfalu pwy?'

Am eiliad mae fy llygaid yn cwrdd â llygaid Gwennan Fairchild. Yr eiliad wedyn mae cyllell Cynan Bould wedi torri yn syth trwy ei gwddf ac mae'r gwaed yn tasgu i bob man.

'A dyna yw cyfiawnder, Taliesin,' meddai wrth symud at y drws, ei chwerthin yn sŵn main, peiriant llif yn torri trwy garreg. 'Gwennan Fairchild wedi ei chosbi. Lois Fairchild wedi ei chosbi – achos roedd hi'n gwybod beth ddigwyddodd, creda di fi. Ac yn goron ar y cyfan, mab Ifan MacLeavy yn troi'n llofrudd. Fydd e i fyny i ti os wyt ti'n cyfadde, Taliesin. Fe allet ti fcio'r cwbwl arna i, ond am ba mor hir fyddi di'n gallu byw gyda'r gyfrinach yna ar dy gydwybod? Am ba hyd fyddi di'n gallu diodde gwybod y dylet ti fod yn cael dy gosbi? Ydy cyfiawnder a gwirionedd yn golygu mwy i ti nag oedden nhw i dy dad, Taliesin?'

Dwi ddim yn gwybod sut i ateb, ond dydy Cynan Bould ddim yn aros i glywed.

Gyda'r gyllell waedlyd yn ci law o hyd mae'n troi, a gyda bloedd mae'n agor drws y garafán ac yn rhuthro allan.

Siwan

Doedd dim rhybudd o gwbwl.

Un eiliad ro'n i'n cadw llygad ar y garafán, yn clustfeinio ar sgwrs Saunders a Sarjant Pritchett am y ffordd ore i ddod â'r sefyllfa i fwcwl.

Yr eiliad nesa cafodd y drws ei wthio ar agor a ffrwydrodd Cynan Bould mas 'da chyllell fileinig yr olwg yn ei law a gwaed yn diferu i lawr ei fraich.

Clywais dair ergyd o ynnau'r uned arfog, a fu'n aros yn amyneddgar, fel petaen nhw'n disgwyl i'r union beth yma ddigwydd.

Cwympodd Cynan Bould i'r llawr.

Clywais Sarjant Pritchett yn rhegi, yna'n gweiddi gorchmynion i'r uned. Roedd un dyn yn agosáu yn araf at gorff Cynan Bould, ei wn yn pwyntio ato'r holl amser. Ciciodd y gyllell o'r neilltu, ac estyn i lawr yn ofalus i deimlo am guriad calon ar ei wddf. Oedodd am sawl eiliad, yna'n troi i'n cyfeiriad ni ac ysgwyd ei ben.

Pan ddaeth yr arwydd yma camodd dau aelod arall o'r uned dros y corff, yn agosáu at y garafán, yn chwim ond yn ofalus ar yr un pryd. Maen nhw'n sbecian yn gyflym drwy'r drws, cyn rhedeg mewn gan weiddi.

Mewn llai na munud roedd y ddau wedi dod mas eto, gan gadarnhau bod y sefyllfa'n ddiogel, ond fod angen gofal meddygol ar frys tu fewn. Brysiodd y parafeddygon heibio i fi a diflannu i'r garafán.

A'r unig beth sy ar fy meddwl i nawr ydy plis, plis, plis gadewch i Taliesin fod yn iawn.

Taliesin

'*Suicide by cop*' fyddan nhw'n ei alw fe'n America; troseddwr yn ei roi ei hun mewn sefyllfa lle nad oes dewis gan yr heddlu ond ei saethu. Dyna ddewisodd Cynan Bould, sy'n eithaf gwrthgyferbyniad. Roedd e'n ddigon parod i ladd pobol eraill, a gwneud y pethau mwyaf erchyll iddyn nhw, ond pan ddaeth iddo fe'i hun cafodd rywun arall i weithredu a daeth y cwbwl i ben yn daclus.

Mae dau aelod o'r uned arfog yn ffrwydro i'r garafán, eu gynnau yn barod, yn creu'r argraff eu bod nhw'n ysu am rywbeth – unrhyw beth – i'w saethu. Tybed beth fyddai'n digwydd petawn i'n neidio am un ohonyn nhw heb unrhyw rybudd, yn ymosod arno fel anifail, yn rhwygo ac yn brathu? A fyddai e'n fy saethu i fel saethodd e Cynan? Fedra i ddim meddwl am reswm pam na fyddai e'n gwneud – mae'r ddau ohonon ni'n llofruddwyr wedi'r cyfan.

Mae un o'r dynion arfog yn amlwg yn fy adnabod. Mae'n gofyn os ydw i'n iawn, ond mae'n llwyddo i wneud i'r cwestiwn swnio mwy fel bygythiad. Dwi'n ei anwybyddu.

Wrth i'r dynion arfog symud yn gyflym o gwmpas y garafán, yn chwilio am guriad calon Lois a Gwennan Fairchild, ac yn edrych i bob twll a chornel rhag ofn fod rhywun neu rywbeth arall yn llechu yno, codaf fy nwylo o flaen fy llygaid, a'u hastudio nhw. Y dwylo laddodd Lois Fairchild, o flaen ei merch – y peth diwethaf welodd honna cyn iddi gael ei lladd.

Dwi ddim yn sylwi ar y tîm arfog yn gadael, ond mae'n

rhaid eu bod nhw wedi penderfynu bod y garafán yn ddiogel oherwydd yn sydyn mae dau barafeddyg yma. Mae un yn penlinio nesaf at gorff Gwennan Fairchild, ei menig rwber glas eisoes yn dywyll â gwaed. Mae'n ceisio dod o hyd i guriad calon ar ei garddwrn – does dim digon o'i gwddf ar ôl i'w deimlo. Mae'r parafeddyg arall yn penlinio wrth y gwely ac yn tynnu'r glustog oddi ar wyneb Lois Fairchild. Mae'n disgyn ar y llawr.

'Unrhyw beth?' gofynna i'w gyd-weithiwr sy'n ceisio achub Gwennan.

'Dim,' mae hwnnw'n ateb. 'Ma hi 'di mynd. Beth amdanat ti?'

'Na, dim fan hyn chwaith.'

Dwi'n edrych ar y glustog gafodd ei thaflu o'r neilltu. Arf mwy diniwed ond yr un mor farwol â'r gyllell yn y diwedd.

Wrth i mi edrych, mae'r parafeddyg yn estyn draw ac yn cau llygaid agored Gwennan Fairchild. Mae'r un cyffyrddiad yna, y ddeddf fach hon sy'n rhoi rhywfaint o – beth? Gysur? Parch? – i'r corff marw, yn corddi rhywbeth yn ddwfn tu fewn i mi. Mae'r rhein, y parafeddygon, yma i geisio helpu, i achub os yn bosib ond i ddangos parch bob tro. Mae'n swydd anodd, ond dyma nhw yn ei wneud e, yn derbyn eu bod nhw'n mynd i fethu o bryd i'w gilydd, ond eto yn deall y byddai'r byd yn lle llawer gwaith petaen nhw'n ildio.

Swydd debyg i fod yn blismon, felly.

Roedd Cynan yn iawn. Mae gen i ddewis. Fe alla i feio hyn i gyd arno fe – dweud ei fod e wedi fy mygwth i â chyllell wrth iddo fygu Lois Fairchild, neu hyd yn oed ei bod hi wedi marw cyn i mi gerdded mewn i'r garafán. Does dim tystion, dim tystiolaeth i brofi 'mod i wedi chwarae unrhyw ran yn ei marwolaeth. Do'n i ddim wedi ddeall y trap roedd Cynan wedi ei osod i mi, ac yn fwy na thebyg mi fyddai e wedi lladd y ddwy ohonyn nhw beth bynnag, hyd yn oed petawn i heb chwarae fy rhan i. Dyna i gyd sy'n rhaid i mi ei wneud – rhoi'r bai arno fe. Fe fyddai pawb yn fy nghredu – mae e wedi lladd o leiaf dri o bobol cyn heddiw. Yna fe fydda i'n rhydd i helpu eto, i ddal llofruddwyr, a'u hanfon i gael eu cosbi. Cadw pawb yn ddiogel.

Mae'r parafeddygon yn gadael y garafán nawr, un yn tynnu ei fenig gwaedlyd ar y ffordd allan. Mae Mathews bron â tharo mewn iddyn nhw wrth iddi redeg trwy'r drws, yn amlwg wedi cael ei dal 'nôl rhag bod yn eu ffordd tra'u bod nhw'n ceisio gweithio. Mae'n fy ngweld ac yn brysio draw ar unwaith, Saunders ar ei sodlau.

'Taliesin! Wyt ti'n OK? Ti 'di brifo?' gofynna, yn edrych yn ofalus am anaf neu friw.

'Na,' atebaf yn dawel. 'Na, dwi'n iawn.'

Mae'n fy nghofleidio, yn fy nhynnu ati'n dynn. Fel arfer byddai hyn yn fy ngwneud i'n hynod anghyfforddus, ond dwi ddim yn ei gwthio hi ffwrdd y tro hwn.

Siwan

Ma Taliesin yn welw – yn fwy gwelw nag arfer – ond dyw hynny ddim syndod o ystyried beth ddigwyddodd yn y garafán. Ma gwaed ym mhobman a dwi'n gafael yn ei fraich, yn trio ei arwain oddi wrth hyn i gyd.

'Dere, ewn ni mas,' meddaf. 'Beth ddiawl ddigwyddodd?'

Ma fe'n codi ar ei draed, ond pan dwi'n trio ei hebrwng o'na ma fe'n mynnu aros yn ei unfan. Dwi'n edrych arno, ac yn yr eiliad honno alla i weld rhwbeth yn pylu yn ei lygaid.

'Taliesin?' gofynna Saunders, ei lais yn llawn gofid.

Taliesin

'Dere, ewn ni mas,' meddai Mathews. 'Beth ddiawl ddigwyddodd?'

Rhoi'r bai ar Cynan Bould – dyna i gyd sydd angen i ti ei wneud, dwi'n meddwl. Fe alli di gario 'mlaen i fod yn heddwas, i helpu pobol. Dyna yw'r peth call i wneud. Dyna fyddai unrhyw un yn ei wneud.

A dyna fyddai Nhad yn gwneud.

Mae'r syniad olaf yna yn neidio i mewn i fy mhen yn sydyn a dwi'n teimlo fel petai rhywun wedi fy nharo yn fy stumog.

Rhoi'r bai ar Cynan a dweud celwydd – dim ond y cychwyn fyddai hynna. Dwi'n gweld y blynyddoedd yn ymestyn o 'mlaen i, yn cario'r gyfrinach o gwmpas gyda fi. Ei foddi mewn gwin a rym bob nos. Ceisio perswadio fy hun 'mod i'n credu mewn rheolau a chyfiawnder, mewn hunan-gyfrifoldeb a thegwch, yr holl bethau sy'n gwneud finnau a Nhad yn wahanol, tra ar yr un pryd yn cario'r gyfrinach hon, y gyfrinach eithaf, am byth.

'Taliesin?' gofynna Saunders. Mae ei llais yn swnio'n rhyfedd, yn bell rhywsut.

Er gwaetha'r holl gynnwrf a'r cyffro, yr holl fynd a dod o'r garafán, a'r ddau gorff marw yn yr ystafell a'r llall sy'n gorwedd tu allan, dwi'n gweld y sefyllfa'n glir.

Dweud celwydd, a chario 'mlaen i fod yn blismon.

Dweud y gwir, a chymryd y gosb.

Siwan

Ma Taliesin yn edrych dros fy ysgwydd i ar Saunders, ac yna yn
ôl arna i, yn syth i'n llygaid i. Ma fe'n anadlu'n ddwfn.

   'Dwi angen cyfadde…'

Hefyd gan yr awdur:

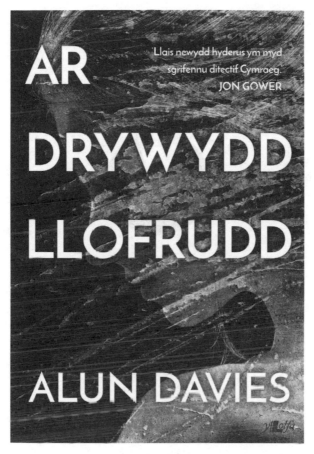

£8.99

Holwch am bris argraffu!
www.ylolfa.com